本书系福建省社会科学规划马工程项目《供给侧改革下养老服务业地方政策性投融资模式创新研究》（立项批准号：FJ2018MGCA023）的成果。

我国民营养老服务业
财政政策性投融资模式研究

李小兰　著

九州出版社 JIUZHOUPRESS｜全国百佳图书出版单位

图书在版编目（CIP）数据

我国民营养老服务业财政政策性投融资模式研究 /
李小兰著. -- 北京：九州出版社，2021.7
　　ISBN 978-7-5225-0277-9

　　Ⅰ. ①我… Ⅱ. ①李… Ⅲ. ①养老－服务业－民营企
业－投资模式－研究－中国②养老－服务业－民营企业－
融资模式－研究－中国 Ⅳ. ①F726.99②F832.4

　　中国版本图书馆CIP数据核字(2021)第137427号

我国民营养老服务业财政政策性投融资模式研究

作　　者	李小兰　著	
责任编辑	古秋建	
出版发行	九州出版社	
地　　址	北京市西城区阜外大街甲 35 号 (100037)	
发行电话	(010)68992190/3/5/6	
网　　址	www.jiuzhoupress.com	
印　　刷	三河市九洲财鑫印刷有限公司	
开　　本	710 毫米 ×1000 毫米　16 开	
印　　张	18.75	
字　　数	220 千字	
版　　次	2021 年 7 月第 1 版	
印　　次	2021 年 7 月第 1 次印刷	
书　　号	ISBN 978-7-5225-0277-9	
定　　价	82.00 元	

前　言

自改革开放以来，我国在推动社会福利社会化进程的同时，不断推动并加快民营养老服务业发展。经过四十多年的努力，我国已经基本建立起社会养老服务体系，并已形成具有一定供给能力的民营养老服务业。但是，随着人口老龄化趋势日益严峻，日益增长的养老服务需求尤其是医养康养服务需求，将给民营养老服务业带来巨大的挑战。当务之急，我国必须加快推进民营养老服务业发展，持续提高养老服务供给能力、提升养老服务供给质量。

不可否认，资金是民营养老服务业生存和发展的基础性资源，紧密关联并影响着产业整体发展的成效。然而，由于民营养老服务业的本质属性具有福利性，加上投资回收周期长、利润率低等原因，社会资本的投资积极性不是很高，从而使得产业整体的发展资金十分匮乏。因此，为完善产业的投融资供给结构，保障多元化养老服务需求能够得到有效满足，以政府为主导的财政政策性投融资必须积极予以扶持和引导。

《中华人民共和国国民经济和社会发展第十四个五年规划和2035年远景目标纲要》指出，我国要"深化投融资体制改革，发挥政府投资撬动作用，激发民间投资活力，形成市场主导的投资内生增长机制。"在养老服务领域，虽然社会化、市场化发展已然大势所趋，但是政府是民营养老服务业的保障性主体，对产业发展负有主导性责任。除了负责举办一定的养老服务事业外，政府还应当积极实施财政政策性投融资，不断夯实产业发展基础，并广泛撬动和引导社会资本参与投资，从而加快推进民营养老服务业发展。

在民营养老服务业发展的早期阶段，由于产业体系还不健全、投融资市场也不成熟，政府要承担"产业扶持者"的职责，借助财政性投资手段向产业积极投入财政性资金，并保障土地、人才等基础性资源的供给，扶持产业不断发展壮大。随着产业总体水平不断提高，政府应当转变角色定位，在给予必要扶持的同时，以"产业引导者"的身份积极实施政策性融资，规范运用财政性资金撬动社会资本积极参与投资，让市场在产业发展中充分发挥决定性作用，持续提升产业自主市场融资的能力。

本书首先对民营养老服务业及其财政政策性投融资进行理论分析，理清产业内涵及其融资结构，并阐明财政政策性投融资的理论内涵、主要原则与重要功能。同时，在梳理改革开放以来我国养老服务政策与产业发展脉络的基础上，总结提炼了我国民营养老服务业财政政策性投融资的阶段性演变、基本内涵及主要模式等。紧接着重点分析评述了保障用地供应、保障人才培养、民建公助、民营公补、公建民营、政府购买养老服务等六种财政性投资模式，以及养老服务PPP（Public-Private Partnership，以下简称PPP）、养老产业专项债券、养老产业引导基金、养老服务开发性金融等四种政策性融资模式。最后，根据财政政策性投融资模式的实践情况，并立足产业深化发展的需求，归纳分析了我国民营养老服务业财政政策性投融资模式改革与创新的逻辑理路与实践进路。

总的说来，推动民营养老服务业发展是政府、市场和社会的共同事业，三方应立足时代背景、遵循产业规划，持续调整和优化彼此之间的合作关系，共同推进财政政策性投融资模式的改革与创新。

本书系福建省社会科学规划马工程项目《供给侧改革下养老服务业地方政策性投融资模式创新研究》（立项批准号：FJ2018MGCA023）的成果，主要是对我国民营养老服务业财政政策性投融资模式进行系统分析与评述。事实上，民营养老服务业发展是当前乃至今后一个较长时期内理论研究与实践发展的重点，其投融资体系相关问题十分值得深入研究与探索，尤其是政策引导下的市场性融资工具创新。衷心希望今后会有更多的人关注和推动民营养老服务业投融资体系的建设与发展。

本书得以顺利付梓，承蒙多位前辈、同仁、朋友及家人的大力支持与帮助，在此一并谨致谢意。

囿于笔者时间、学识以及能力所限，书中难免有舛误和不足之处，深望各位前辈、同仁及广大读者不吝批评赐教。

李小兰

2021 年 4 月

目　录

绪　论

一、研究背景与意义

1. 研究背景

我国在 2000 年前后就已进入人口老龄化社会，如今面临着形势日益严峻的人口老龄化问题。首先，老年人口规模巨大。我国 60 周岁以上老年人口在 2013 年底已经突破 2 亿，2019 年底进一步突破 2.5 亿（如图 0-1）。据预测，该数据在 2025 年将突破 3 亿，至 21 世纪中叶将超过 4 亿，至 2053 年则将达到峰值 4.87 亿，21 世纪后半叶将一直稳定在 3.8 亿至 4.0 亿之间。根据这一预测数据，我国在 2070 年之前将一直是世界上老年人口规模最大的国家。[①] 其次，老龄化速度极快。有研究表明，已进入老龄化社会的西方工业化国家，其 60 周岁及以上老年人口实现比例倍增，即占总人口比重由 10% 增加到 20%，所需时间总体要 50 年及以上，有的甚至要 100 多年。[②] 而按照当前人口老龄化速度预测，我国 60

[①]　总报告起草组、李志宏：《国家应对人口老龄化战略研究总报告》，《老龄科学研究》2015 年第 3 期。

[②]　中国人口与发展研究中心课题组：《中国人口老龄化战略研究》，《经济研究参考》2011 年第 34 期。

周岁以上的老年人口比重在 2025 年前后将突破 20% 的分界点，这意味着我国仅需 25 年左右的时间就从"轻度老龄化社会"跨入"中度老龄化社会"。[①] 此后，我国人口老龄化还会进一步急速演化，到 2053 年前后达到峰值 34.8%，并于之后稳定在 33% 左右，逼近"深度老龄化社会"的标准。最后，高龄与失能老年人口比重大。据预测，21 世纪中叶，我国 80 岁及以上高龄老年人口将达到 1 亿，高龄比高达 22.3%，二者分别为 2010 年的 5 倍和 2 倍，相当于届时发达国家高龄老年人口的总和，占世界高龄老年人口总量的四分之一。此外，高龄老人多属失能人群，因此，失能老年人口也将从 2013 年底的 3750 万人增加到 2050 年的 9700 万人左右。[②] 可见，稳定的老龄化社会将是我国 21 世纪的常态，其所催生的日益增长的多元化养老服务需求，必定会给养老服务业发展带来巨大的挑战。

与人口老龄化演变趋势相适应，为满足老年人日益增长的养老服务需求，我国不断加大对养老服务业的扶持力度，加快发展民营养老服务业。尤其是自 2013 年发布的《国务院关于加快发展养老服务业的若干意见》以来，养老服务政策成井喷之势发展，国家不断向社会和市场释放政策红利，吸引了越来越多的社会资本积极参与发展养老服务。如今我国已基本建立起以居家为基础、社区为依托、机构为支撑的社会养老服务体系，养老服务产业供给能力也得到了较大的提升。尽管如此，我国在长期护理服务、医养结合服务以及康养结合服务等供给上依然存在明显的短板，亟须进一步加大对民营养老服务业的投入，从而推动产业加

---

① 根据国际通用标准，一个国家或地区的 60 周岁以上人口占总人口的比例超过 10% 时，就进入"轻度老龄化社会"；超过 20% 时，进入"中度老龄化社会"；超过 30% 时，进入"重度老龄化社会"；超过 35% 时，则进入"深度老龄化社会"。

② 吴玉韶、党俊武主编《中国老龄产业发展报告（2014）》，社会科学文献出版社，2014，第 30—32 页。

快实现高质量发展。

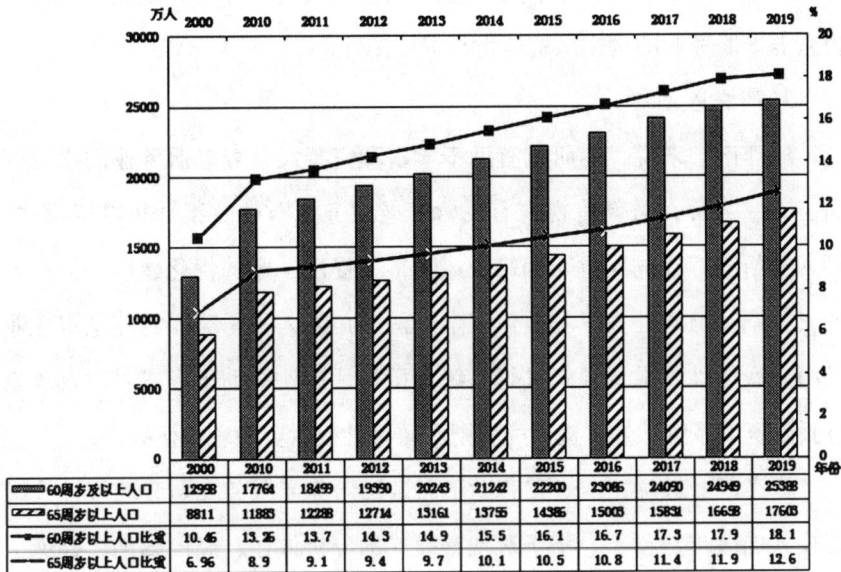

万人	2000	2010	2011	2012	2013	2014	2015	2016	2017	2018	2019	年份
60周岁及以上人口	12998	17764	18499	19390	20243	21242	22200	23086	24090	24949	25388	
65周岁以上人口	8811	11883	12288	12714	13161	13755	14386	15003	15831	16658	17603	
60周岁以上人口比重	10.46	13.26	13.7	14.3	14.9	15.5	16.1	16.7	17.3	17.9	18.1	
65周岁以上人口比重	6.96	8.9	9.1	9.4	9.7	10.1	10.5	10.8	11.4	11.9	12.6	

图 0-1　我国 60 周岁以上老年人口数量与占比走势图

　　有效的融资是推动产业快速发展、丰富养老服务内容、提升养老服务品质的重要力量。当务之急，我国必须加快完善民营养老服务业融资体系，有效扩充产业发展资金。但是，由于目前产业总体上还不够成熟，加上养老服务投资具有回收期长、利润率低等特点，社会资本参与投资的积极性并不是很高，因此，民营养老服务业自主融资能力还很不足，难以实现自主可持续的发展。为此，各级政府必须积极运用财政政策性投融资手段，努力撬动和引导社会资本参与发展养老服务。长期以来，财政政策性投融资是我国民营养老服务业发展资金的主要来源渠道。为了促进产业实现高质量发展，各级政府必须重新审视并不断完善已有的财政政策性融资模式，努力克服存在的不足并规避可能引发的风险；同时积极推进财政政策性投融资模式的改革与创新，使其能够更好地发挥夯实产业发展资金基础、撬动社会资本参与投资的作用，从而不断提升民营养老服务业的自主融资能力与发展韧性。

2. 研究意义

从理论上来说，本研究有助于丰富和完善民营养老服务业的投融资研究。一方面，重新审视现有民营养老服务业财政政策性投融资模式，深入分析其存在的问题、困难或风险，并提出一定的优化建议。另一方面，分别从财政性投资和政策性融资两个角度入手，对民营养老服务业的财政政策性投融资模式进行系统分析与评述，有助于形成对财政政策性投融资的系统认知，进而完善财政政策性投融资的理论研究。

从实践上来说，本研究有助于促进民营养老服务业财政政策性投融资模式的改革与创新。基于对现有模式的分析评述，高度归纳、提炼了民营养老服务业财政政策性投融资模式改革与创新的逻辑理路与实践进路，能够为地方政府、社会资本等提供一定可操作性的对策建议，从而推动产业融资供给结构优化、提升产业自主融资能力。

二、国内外研究综述

目前大多数国家都面临着日益严峻的人口老龄化问题的挑战，也越来越重视加快发展养老服务业。与此同时，越来越多学者开始关注养老服务业投融资问题，相关研究日渐增多。

国内的相关研究是伴随改革开放以来我国社会福利社会化进程而逐渐展开并不断深入的。改革开放之前，学者们普遍认为政府是社会福利事业的建设者，对社会福利负有绝对的投融资责任。后来随着社会主义市场经济体制的建立，越来越多的学者通过研究改革实践发现，政府虽然是社会福利事业的主要责任人，但是过度依赖政府投融资很可能会导致社会福利供给低效、妨碍现代投融资体制建立、引发地方财政债务危机等问题。据此，学者们开始倡导社会福利事业投融资主体多元化发展和投融资体制创新，认为要积极动员社会资本参与建设，目前比较受推崇的方式有 PPP、专项债券、产业基金等。在这个演变过程中，随着我国在 2000 年前后进入人口老龄化社会尤其是人口老龄化程度日渐加深，养老服务供不应求、供需结构失衡等问题日益突出，改革产业投融资体制、加快发展养老服务业便受到了越来越多的关注与重视。政府在不断加大对养老服务业财政性投入的同时，积极推进养老服务体制改革，倡导建立现代产业投融资体制，加快发展民营养老服务业。学者们也积极展开研究，普遍提倡构建养老服务业财政性、政策性与市场性融资"三融并举"的投融资供给体系，既要积极运用财政性资金撬动社会资本参与投资，也要鼓励和支持金融产品和融资服务创新，持续为养老服务业提供充足的发展资金。

在国外相关的研究中，20 世纪 70 年代以前，大多数学者主张由国家和政府负责公共基础设施的投资建设；后来随着新公共管理范式的兴起，尤其是 20 世纪 80 年代以来，国外金融领域的学者开始将竞争性、商业化、私人部门参与等因素引入公共事业投融资的研究中，逐渐拓宽了公共事业投融资主体的范围。后来学者们还从不同角度如是否收费、辐射范围等展开研究，普遍达成了投融资主体和投融资渠道多元化的共识。随着投融资工具研究的深入，国外关于公共事业投融资模式的研究日趋成熟，较具代表性的投融资模式有股权模式、债权模式、混合模式等。此外，西方发达国家自 20 世纪 60 年代以来就开始面临人口老龄化问题的挑战，因此一直十分重视发展养老服务业，持续完善产业投融资体制。与公共事业投融资的主张一脉相承，国外学者们普遍认为政府在养老服务业投融资中承担着基础作用，因而政府不仅要承担必要的出资责任，而且要通过加大并完善政策性融资来引导产业融资体制改革和融资模式创新，不断丰富产业发展资金。美国、欧盟、日本等发达经济体政策性融资的系统化和专业化程度比较高，普遍通过倡导创新融资方式、完善担保机制以及健全法律法规等推动社会资本积极涉老。

总的来说，国内外已有一定研究民营养老服务业融资问题的相关文献，但是相对还比较零散、缺乏系统性。与此同时，近年来，我国民营养老服务业投融资政策逐渐增多，更新迭代十分迅速，极易令产业关注者或实践者产生混乱感，难以了解政策全貌。为了更加清晰地呈现产业投融资政策及其实践全貌，并对产业未来发展有比较明确的认知与判断，本书通过较为全面深入的养老服务政策文本分析，对民营养老服务业财政政策性投融资问题展开系统研究，并据此提出改革与创新的逻辑理路与实践进路，力图为加快我国民营养老服务业高质量发展贡献力量。

三、研究思路与内容

本书以民营养老服务业财政政策性投融资模式为研究对象，遵循从政策文本分析到具体实践探究再到改革创新思考的基本研究思路，对财政性投资和政策性融资的主要模式逐个展开深入分析与评述，在此基础上总结提炼财政政策性投融资模式改革与创新的逻辑理路与实践进路。

本书的研究内容主要包括以下六个部分：

第一，民营养老服务业及其融资结构。本部分对民营养老服务业及其融资问题进行理论层面的界定研究，主要分析了民营养老服务业的内涵、证实了融资对民营养老服务业发展的重要作用、剖析了我国民营养老服务业融资结构及其存在的不足，在此基础上，指出财政政策性投融资对产业发展具有十分重要的作用。

第二，民营养老服务业财政政策性投融资概述。本部分对民营养老服务财政政策性投融资进行理论层面的整体性研究，主要诠释了财政政策性投融资的含义，将其分为财政性投资和政策性融资两种不同的手段，并归纳分析了财政政策性投融资的运行原则与主要功能。

第三，我国民营养老服务业财政政策性投融资政策的演化。本部分对我国民营养老服务业财政政策性投融资政策进行深入的梳理研究，根据阶段性演化特点对其进行阶段划分，以清晰呈现民营养老服务业财政政策性投融资政策的发展历程。

第四，我国民营养老服务业主要的财政性投资模式。本部分对我国民营养老服务业六种财政性投资模式进行客观分析与评述，主要包括保障用地供应、保障人才培养、民建公助、民营公补、公建民营、政府购买养老服务等模式。

第五，我国民营养老服务业主要的政策性融资模式。本部分对我国民营养老服务业四种政策性融资模式进行客观分析与评述，主要包括养老服务 PPP、养老产业专项债券、养老产业引导基金、养老服务开发性金融等模式。

第六，我国民营养老服务业财政政策性投融资模式的改革与创新。本部分是前面五项研究内容的升华，在立足产业发展需求及现有财政政策性投融资模式的基础上，高度概括、提炼财政政策性投融资模式改革与创新的逻辑理路与实践进路。

四、主要研究方法

本书主要采用了文本分析法、归纳推理法、定性研究法等研究方法。

第一，文本分析。广泛收集并分析改革开放以来国家和地方层面有关养老服务的政策文本及相关研究资料，梳理了我国养老服务政策及产业发展脉络，并从中提炼了民营养老服务业财政政策性投融资政策的阶段性特征及主要模式等。

第二，归纳推理法。在分析政策文本及其实践情况的基础上，以政府角色定位为衡量标准，认为民营养老服务业财政政策性投融资包括财政性投资和政策性融资，政府在二者中的角色定位分别是"产业扶持者"和"产业引导者"。

第三，定性研究法。多方收集并分析相关资料，对民营养老服务业财政政策性投融资问题进行整体性探究，并通过对典型模式的分析评述，深入诠释财政政策性投融资模式的实施现状、存在的问题与改革创新路向。

五、创新点与不足之处

本书的创新点主要有以下三个：第一，立足民营养老服务业，依据政府在产业发展中角色定位的不同，将财政政策性投融资划分为财政性投资和政策性融资两个部分。政府在财政性投资中主要担任"产业扶持者"，其主要目标是扶持产业成长、夯实产业基础；在政策性融资中则主要作为"产业引导者"，积极发挥撬动社会资本参与投资、推动产业高质量发展的功能。第二，以区分财政性投资和政策性融资为切入点，重点分析评述了六种财政性投融资模式和四种政策性融资模式，系统研究了民营养老服务业的财政政策性投融资模式，力图全面清晰地呈现财政政策性投融资政策及其实践面貌。第三，坚持从事实中归纳提炼思想与观点，既在梳理分析政策文本的基础上，归纳提炼民营养老服务业主要的财政政策性投融资模式，也在分析评述主要模式的基础上，归纳提炼财政政策性投融资模式改革与创新的逻辑理路与实践进路。

囿于学识与能力不足，本书对民营养老服务业财政政策性投融资模式展开定性研究，在定量研究方面存在明显不足。此外，本书主要是通过较大规模的资料收集与整理来归纳提炼观点并展开论述，在深入实地考察方面较为欠缺。这些都是今后需要进一步努力完善的方向。

第一章 ｜ 民营养老服务业及其
融资结构

民营养老服务业是伴随我国社会福利社会化进程产生发展起来的。在发展过程中，融资难既是它面临的一个短期内难以解决的难题，更是它实现高质量发展进程中必须攻克的难关。

第一节　民营养老服务业的内涵解析

何为民营养老服务业？这是一个十分基础且至关重要的问题。只有理清民营养老服务业的含义、主体与性质等，才能清晰地认识民营养老服务业的投融资问题。

一、养老服务的内涵与分类

1. 养老服务的内涵

界定民营养老服务业的内涵，需要先明晰养老服务的内涵。养老服务是老年社会保障的一个重要组成部分。随着经济社会的发展、人民生活水平的提高和社会生活方式的转变，老年社会保障中的养老服务需求也随之日益增长。养老服务是指一切为满足老年人因年龄增长、生理衰退、身心疾病等原因而引起的日常生活照顾、疾病护理与康复、精神慰藉、心理支持、临终关怀、紧急救助等需求而以服务形态提供的产品的总和。伴随着社会化大生产的深化发展和人口老龄化程度的日益加深，老年人养老服务需求满足的途径逐渐从传统的家庭支持转向社会和市场支持，从而使养老服务社会化、市场化成为现代经济社会发展的必然选择。

2. 养老服务的分类

养老服务的分类方法有很多种，常见的有按服务对象、服务性质、服务提供者等分类方法。关于养老服务的服务对象，国际上普遍主张从

健康和功能角度将老年人分为健康、半失能和失能三类老年人。如果再
进一步考察老年人的收入情况，那么政府和市场在养老服务上的责任界
限就十分清晰了：政府兜底满足中低收入的失能和半失能老年人的基本
养老服务需求；市场则在政策支持下为高收入的失能和半失能老年人提
供较高水平的养老服务。

　　以服务性质进行分类，养老服务可分为私人养老服务和公共养老服
务。私人养老服务包括由家庭提供的养老服务和纯粹由老年人及其家属
从市场上购买并私人享用的养老服务。公共养老服务的内涵较为丰富，
具体包括以下三种：一是由政府直接为老年人生产和提供的养老服务，
主要面向城乡"三无""五保"等低收入老年人以及经济困难的失能、半
失能老年人等；二是公益组织或个人直接无偿提供或购买后捐赠的养老
服务；三是通过政府购买、公私合营等形式提供的养老服务。不可否认，
公共养老服务是公共服务的一类，其主要提供者应当是政府；但是，随
着市场在资源配置中的决定性作用日益凸显，"政府发挥兜底作用并不必
然就是要求政府直管直办养老服务"[1]，政府可以通过完善法律制度、加强
监督管理等方式有效引导社会养老服务体系的构建，并积极促进养老服
务市场的开发和相关产业的发展，从而较好地满足日益增长的社会化养
老服务需求。

　　从服务提供者来看，养老服务一般可以分为家庭养老服务、社区养
老服务和机构养老服务三类（见表1-1）。家庭养老服务主要是指由老年
人的配偶、子女以及亲友近邻等与老年人具有亲缘、地缘关系的主体提
供的养老服务。社区养老服务又称社区助老服务或社区老年服务，是指
以社区为主体或服务场所提供居家养老服务、老年公寓服务和老年护理

---

　　[1]　吴玉韶、党俊武主编《中国老龄产业发展报告（2014）》，社会科学文献出版
社，2014，第15页。

院服务等。其中，居家养老服务即"在家养老、社区服务"，具体是指由社区或社区的居家养老服务机构为老年人提供助餐、助浴、助洁、助急、助医、护理等入户服务以及日间照料、老年康复文体活动等。社区老年公寓服务和老年护理院服务是介于社区居家养老服务和机构养老服务之间的养老服务方式，指在社区兴建老年公寓和护理院为老年人提供生活服务或长期照护服务。其中，社区老年公寓服务主要是指为健康老年人提供以生活服务为主的综合性养老服务，社区老年护理院服务则主要是指为失能或半失能老年人提供长期照护服务。机构养老服务中的住养院和老年护理院分别与社区老年公寓和老年护理院的服务性质类似，主要区别在于前者一般规模较大，由机构提供养老服务，且一般不依托社区、独立选址兴建；而后者则规模较小，由社区兴办与管理，一般落址社区并以社区为主要服务区域。休闲住养机构一般为中高收入老年人提供生活照料、康复疗养、文化娱乐、旅游交往等个性化、高水平、全方位的服务，这一类养老服务的市场化程度最高。

表 1-1　按服务提供者分类的养老服务

分类		服务提供者	主要服务对象	服务内容
家庭养老服务		老年人的配偶、子女及亲友近邻等	住家老年人	日常生活照顾、疾病护理与康复、精神慰藉、心理支持、临终关怀、紧急救助等所有的养老服务
社区养老服务	社区居家养老服务	社区或社区的居家养老服务机构	社区老年人	助餐、助浴、助洁、助急、助医、护理等入户生活服务及日间照料和康复文体活动等
	社区老年公寓服务		社区健康老年人	以生活服务为主的综合性服务
	社区老年护理院服务		社区失能与半失能老年人	长期照护服务

分类		服务提供者	主要服务对象	服务内容
机构养老服务	住养院	养老机构	中低收入的健康老年人	以生活服务为主的综合性服务
	老年护理院		失能与半失能老年人	长期照护服务
	休闲住养机构		中高收入的健康老年人	生活照料、康复疗养、文化娱乐、旅游交往等个性化、高水平的服务

二、民营养老服务业的含义

鉴于养老服务是指为老年人提供生活照料、医疗保健、康复护理、精神慰藉等服务，因此，养老服务业应是"为满足老年人因疾病或身体机能的衰退而产生的特殊生活需求和精神需求而提供相应服务产品的生产部门和企业的集合"[1]，是养老产业的一个重要组成部分。养老产业是"面向全体公民老年期生产提供产品和服务的各相关产业部门组成的业态总和"[2]，包括养老用品业、养老服务业、养老地产业和养老金融业四大板块（如图1-1）。养老服务业虽然与其他三大板块互有区别，但是彼此之间并非孤立，而是互相联系的。良好的养老服务离不开便利齐全的生活用品、温馨舒适的居住场所和安全稳定的经济社会环境，因而需要依托养老用品业、养老房地产业和养老金融业的支持。

---

① 唐振兴：《对发展中国养老服务业的思考》，《老龄科学研究》2014年第4期。

② 吴玉韶、党俊武主编《中国老龄产业发展报告（2014）》，社会科学文献出版社，2014，第2页。

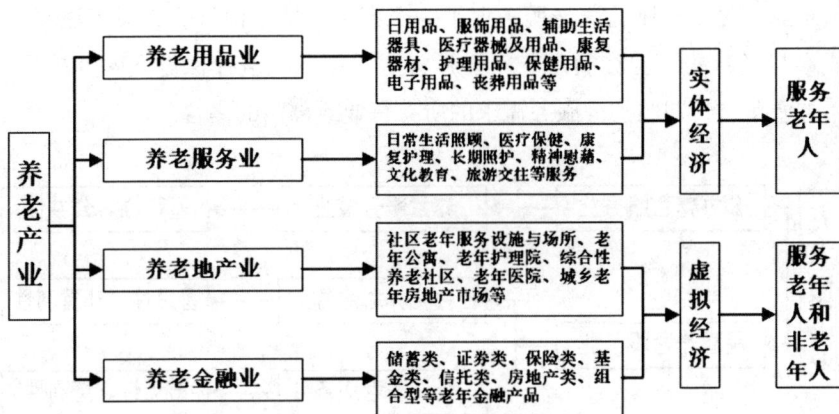

图 1-1　养老产业体系

随着社会福利社会化进程的推进、改革开放的深入以及 21 世纪以来我国养老服务业的加速发展，社会力量参与经营和提供养老服务的比重日益增加，其组织形式、发展模式、服务性质等与传统由政府主办的养老服务有着明显的区别。为了对养老服务业的发展形式做出明确区分，拟用"公办养老服务业"指代政府[①]提供养老服务的行为或活动的总和，用"民营养老服务业"概括由社会力量参与经营和提供养老服务的行业或部门（如图 1-2）。其中，社会力量是指除党政机关、事业单位等公共部门外，一切能够参与或作用于经济社会发展的社会性和市场性主体，主要包括社会组织[②]、民间资本[③]（企业）、境外资本（企业）、公民个人等。

---

①　此处的"政府"包括中央和地方各级政府及其相关部门，以及国有资本。

②　我国的社会组织主要包括民办非企业单位、社会团体和基金会。根据《民政部对"关于进一步明确'民办非企业'名称和性质的建议"的答复》（民函〔2018〕633号），"民办非企业单位"在 2016 年的《社会服务机构登记管理条例（修订草案征求意见稿）》中被修改为"社会服务机构"。按照国务院立法工作计划，上述三类社会组织的登记管理条例将合并修订为《社会组织登记管理条例》。待《社会组织登记管理条例》正式发布后，民办非企业单位将正式更名为社会服务机构。

③　民间资本是指除国有资本、境外资本以外的资本，包括民营企业资本、民间合作金融资本和追求增值的民间闲散资金等。本文将以资金形态存在的民间资本和境外资本统称为社会资本。

基于此，可以给民营养老服务业下一个定义，即指由社会力量依法兴办或参与经营的，旨在满足老年人日常生活照顾、医疗保健、康复护理、精神慰藉、长期照护等服务需求的所有行业或部门的集合。

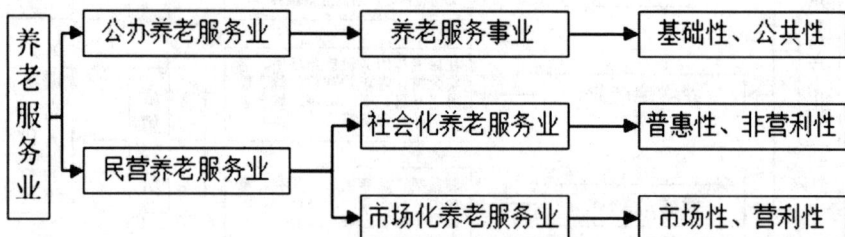

图 1-2　养老服务业框架

三、民营养老服务业的主体

民营养老服务业虽名曰"民营"，但其主体并非全是社会力量，不仅包括了社会性和市场性主体，而且包括了政府。各个主体在产业发展中具有不同的地位，各自发挥着特定的功能。

1. 政府是民营养老服务业的保障性主体

尽管民营养老服务业是指由社会力量参与经营和提供养老服务的行业或部门，但是政府在其中具有不可或缺的作用。第一，对民营养老服务业进行科学的顶层设计与规划。政府应从全局和长远的角度将民营养老服务业纳入国家或地区发展规划，并将落实规划纳入重要工作范畴，因地制宜地推进民营养老服务业发展。第二，给予资金支持和政策扶持。政府负责制定并落实养老服务设施用地供应、养老服务人才培养、机构建设和运营补贴、税费减免等保障或优惠政策，持续有序地加大对养老服务业的资金支持和政策扶持力度。同时，政府以财政性资金投入为基础，广泛撬动社会资本积极参与到养老服务业发展中来，不断丰富产业发展资金。第三，充分发挥示范引导作用。政府负责组织推进养老服务业标准的建设工作，不断健全养老服务行业标准体系，促进民营养老服务业规范有序发展。总的说来，政府是民营养老服务业的保障性主体，其主要职责是引导民营养老服务业的发展方向并为其保驾护航。

2. 社会组织是民营养老服务业的专业性主体

社会组织是除政府、市场之外的第三方力量，它们承接了许多政府因职能转变而剥离的公共服务，改进了公共服务的供给方式，不仅降低了国家行政成本，而且极大地提高了公共服务供给效率。它们能够在政府与市场之间搭起一座桥梁，既可以积极对接公共资源又能够充分利用市场资源，从而最大限度地调动各方力量、整合各种资源，以弥补"政府失灵"和"市场失灵"。具体说来，社会组织在民营养老服务业中的作用主要表现在以下三个方面：首先，有助于提升养老服务的专业化水平。社会组织是按照现代社会专业分工原则建立起来的，一般具有较强的专业性。养老服务领域的社会组织可以充分发挥自身的专业优势，不仅可以遴选与培养养老服务专业人才，为养老服务人才队伍建设打下坚实的基础，而且可以推动养老服务行业标准体系不断完善，从而促进养老服务业朝严规范、优质量、高水平的方向发展。其次，协助政府治理民营养老服务业。在推进养老服务社会化、市场化发展的过程中，我国不仅要充分发挥市场在资源配置中的决定性作用，而且要把传统体制下由政府承担的行业管理和服务职能移交给社会组织，并将其培养为专业化的养老服务提供者和养老服务行业的治理者，从而有效协助政府调查行业发展状况、拟定行业发展规划、提供行业决策参考等。最后，为养老服务业发展提供一定的公益性资金。社会组织中的基金会是一类比较特殊的社会组织，它是以基金形式存在的公益财产，能够利用自然人、法人或者其他组织捐赠的财产，从事一定的公益性事业。基金会可以在法律法规允许的范围内，向非营利养老服务机构注入资金以促进其发展，从而使得老年人群体乃至整个社会受益。

3. 社会资本是民营养老服务业的支撑性主体

随着社会化大生产的深化发展，市场创造了越来越多的财富并且集聚了大量的民间资本和境外资本。当经济社会发展到一定阶段、市场开放到一定程度，这些社会资本便可以在法律允许的范围内进入养老服务领域，充分展现优势并发挥作用。首先，社会资本财力雄厚，可以撬动养老服务业的资金坚石。养老服务业是一个投资大、回收期长的行业，需要规模庞大的发展资金做后盾。如果仅靠财政性资金投入，不仅无法有效满足老年人日益增长且多元化的养老服务需求，而且极易使政府陷入负债境地，进而牵连其他领域甚至整个经济社会的后续发展。此外，涉老社会组织奉行非营利性原则，除维系组织自身的正常发展外，一般不具备大规模投资养老服务业的资金实力。因此，充分发挥社会资本的主导作用是解决民营养老服务业发展资金问题的关键所在。其次，社会资本目标明确，能够不断推进养老服务业发展方式、方法、机制等的创新。在竞争性市场机制的驱使下，社会资本为了能够稳定持续获得利润，必然会比其他组织更加注重实施创新驱动战略，能够引领技术革新的潮流。这种创新的品质一旦注入养老服务业，必然会使养老服务业的发展日新月异。正是因为"藏富于民"与"藏智于民"的特点，社会资本可被视为民营养老服务业的支撑性主体。

四、民营养老服务业的性质

关于民营养老服务业的性质，理论界一直存在争议，至今尚未形成共识。中国老龄科学研究中心主任吴玉韶曾指出：如果从"产业"的定义和属性来看，养老服务业的市场性是十分鲜明的，如果过分强调福利性，则不利于产业的形成和发展；此外，政府需要对居家和机构养老服务等一些利润较低的行业进行扶持。[①] 该观点虽然中和了"一边倾"的片面看法，但并未对民营养老服务业性质做出界定。《中共中央关于制定国民经济和社会发展第十四个五年规划和二〇三五年远景目标的建议》指出，"推动生活性服务业向高品质和多样化升级。加快发展健康、养老、托育、文化、旅游、体育、物业等服务业，加强公益性、基础性服务业供给"。民营养老服务业是我国养老服务业的重要组成部分，以公益性和基础性养老服务为主要供给内容，这说明它的本质属性应当是福利性；而作为生活性服务业之一，需要以高品质和多样化为发展方向，则决定其必须具有多元化的具象性质。

1. 民营养老服务业的本质属性是福利性

民营养老服务业的发展缘起决定了其本质属性应当是福利性。社会组织、民间资本和境外资本等涉老的根本原因在于养老服务供不应求。在国家经济实力有限、老年人养老服务需求不断增长且日益多元化的背景下，我国亟须广泛调动社会力量参与到养老服务业发展中，由它们参与提供低偿或有偿的养老服务，从而不断丰富养老服务供给。从本质上来讲，养老服务是一种福利性的公共产品，无论其提供主体是谁，都应当以满足老年人需求、改善老年人生活为最终目的。因此，民营养老服务业的本质属性是福利性。

目前，学界普遍对社会资本以产业化方式提供的养老服务具有福利

---

① 吴玉韶：《对老龄产业几个基本问题的认识》，《老龄科学研究》2014 年第 1 期。

性这一点存在质疑。许多学者从产业化的提供方式出发，认为民营养老服务业应当具有市场性和营利性而不是福利性。这种观点是错误的。实际上，养老服务分为养老服务收入和养老服务提供两部分。其中，养老服务收入涉及再分配的问题，应当更加注重公平。因此，弱势老年人群体养老服务需求的满足即养老服务收入应当由政府来兜底，而不能实行市场化；其他老年人群体的养老服务需求相对而言层次较高、种类较多，除了享受政府提供的基本养老服务外，可以自主通过市场的途径增加自身的养老服务收入。在养老服务提供方面，养老服务并不必然由政府提供，它可以以产业化的方式提供；要么由政府向社会组织、民间资本（企业）、境外资本（企业）等民间养老服务生产者购买养老服务，要么由民间养老服务生产者直接提供给有一定需求且具备相应支付能力的老年人。因此，产业化只是"一种提供商品或服务的方式，与福利性并不矛盾"①，民营养老服务业的本质属性应当是福利性。

2. 民营养老服务业的具象性质呈多元化

福利性是民营养老服务业的本质属性，但并不是其唯一性质。在具象层面上，如果将民营养老服务业进行细分，那么其性质则呈现多元化的特点。根据养老服务提供主体，可以将民营养老服务业细分为社会化养老服务业和市场化养老服务业两类。其中，社会化养老服务业是指以由民政部门负责登记管理且不得将所得收益进行分红的社会组织为提供主体的养老服务业，市场化养老服务业则是指以由工商部门负责登记管理的且允许将所得收益进行分红的民间和境外资本为提供主体的养老服务业。二者因其提供服务的主体不同而具有不同的性质。如果说以政府

---

① 李学斌：《我国社区养老服务研究综述》，《宁夏社会科学》2008 年第 1 期。

为主体的养老服务事业具有基础性和公共性的性质，那么社会化养老服务业便具有普惠性和非营利性的性质，市场化养老服务业则具有市场性和营利性的性质。

此外，在协同治理渐成潮流的背景下，公私合营养老服务业是一个十分普遍的现象。公私合营养老服务企业或部门性质的判定依据主要是投入比重较大的提供主体的性质：如果政府投入比重大，那么其基础性和公共性较为突出；如果社会组织投入较大，则其公益性和非营利性更加凸显；如果市场投入较大，那么其市场性和营利性就更为明显。值得一提的是，多元化性质的判定只是对养老服务提供方式性质的判定，与民营养老服务业的福利性本质并不矛盾。

第二节　民营养老服务业的融资结构

民营养老服务业是一个新兴产业，还需要投入大量的发展资金。融资是缓解民营养老服务业发展资金困境的重要手段。但是由于融资结构存在问题，使得民营养老服务业面临着十分突出的融资难困境。当务之急，我国应当尽快辨明民营养老服务业融资结构存在的问题及其原因，加快推进产业融资结构的优化与升级。

一、融资对民营养老服务业至关重要

我国民营养老服务业发展起步较晚、成熟度还不高，尚存在不少制约深化发展的因素，涉及管理体制、产业政策、市场基础、社会观念、发展资金、专业人才、运营管理等多个方面。其中，管理体制、产业政策、市场基础和社会观念等为外部因素，这些因素是民营养老服务业有序运行的制度保障或环境基础；而发展资金、专业人才和运营管理等为内部要素，对民营养老服务业健康高质量发展起着决定性作用。在内部决定性要素中，资金是民营养老服务业生存和发展的基础性资源，紧密关联和影响着产业整体发展的成效。如果缺乏资金，那么民营养老服务业就如同无源之水、无水之木，后续发展难以为继。

与其他产业相比，民营养老服务业是一个典型的投资大、利润低、回收慢的产业。除了需要以出让、租赁等方式支付高昂的养老用地成本

外，民营养老服务机构或项目还需要投入巨额的建设、运营、管理等费用。目前，市场上单张养老床位估值已经高至 15 万元至 20 万元不等。[①]截至 2019 年末，全国共有养老服务床位 761.4 万张，每千名老年人拥有养老床位约 30 张。若以 50 张的国际通用标准来衡量，我国养老床位供给的缺口将高达 508 万张左右。[②] 如果将床位缺口换算成资金缺口，那么我国养老床位供给的资金缺口将高达 7620 万元至 10160 万元。这个资金缺口还未包括旧有床位改造或升级的费用。

此外，资金投入大并不意味着投资利润高、回收快。民营养老服务业本质上具有福利性，通过收取高昂费用来获取暴利的做法，不仅不符合产业特性和市场趋势，而且最终可能会出现"机构荒废、床位空置"的惨状。因此，民营养老服务业只能是一个微利、慢利的产业，而养老服务投资必定是一种回收期长的投资。根据中国老龄科学研究中心 2015 发布的《中国养老机构发展研究报告》，在受访的 257 家养老机构中，40.5% 的机构认为投资预期回收周期需要 10年以上，仅 8.8% 的机构认为只需 1—3 年。如果考虑资金的时间价值，即计算动态投资回收周期，那么养老服务投资的回收周期将会更长。由此可见，资金投入量大、回收期长对涉老社会资本而言是一个巨大的挑战。这不仅可能会使民营养老服务机构或项目的资金周转陷入"捉襟见肘"的困境，而且可能会令不少社会资本因"急求利而利缓至或不至"的心理落差而选择退出，最终难以在养老服务业继续

---

① 李佳楠：《资源、资本、资产联动下的产业升级——以首厚康健的养老产业布局为例》，《城市开发》2019 年第 10 期。

② 据《2019 年国民经济和社会发展统计公报》，2019 年末我国 60 岁及以上人口数为 25388 万人。以国际通用标准 50 张／千人衡量，我国缺口的养老床位供给量为 508万张。

发展。

作为一个新兴产业，资金是否充足、是否具有较强的后续力，对民营养老服务业的生存和发展至关重要。当前，用地投入大、人力成本高、营运利润低、投资回收慢等资金困难，已成为制约我国民营养老服务业深化发展的主要因素。融资是缓解产业发展资金困境的一个重要手段。欲突破民营养老服务业发展的资金瓶颈，就必须高度重视解决产业的融资供给问题，持续完善融资供给体系，不断丰富产业发展资金。

二、我国民营养老服务业融资结构剖析

根据所融资金的来源进行划分，民营养老服务业融资可以分为内源性融资和外源性融资。内源性融资是指民营养老服务机构将自有资金和生产经营过程中所积累的资金转化为投资资金；外源性融资是指民营养老服务机构通过一定的方式向其他经济社会主体筹集投资资金，可细分为来自私有企业或个人的市场性融资、来自非营利性组织的社会性融资和来自政府的财政政策性融资（如图 1-3）。在外源性融资中，基于产业政策和具体的项目设计，来自政府、市场和社会的资金一般不会完全割裂与分离，而是能够在特定的制度框架内进行交叉与合作。

外源性融资之市场／社会性融资渠道

◀正规市场性融资
● 商业信贷
● 项目融资
● 信托投资
● 企业债券等

◀社会性融资

◀非正规市场性融资
● 民间借贷
● 民间典当
● 小额贷款公司等

◀政策性融资
● PPP
● 养老专项债券
● 产业引导基金
● 开发性金融等

民营养老服务机构
内源性融资

◀财政性融资
● 财政补贴
● 税费减免
● 购买服务等

**外源性融资之
政策性融资渠道**

**外源性融资之
财政性融资渠道**

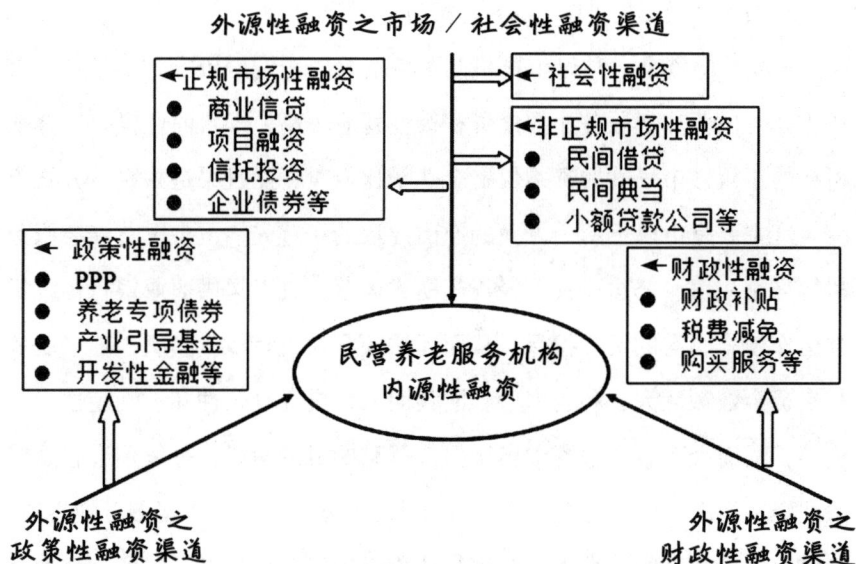

图 1-3　民营养老服务业融资结构

1. 内源性融资自主性较强但续力不足

内源性融资是融资成本和风险较低、自主性很强的融资方式，既是民营养老服务机构的首选融资方式，也是最主要的融资方式，以此方式融得的资金一般会在融资总量中占绝对性比重。然而，内源性融资资金主要来自机构的自有资金、微利性收入等，因受盈利能力有限、回收周期长等因素的影响，这些资金无法在较短的时间内发挥规模效应，难以有效满足机构生存与发展的资金需求。有些机构甚至为了筹措周转资金或偿还到期贷款与债务，不得不向民间资本高息融资"过桥"，从而进一步增加了财务成本。毋庸置疑，民营养老服务机构亟须拓展内源性融资渠道之外的正规性外源性融资渠道，从而不断增强融资续力，持续有效地获得生存和发展所需的资金。

2. 市场性融资积极性不高且比重尚小

市场性融资是一种以市场机制配置资金资源的融资方式。目前，市场主体对民营养老服务业的投资积极性普遍不高，来自商业银行等金融机构的正规性市场性融资不仅资金总量比较少，而且渠道狭窄、方式单一。这主要是由以下两个方面的原因导致的：首先，不少民营养老服务机构采用租房、公建民营等轻资产模式运营，难以提供商业银行传统贷款运作模式所需的资产担保，从而无法顺利获得贷款。其次，养老服务投资资金数额巨大、利润率低、回收期长，投资复杂性和不确定性十分突出，因而大多数金融资本出于保值营利的目的考虑，一般不会轻易冒险注资。为提高社会资本的涉老积极性、有效支持民营养老服务业发展，各级政府应当鼓励并大力支持银行业积极探索，推进养老服务金融产品和服务方式创新，在有效控制和规避传统贷款运作模式下的严重风险及其收益不对称问题的前提下，为民营养老服务机构提供差异化的金融服务，从而将更多的资金"活水"引向养老服务领域。

3. 社会性融资灵活度较低且支持力有限

社会性融资即社会慈善资金，是指自然人、法人或者其他组织自愿无偿捐赠的、从事慈善公益活动的财产性资金。捐赠人可以通过基金会、社会团体、社会服务机构等慈善组织捐赠，也可以直接向受益对象捐赠。根据《中华人民共和国慈善法》（2016 年）规定，"慈善组织开展慈善活动，应当依照法律法规和章程的规定，按照募捐方案或者捐赠协议使用捐赠财产"，如需改变用途，应报民政部门备案或征得捐赠者同意。换句话说，慈善组织需要根据既定方案或是捐赠者的意愿来定向使用资金，同时需要接受政府监督并即时向社会公开慈善资金的有关信息，或及时向捐赠者反馈慈善资金的使用情况及效益。虽然会有部分慈善资金流向非营利性养老服务领域，但是该部分资金规模不是很大，总体上对养老服务业的支持力比较弱。此外，公益活动或事业范畴广泛，包括扶贫济困救灾、科教文卫体事业等诸多领域。虽然我国基金会等慈善组织数量不少并且呈逐年增长趋势，但是它们的活动领域尚主要集中在教育、救灾扶贫、扶弱助残等方面，总体上对老年福利及养老服务等方面的支持还是比较有限的。

4. 财政政策性融资侧重扶助但引导不足

目前，财政政策性融资在民营养老服务业融资中占有较大的比重。这主要是因为我国养老服务市场不够成熟、产业基础较为薄弱，仅依靠产业自行面向市场和社会筹措资金，无法实现健康、快速的发展。与此同时，民营养老服务业是一种社会保障性产业，具有福利性本质属性，政府对其发展具有主导性作用。目前，我国的财政政策性资金并不吝于对民营养老服务业的投资，但是还主要停留在直接扶助层面，对于撬动社会资本、引导产业发展的功能发挥的还不够充分。长此以往，不仅会导致产业与政府过度黏合，加重政府的财政负担，而且会使得产业因过度依赖财政政策性融资而忽略对其他融资渠道的开发和利用，从而逐渐丧失产业自主融资能力。下一阶段我国应进一步审视财政政策性投融资政策的科学性和合理性，积极拓展与市场、社会的合作，努力创新投融资产品和服务方式，既要合理满足民营养老服务业当前发展阶段的资金需求，更要着眼长远，积极培育产业自主融资能力，不断增强产业融资续力。

三、以财政政策性投融资撬动社会资本投资

一般说来，合理的产业融资供给结构应当是以内源性融资为基础、

以市场性融资为主体，辅之以财政政策性融资的支持和社会性融资的补充。但是，由于民营养老服务业投资大、利润低、回收慢，市场性资本积极性不高、参与度不足，产业发展资金仍主要来内源性资金和财政性资金。总的说来，目前民营养老服务业的内源性融资、财政性融资的比重较大，政策性融资所撬动的市场性融资以及产业独立吸纳的市场性融资的比重尚小，社会性融资支持力有限，产业发展资金不足且融资续力较弱，科学有效的产业融资体系尚未真正建立起来。

民营养老服务业不同于其他第三产业，它所提供的养老服务具有"准公共产品"的特征。这决定了它不能完全由市场决定，而是必须在政府的科学引导下进行合理的市场化发展。虽然民营养老服务业是一个巨大的朝阳产业，拥有十分广阔的市场前景，但是由于发展起步较晚、基础比较薄弱、整体水平不高，加上投资复杂性、收益不确定性等因素，社会资本投资养老服务业的积极性、主动性还不是很高。这决定了民营养老服务业的发展无法完全依靠市场，还必须依靠财政性资金的支撑，借助财政政策性投融资来撬动社会资本融资。财政政策性投融资一方面可以加快夯实民营养老服务业的产业基础，促使其不断发展壮大，从而增强内源性融资对产业发展的支持力；另一方面，可以有效提振社会资本的投资信心，引导更大规模的社会资金直接投资或者通过基金会等间接参与到产业发展中来，从而提升产业市场性、社会性融资的比重。从这个意义上来说，财政政策性投融资不仅是当前我国民营养老服务业生存和发展资金的重要来源，而且是完善养老服务业融资供给体系的重要依托与关键推动力。

第二章 ｜ 民营养老服务业财政政策性
投融资概述

在分析我国民营养老服务业财政政策性投融资模式及其实践问题之前，十分必要全面、系统地了解民营养老服务业财政政策性投融资的内涵、原则和功能。

第一节　财政政策性投融资的内涵

财政政策性投融资是支持民营养老服务业发展不可或缺的投融资方式，是一种基础性、保障性、引导性的方式。它包括财政性投资和政策性融资两种手段。这两种手段互为补充并形成投融资合力，共同推动民营养老服务业健康有序发展。

一、财政政策性投融资的含义与类别

中央和地方政府会对特定的产业和项目进行投资，以推动其快速健康发展。一般说来，社会投资项目主要包括竞争性项目、基础性项目和公益性项目三大类。竞争性项目是竞争性产业在投资领域的表现形态，指的是投资主体公平参与竞争、市场机制充分发挥作用的项目。这类项目的投资完全由市场调节，具有突出的营利性特征，项目建成后所提供的产品是私人产品，具有排他性和竞争性，其价格完全由市场竞争决定。基础性项目是指为基础产业和部分支柱产业提供"共同生产条件"的项目，主要具有或部分具有公共产品的一般特征，即具有公用性、非独占性和不可分割性，一般需要巨量的投资资金，建设周期较长、投资回收缓慢，市场机制难以有效发挥作用。公益性项目是指为整个社会提供公共性产品和服务的项目，这些产品和服务基本上属于纯公共产品，因此市场机制在这些产品和服务的提供上也很难发挥作用。上述三类投资项目的关系并非彼此割裂、互相排斥的，在具体操作上有时会互有交叉与重叠。政府对不同类型的投资项目所采取的扶持态度和手段也不尽相同。对于竞争性项目，政府一般不参与投资、不与市场争利，主要通过完善产业投融资政策、优化市场投融资环境等方式提供保障和支持；对于基础性项目、公益性项目等这些容易出现"市场失灵"现象的投资项目及其相关领域，中央和地方政府则会出于经济发展战略目标的考虑，灵活运用财政和政策性手段对相关产业及项目进行投融资，以推动其有序发展。

民营养老服务业作为我国新兴的生活性服务业，关乎全体老年人的利益，涉及重大的民生问题。它具有福利性的本质属性，是一种公益性产业。因此，民营养老服务业既是政府适宜投资的领域，更是政府应当投资的领域，是政府应当主动作为且需有所作为的经济空间。政府作为民营养老服务业的保障性主体，不仅会直接或间接投入财政性资金，而且会在一定政策框架内以财政性资金为引导，撬动市场性或社会性资金参与投资，从而扩大民营养老服务业的融资资金规模。基于此，民营养老服务业财政政策性投融资可以分为财政性投资和政策性融资两个类型。其中，财政性投资是指政府直接或间接地将财政性资金投入养老服务项目或整个产业的活动与过程，如提供养老服务设施用地保障、培养养老服务专业人才、实施公建民营改革、给予建设与运营补贴、购买养老服务等。政策性融资是指在政府的支持和鼓励下，以政府财政和国家信用为依托，由财政部门、金融机构及其他不同融资主体共同搭建融资合作关系，在专门的立法规范与保障下，通过适度有限的市场化运作，直接或间接地为养老服务机构或项目提供政策性贷款、担保等政策性融资的制度安排，如开发养老服务 PPP 项目、发行养老专项债券、设立养老产业引导基金、实施养老服务开发性金融等。财政性投资与政策性融资互有区别并互为补充，协同撬动社会资本参与投资，引导民营养老服务业融资体系不断优化完善。

二、财政性投资与政策性融资的区别

虽然财政性投资和政策性融资都是政府主导的行为，但是二者在资金运作机制、政府功能定位、适用投资对象、效益产出目标等方面具有一定区别。

第一，资金运作机制不同。财政性投资的资金主要来自财政性资金，是政府在预算范围内采用增加支出或减少收入的手段，给予民营养老服务机构或项目以资金支持，或是通过保障设施用地、专业人才等基本要素供给的方式，扶持民营养老服务业发展。政策性融资的资金既包括财政性资金，也包括市场性资金和社会性资金，其中的财政性资金兼具财政与金融的功能，能够通过与市场有机结合，在养老服务项目或产业融资中建立起无偿财政性资金有偿使用的机制。[①]

第二，政府功能定位不同。在财政性投资中，政府主要是以"产业扶持者"的身份介入，遵循产业发展规划，以一定形式投入财政性资金，支持养老服务机构建设或者养老服务项目运营，尤其是帮助新建机构或新设项目顺利度过发展的起步阶段或关键时期。在政策性融资中，政府主要发挥"产业引导者"的功能，以一定的财政性资金投入以及特定的投融资政策为杠杆，撬动社会资本积极参与投资，并与社会资本形成合

---

① 王立军、施清宏：《地方政策性投融资体制改革若干问题研究》，《经济评论》2001 年第 3 期。

作共赢的格局，共同推动民营养老服务业发展。

第三，适用投资对象不同。财政性投资不宜大范围、长时间地运用。从横向上看，它适用于投向民营养老服务业的基础建设领域，发挥"补短板""强弱项"的作用，如设施用地供给、专业人才培养、基础养老服务供给、医养结合平台搭建等；从纵向上看，它在产业起步阶段或是发展关键时期具有重要的推动作用。但是，随着产业不断壮大成熟，财政性投资应逐渐从资助性扶持转换为激励性支持，充分尊重市场和产业规律，重视激发产业主体的发展能动性，推动产业自主发展。而在政策性融资中，财政性资金则主要发挥"组局""搭台"的作用，广泛吸纳社会资本参与发展养老服务。政策性融资资金应该主要投向有助于民营养老服务业"提水平""上台阶"的领域，如发展智能化、个性化、高端化的养老服务。这不仅能较好满足社会资本天然的盈利需求，而且可以推动养老服务业向高水平高质量方向发展。

第四，效益产出目标不同。总体上看，二者的终极效益产出都是推动养老服务业发展、增进社会民生福祉、促进经济健康发展。但由于二者在资金运作、政府定位、适用对象等方面存在区别，所以它们的效益产出目标也会出现一定的差别。财政性投资主要是对民营养老服务业基础性项目的投资，其效益产出目标更多是一种基于公共利益的社会共享价值。政策性融资则更多是投向民营养老服务业的提质增效性项目，其效益产出目标因为资金来源的多元性而具有更加丰富的内涵，能够形成一种包括公共利益和私人利益在内的社会共赢价值。

第二节　财政政策性投融资的原则

民营养老服务业的财政政策性融资不仅事关产业发展，而且关乎国计民生。在运行过程中，财政政策性融资必须严格遵循政府引导性、对象限定性、目标非营利性等原则。

一、政府引导性原则

首先，投融资规划须由政府组织制定。政府须牵头对民营养老服务业的财政政策性投融资进行科学规划，明确投融资的领域、手段和目标等，以确保投入产业的财政、市场和社会资金均能够充分发挥效益，实现资金增值、产业增益、社会增效等。其次，政策性投融资机构须由政府组建。民营养老服务业财政性投资一般由项目归口部门直接负责管理，而政策性融资则一般需要由政府以出资创设或控股的形式组建政策性投融资机构来负责管理政策性投融资项目，主要目的在于提高投融资管理的专业性、切实保障投融资成效。最后，投融资过程须由政府监管。无论是财政性投资还是政策性融资，都需要由政府有关部门或者其授权的机构对整个投融资过程进行监管，及时发现并纠正违法、违规、脱轨等行为或现象，确保民营养老服务业投融资能够按照既定计划发挥作用、产出效果。

二、对象限定性原则

党的十八届三中全会通过的《中共中央关于全面深化改革若干重大问题的决定》中指出，要"使市场在资源配置中起决定性作用和更好发挥政府作用"。这个纲领性的论断同样也适用于民营养老服务业的发展。从纵向上看，财政政策性投融资以不同方式在民营养老服务业各发展阶段发挥不同的作用。在起步阶段，民营养老服务业总体上是一个具备市场需求与发展前景的弱势产业，基础比较薄弱、市场活力不足、社会资本参与积极性不高。在此背景下要实现产业的有序发展，必然需要附加财政政策性融资的力量，要以财政性投资为主要手段，有序投入财政性资金，不断夯实产业发展基础，同时辅之以政策性融资手段，持续激发市场投资活力，推动产业快速发展。待产业逐步壮大并进入稳步发展阶段后，政府要识势谋远，一方面逐步从直接、具体的项目扶持中剥离出来，推动财政性投资从"授之以鱼"式扶持向"授之以渔"式培育的转变，注重培育产业的自生能力，使其逐渐减轻对财政性资金的依赖；另一方面，要适当提高政策性融资手段的使用比例，更好地发挥财政性资金的撬动投资功能和发展导向作用。

从横向上看，政府应根据养老服务机构所提供养老服务的层次差异，采用不同的方式予以支持。对于提供基础兜底型养老服务的机构，政府要结合人口老龄化演变情况，始终将财政性投资比例维持在一个合理的限度内，以确保广大中低收入老年人的养老服务需求能够得到满足；对于提供中端普惠性养老服务的机构，政府要以政策性融资为主、财政性投资为辅，持续保障养老服务机构有序发展；对于提供高端个性化养老服务的机构，政府则应当避免直接、过度的干预，而是通过营造良性有序的市场环境，让市场充分发挥决定性作用。

三、目标非营利性原则

以财政性投资方式投入民营养老服务业的财政性资金，具有十分明确的非营利性；而以政策性融资方式投入民营养老服务业的各路资金，也必须遵循目标非营利的基本原则。在政策性融资中，财政性资金必然要"追求超越微观主体成本效益分析眼界的综合效益、社会效益、发展后劲以及'正的外部性'"[1]；来自基金会及其他公益组织或个人的社会性资金，其涉老的目的应当是为了发展社会公益事业、推动养老服务发展，不宜掺杂任何营利性或回馈性的价值考量；而对于来自企业和个人的市场性资金，政府可以允许其在政策框架内获得合理合法的利润，但必须对其进行目标非营利的道德与制度双重约束，要求其以更加宽广长远的视野参与到养老服务业发展中，主动适应和拥抱新时代的商业发展规则，逐渐成长为致力于追求经济、社会、环境等多维价值创造的平衡与可持续发展的"共益资本"[2]。因此，政策性投融资机构必须在行动之前就针对伙伴择选、合作模式、运行机制等制定好完善的制度规范，并严格检视行动过程，以规避偏离非营利性目标的风险。

---

[1]　贾康:《地方融资与政策性融资中的风险共担和风险规避机制》,《中国金融》2010 年第 7 期。

[2]　阳镇、尹西明、陈劲:《共益企业——使命驱动的第四代组织管理模式》,《清华管理评论》2019 年第 11 期。

第三节　财政政策性投融资的功能

财政政策性投融资是民营养老服务业发展过程中不可或缺的资金筹集手段，具有十分重要的发展引导、投资补偿、融资增信、扩张资金和降低风险等功能。

一、引导产业发展功能

财政政策性投融资是政府对产业进行调控与管理的重要手段与工具。从产业发展层面上看，以一定的方式对民营养老服务机构或项目进行财政政策性投融资，既展示了政府大力发展养老服务业的决心，也向有意涉老的社会资本传递了在未来一定时期内，养老服务业是一个具有良好前景、值得投资的产业项目的信息。从经济社会发展层面上看，政府采用财政政策性投融资手段大力支持民营养老服务业的发展，既是我国积极应对人口老龄化的必然选择，也是实现产业结构调整、经济转型升级的关键机遇。这不仅有助于持续满足社会日益增长的养老服务需求，而且能够催生新的产业发展动能，助力实现我国新发展阶段高质量发展的目标。

二、补偿投资收益功能

民营养老服务业是一个资金投入量大、成本回收期长、总体利润低的产业。与其他产业的投资收益相比，养老服务业的投资者需要承受更大的风险和挑战。财政政策性投融资一方面能够提供产业发展所需的建设资金、设施用地等资源，可缓解产业发展资金的燃眉之困，支持其顺利度过资金高需求的起步阶段或特殊时期；另一方面可以通过提供补贴、低偿使用资金或资源等方式，给予社会资本以直接或间接的投资收益补偿，使其收益能够维持在一定的合理水平，不至于因为投资回报率过低或亏本等原因而选择撤离养老服务业。

三、增进融资信用功能

民营养老服务业财政政策性投融资以财政的强有力支持作为后盾，这在一定程度上代表了国家和政府的信用。从短期上看，对于一些新设立或者经济实力比较弱、融资信用等级比较低的民营养老服务机构来说，财政政策性投融资资金的加盟，不仅可以提供必要的建设发展资金，而且可以较大地提升其市场性、社会性融资信用，尤其是在政策性融资中，能够有效地消除社会资本的投资顾虑，促使其积极投资养老服务业。从长期上看，通过财政政策性投融资的持续性支持，民营养老服务业会逐渐发展壮大，成长为一个产业组织健全、投资空间巨大的成熟产业，从而逐步摆脱因为实力弱、信用低而带来的融资约束，更加灵活自主地吸纳社会资本的参与。

四、扩张发展资金功能

财政政策投融资是民营养老服务业发展的重要支撑与推动力量。但是，财政性资金毕竟是有限的，并不能提供产业发展所需的全部资金。然而，它可以发挥"第二财政"作用，通过采用特定的政策手段，投入适量的投融资引导或合作资金，在"引导／合作—虹吸—扩张"机理（如图 2-1）的作用下，以较少的资金撬动大量社会资本投资养老服务业，从而数倍甚至数十倍地扩大产业发展资金。

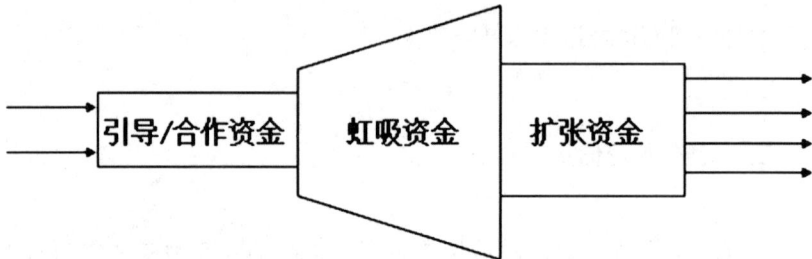

图 2-1　资金扩张机理

五、降低投资风险功能

从某种程度上说，财政政策性投融资之所以能够撬动社会资本参与投资并最终实现扩张投融资资金的目的，除了因为它能够较大地增进养老服务机构的融资信用外，更为关键的是可以明显降低社会资本的投融资风险。一方面，财政政策性投融资以雄厚的财政性资金作为后盾，具有较强的风险承受能力，同时能够发挥导向功能，较好地规避因市场盲目性和无序性所引发的后果，从而降低社会资本投资民营养老服务业的风险。另一方面，财政性资金与社会资本在一定的政策框架内开展投融资合作，不仅能够实现优势互补，克服各自在特定领域专业性不足的问题，而且可以通过订立风险共担机制，分散投融资风险，从总体上降低社会资本的投资风险。

第三章　|　　　　民营养老服务业财政政策性
　　　　　　　　　投融资政策演化分析

在新中国成立至改革开放之前的这段时期里，基于计划经济体制的框架，我国养老服务供给实行国家和单位负责制，形成了主要面向"三无""五保"等特殊老年人的福利事业格局。改革开放以来，伴随人口老龄化发展、经济体制改革和养老服务政策变革，越来越多的社会力量参与到养老服务供给方阵中，产业经济学意义上的民营养老服务业由此萌生并逐渐发展壮大起来。我国民营养老服务业发端于以政府为主导的老年福利事业的改革，而后逐渐成长为以社会力量为主导的第三产业。在产业萌生和发展的过程中，为适应经济体制改革及政府与市场、社会关系的调适，各级政府不断改革和创新财政政策性投融资模式，持续推动民营养老服务业发展。通过梳理改革开放以来的养老服务政策，我国民营养老服务业可以划分为社会化改革起步、整体性体系建设、跨越式加速发展、高质量健康发展等四个阶段。与此相对应，民营养老服务业财政政策性投融资政策大致经历了"政府循循善导、民力谨慎试水""政府规划主导、民力积极参与""政府强化引导、民力担纲承梁"和"政府重视规导、民力协同共进"四个阶段。

第一节　社会化改革起步阶段的财政政策性投融资政策

本阶段以 1979 年民政部顺应改革开放趋势而试行"孤老职工自费收养"的做法为起点，一直延续至 1999 年底我国步入人口老龄化社会[①]之时。本阶段既是我国人口结构向老龄化过渡的阶段、我国进入人口老龄化社会的前时代，也是我国老年福利社会化改革的起步阶段、民营养老服务业的萌芽时期。

一、养老服务政策与产业发展概况

1978 年十一届三中全会的召开吹响了改革开放的号角，"对内改革、对外开放"的春风吹向各个领域，长期以来筑牢的国家和单位福利体制开始松动并逐渐被打破。与此同时，我国人口老龄化趋势逐渐显现，老年人口数量不断增多，加上计划生育政策的实施，使得家庭结构日益小型化，社会化养老的需求迅速增长。然而，由于我国社会福利事业长期以来由国家和集体包办，不仅老年福利设施严重不足，而且大多数福利机构管理不善、服务水平较低，难以满足老年人日益增长的福利需求，因此迫切需要动员市场和社会的力量兴办或参与经营老年福利设施、提供

[①]　国际上公认的人口老龄化标准主要有两个：一是 1956 年联合国人口司制定的"老年人年龄起点为 65 岁、老龄化界标为 7%"的标准；二是 1982 年世界老龄大会制定的"老年人年龄起点为 60 岁、老龄化界标为 10%"的标准。1999 年底，我国 60 周岁以上老年人口比重达 10.3%，自此进入老龄化社会。

老年社会福利。基于此背景，政府开始推进社会福利社会化改革，倡导投资主体多元化，鼓励企业、社会组织和个人积极参与老年福利事业发展。

1979 年民政部在全国城市救济福利工作会议上郑重提出要在做好"三无"老人收养工作的前提下，开展孤老职工的自费收养工作。"自费收养"是基于当时的经济社会背景所开展的老年福利社会化改革的探索性实践，使得老年社会福利服务的对象首次突破了"三无"局限，为后续社会福利社会化改革埋下了有益的种子。后来原国家民政部部长崔乃夫在 1983 年召开的第八次全国民政会议上明确提出"社会福利事业国家可以办，社会、团体可以办，工厂、机关可以办，街道可以办，家庭也可以办"①，这为我国下一步的社会福利政策定下基调。该思想后来在 1984 年全国城市福利事业单位改革整顿经济交流会议上被进一步明确为四个"转变"，即"国家办的福利机构要进一步由国家包办向国家、集体、个人一起办的体制转变，由救济型向福利型转变，由供养型向供养康复型转变，由封闭型向开放型转变"②。这次会议被视为我国社会福利改革的起点和标志。1986 年，民政部正式提出"社会福利社会办"的概念，从此"社会办福利"便成为我国社会福利发展的主流方向。民政部把社区服务业视为社会化服务体系中的一个重要行业，将发展社区服务作为推进社会福利社会化的一个重要举措，因此在 1987 年全国第一次社区服务工作会议上，正式提出"面向社会、发展社区服务"，开始在全国范围内倡导并推行社区互助性社会服务。

国家不仅多次在全国性民政工作会议上对"社会福利社会化"做出部署，而且出台了一系列相关政策（见表 3-1），鼓励和扶持社会力量积

---

① 崔乃夫：《当代中国的民政》，当代中国出版社，1994，第 220 页。

② 王子今、刘悦斌、常宗虎：《中国社会福利史》，中国社会出版社，2003，第 333 页。

极参与社会福利社会化改革。总的说来，与老年福利或养老服务相关的国家层面政策文件大致可以分为法律法规类文件、纲要规划类文件和执行规范类文件三类。1993 年，民政部、国家计委等 14 个部门发布了《关于加快发展社区服务业的意见》，明确提出要大力扶持社区服务、多方筹集社区服务业发展资金，推动社区服务业全面、快速地发展。1994 年民政部等 10 个部门发布了《中国老龄工作七年发展纲要（1994—2000）》，提出要多渠道筹措老龄事业发展资金。1996 年出台的《老年人权益保障法》[①] 指出，国家要鼓励和扶持社会组织或者个人兴办老年福利院、敬老院、老年公寓、老年医疗康复中心和老年文化体育活动场所等设施。与此同时，民政部积极组织开展社会福利社会化试点改革。1998 年 3 月民政部选择了 13 个城市开展社会福利社会化试点，不仅涌现了广东、上海、温州、苏州等一批各具特色的先进典型，而且增加了许多由社会力量举办的社会福利机构。

表 3-1　1978—1999 年国家层面主要的养老服务政策

文件类型	颁布时间／发文字号	文件名称
法律法规类文件	1996 年 8 月 29 日	中华人民共和国老年人权益保障法
纲要规划类文件	中老联字〔1994〕70 号	中国老龄工作七年发展纲要（1994—2000）
执行规范类文件	民〔1987〕捐字 17 号	关于开展社会福利有奖募捐活动的通知
	民福发〔1993〕11 号	关于加快发展社区服务业的意见
	民办函〔1993〕255 号	关于贯彻落实《关于加快发展社区服务业的意见》的通知

---

① 《老年人权益保障法》于 1996 年出台，后经 2009 年第一次修正、2012 年修订、2015 年第二次修正、2018 年第三次修正，最新内容自 2018 年 12 月 29 日公布后施行。

二、本阶段财政政策性投融资政策的特点

在这一阶段，老年社会福利只是作为社会福利的一个组成部分被官方重视，并没有体现出过多的特殊性或独特的重要性。同时，老年社会福利主要是指物质生活方面的照料，老年精神慰藉、医疗保健、体育健身、文化教育和法律服务等所占比重还比较小。此外，这个时期国家和社会对"社会化"或"市场化"的认识普遍还比较模糊，当时的主流认知还是将市场化作为减轻政府财政压力和国企"减包袱"改革的一种手段。与此同时，由于当时社会主义市场经济体制改革刚刚起步、尚处于探索阶段，市场机制尚未健全、社会力量还不够强大，虽然有一定的企业、社会组织和个人涉老，但是所占市场比重并不是很大。因此，本阶段我国养老服务业的市场化、民营化产业特征仅仅只是初现端倪，更多地则是体现为福利性的养老服务事业，其核心主体依然是政府。

通过梳理这一时期与养老服务业相关的主要政策文件可以看到，本阶段养老服务事业的发展资金主要来自财政资金和福利彩票公益金，而来自社会和市场领域的力量则在政府的倡导下谨慎试水养老服务事业改革。从资金投入形式上看，政府主要采用财政性投资手段扶持养老服务事业发展。具体来讲，政府通过提供设施用地优惠、税费优惠、费用减免等方式直接或间接地加大对养老服务事业的投入。此外，本阶段养老服务事业所吸纳的外源性资金，除了财政性资金外，主要是具有公益使命感的社会性资金。在政府的倡导和推动下，社会性资金以慈善捐助、福利有奖募捐、开办老年福利企业等方式积极参与养老服务事业发展。虽然社会性资金总体还是抱持谨慎试水的态度，但是它们确实在一定程

度上缓解了当时老年福利供给压力、推动了养老服务的社会化发展。必须强调的是，这个时期市场性资金的参与度和支持度总体上是比较低的，养老服务业的政策性融资尚不具备多元融资合作、与金融市场结合等典型特征。综上，本阶段我国养老服务业的财政政策性投融资政策总体上呈现出"政府循循善导、民力谨慎试水"的特点。

第二节　整体性体系建设阶段的财政政策性投融资政策

本阶段分别为以 2000 年和 2013 年为起止分界点，是我国养老服务业整体性体系建设阶段。之所以将 2000 年和 2013 年分别作为本阶段的起止分界点，主要是基于我国人口结构变化发展和养老服务政策阶段性改变这两个方面的原因。首先，这段时期是我国从人口老龄化社会早期阶段向人口老龄化快速发展阶段转变的时期。根据第五次全国人口普查结果显示，1999 年底我国 60 周岁以上老年人口占总人口的比重超过 10%，我国正式步入人口老龄化阶段。此后，我国人口老龄化速度不断加快。2013 年底 60 周岁以上老年人口正式突破 2 亿大关、占比直逼15%[①]，表明我国已然进入人口老龄化快速发展的阶段。其次，2013 年 9 月后，因产业政策调整，我国养老服务业进入加速发展时期。一则我国于 2013 年 9 月发布了《国务院关于加快发展养老服务业的若干意见》，确立了"加快发展养老服务业"的政策基调，并陆续出台实施了一揽子政策；二则同年 11 月召开的十八届三中全会明确指出要"使市场在资源配置中起决定性作用"，将市场的作用从 20 世纪 90 年代以来界定的"基础性作用"提高至更高层次的"决定性作用"。从我国人口结构变化和关键性政策事件可以看出，2013 年是我国养老服务业发展的一个重要分水岭，是养老服务业从整体性体系建设阶段进入下一个新阶段的重要拐点。

[①]　截至 2013 年末，我国 60 周岁及以上老年人口总计 20243 万人，占总人口比重14.9%。此外，根据官方预测，2020 年将达到 2.43 亿，2025 年将突破 3 亿。

一、养老服务政策与产业发展概况

经过二十余年的探索与实践，不少社会力量参与到养老服务业发展中，养老服务社会化、市场化程度不断加深，老年福利供给能力得到明显提高。但是由于政府在民营养老服务业萌芽时期的政策导向主要是鼓励、探索与尝试，对产业发展的整体规划重视不足，从而导致养老服务体系建设缺乏整体性、协调性和连续性。此外，人口老龄化浪潮汹涌而至，社会化养老服务需求不断增加，我国迫切需要构建起符合经济社会发展需求的社会养老服务体系，从统一规划、整体协同的高度统筹推进民营养老服务业发展。因此，本阶段是我国养老服务整体性体系建设的重要阶段，其发展重点是基本形成一个科学合理的社会养老服务体系。

与上一阶段相比，本阶段与养老服务业相关的国家层面政策文件不仅在数量上有明显增加，而且所涉领域得到很大的拓展。除了国务院及其办公厅、民政部、财政部等部门持续推进社会福利社会化发展外，国家开发银行等金融机构也开始介入，积极推动民营养老服务业的市场性、社会性融资发展。本阶段的法律法规类文件主要是 2012 年修订的《中华人民共和国老年人权益保障法》；纲要规划类文件主要有老龄事业发展的"十五""十一五""十二五"规划以及《社会养老服务体系建设规划（2011—2015）》；执行规范类文件众多，所涉领域可分为社会福利社会化、老龄工作、社会养老服务体系与养老服务业等（见表 3-2）。

表 3-2　2000—2013 年国家层面主要养老服务政策

文件类型	颁布时间／发文字号	文件名称
法律法规类文件	2012 年 12 月 28 日	中华人民共和国老年人权益保障法（修订）
纲要规划类文件	国发〔2001〕26 号	中国老龄事业发展"十五"计划纲要（2001—2005）
	全国老龄委发〔2006〕7 号	中国老龄事业发展"十一五"规划（2006—2010）
	国发〔2011〕28 号	中国老龄事业发展"十二五"规划（2011—2015）
	国办发〔2011〕60 号	社会养老服务体系建设规划（2011—2015）
执行规范类文件（社会福利社会化与老龄工作）	国办发〔2000〕19 号	关于加快实现社会福利社会化的意见
	民发〔2005〕170 号	关于支持社会力量兴办社会福利机构的意见
	中办发〔2000〕13 号	中共中央国务院关于加强老龄工作的决定
	全国老龄委发〔2006〕2 号	关于加强基层老龄工作的意见
执行规范类文件（社会养老服务体系与养老服务业）	民发〔2001〕145 号	"社区老年福利服务星光计划"实施方案
	国办发〔2006〕6 号	关于加快发展养老服务业的意见
	全国老龄办发〔2008〕4 号	关于全面推进居家养老服务工作的意见
	民发〔2012〕35 号	关于开展"社会养老服务体系建设推进年"活动暨启动"敬老爱老助老工程"的意见
	民发〔2012〕129 号	关于鼓励和引导民间资本进入养老服务领域的实施意见

续表

文件类型	颁布时间／发文字号	文件名称
	财税〔2012〕138号	中央财政支持社会组织参与社会服务项目资金使用管理办法
	民发〔2012〕196号	关于政府购买社会工作服务的指导意见
	民发〔2012〕209号	关于贯彻落实《支持社会养老服务体系建设规划合作协议》共同推进社会养老服务体系建设的意见
	商资函〔2013〕67号	关于香港、澳门服务提供者在内地举办营利性养老机构和残疾人机构服务有关事项的通知

　　本阶段肇始于2000年国务院办公厅发布《关于加快实现社会福利社会化的意见》。该文件对社会福利社会化提出了更高、更明确的发展要求，首次明确描绘了社会福利社会化的目标，即2005年基本建成以国家兴办的社会福利机构为示范、其他多种所有制形式的社会福利机构为骨干、社区福利服务为依托、居家供养为基础的社会福利服务网络。这个目标架构也为我国后来形成"以居家养老为基础、以社区养老为依托、以机构养老为支撑"的社会养老服务体系勾勒了初步雏形。2005年，为了进一步调动社会力量的积极性、维护社会办福利机构的合法权益，民政部发布了《关于支持社会力量兴办社会福利机构的意见》，明确提出"坚持非营利性""坚持统筹规划""坚持因地制宜和量力而行""坚持政策支持与资金扶持"四条基本原则，有效支持社会办福利机构，有序推动社会福利社会化。

　　在推进社会福利社会化的进程中，为适应人口老龄化发展趋势并预先对其可能引发的经济社会问题做好应对准备，我国日渐加强了老龄事业的发展规划。我国积极推动老年社会福利社会化向纵深发展，持续提升老年福利供给水平，不仅老年福利供给对象逐渐从"三无""五保"老年人拓展到所有老年人，而且福利供给内容也从基本的物质生活照料逐渐延伸到精神慰藉、医疗保健、康复护理等相关领域。与此同时，我国人口老龄化程度进一步加深。为加快发展养老服务业、满足日益增长的养老服务需求，我国于 2006 年发布了《关于加快发展养老服务业的意见》，并在 2011 年印发了《社会养老服务体系建设规划（2011—2015年）》，坚持遵循"政策引导、政府扶持、社会兴办、市场推动"的原则，加快发展养老服务业，争取在 2015 年基本形成以居家为基础、社区为依托、机构为支撑的社会养老服务体系。

为加快建成社会养老服务体系，我国主要从以下两条路线并行推进。第一，重点发展居家和社区养老服务。我国自 2001 年起便开始在全国实施"社区老年福利服务星光计划"，努力夯实社区居家养老服务基础。该计划将中央和地方各级政府通过发行福利彩票所筹集的约 40—50 亿元福利金，用于资助社会力量积极参与建设城市社区老年人福利服务设施和农村乡镇敬老院等。该计划历时三年左右，大大增加了城乡社区老年福利机构和设施的数量，有效推动了居家和社区养老服务的发展进程。此外，2008 年全国老龄办发布的《关于全面推进居家养老服务工作的意见》，进一步明确居家和社区养老服务在社会养老服务体系建设中的基础性作用，要求各地紧密依托城乡社区，多措并举发展居家和社区养老服务。第二，全面启动"敬老爱老助老工程"。民政部在"十二五"期间启动实施了"敬老爱老助老工程"，以地级以上城市老年养护机构建设计划、县区综合社会福利中心建设计划、城市社区养老服务设施建设计划、农村五保供养服务设施建设计划、农村养老服务建设计划、爱心护理院建设计划和老年康复辅具配置计划等七大项目为支撑，全面推进覆盖城乡、体系协调、功能完善的城乡社会养老服务体系建设。

在国家政策引导下，各地结合地情积极开展探索，努力推进养老服务社会化、大力发展民营养老服务业，日渐形成了"以居家为基础、社区为依托、机构为支撑"的社会养老服务体系。较为典型当属上海市于2006年起开始打造的"9073"养老模式，以及北京市于2008年底提出的"9064"养老模式。"9073"养老模式或"9064"养老模式，是指90%左右的老年人通过自我照料或社会化养老方式实现居家养老，7%或6%左右的老年人通过社区提供的各种专业化养老服务实现社区养老，而3%或4%左右的老年人则通过入住养老机构来实现养老。与此相对应，上海市政府和北京市政府在这一时期积极调动市场和社会力量参与养老服务业，致力于建设满足"9073"或"9064"养老服务需求的社会养老服务体系。两地进行的引领式探索也为其他省市提供了十分宝贵的经验借鉴。

二、本阶段财政政策性投融资政策的特点

随着人口老龄化社会的到来，老龄事业发展开始被列入我国经济社会发展的重要议事日程，而不再只是并入"社会福利社会化"这一综合性事项中，这足以显示我国对老龄事业发展的高度重视。在这个阶段，我国政府主要实施"两手抓"养老服务业发展战略：一手抓"体系规划"，高度重视社会养老服务体系的规划与构建，努力完善"以居家为基础、社区为依托、机构为支撑"的社会养老服务体系；另一手抓"民力参与"，多措并举，鼓励社会力量积极参与养老服务业发展，不断夯实产业基础、提升产业服务水平。在此战略理念下，本阶段民营养老服务业财政政策

投融资政策的顶层规划性比较突出，总体呈现出"政府规划主导、民力积极参与"的特点。

由于本阶段产业基础还未扎牢、尚且薄弱，仍需要公共财政继续发力援建；此外，市场机构尚不够健全、市场活力未完全释放，市场性融资难以独当一面，因此财政政策性投融资依然是我国民营养老服务业主要的外源性融资手段。通过梳理本阶段的养老服务政策及其实践，可以发现我国财政政策性投融资呈现以下三个具体的特点：首先，财政性投资力度持续加大。我国明确将老龄事业经费列入财政预算，要求各级政府逐年增加对老龄事业的财政投入，同时明确规定"民政部和地方要将福利彩票公益金每年留存部分按不低于50%的比例集中使用于社会养老服务体系建设"，从而建立起稳定的经费保障与投入机制。其次，财政性投资形式有所创新。这主要体现在福利彩票公益金的使用变革和推进政府购买养老服务上。民政部要求本级福利彩票公益金将逐步由以往的按项目资助向"以奖代补"形式转变；另外，2012年的《关于政府购买社会工作服务的指导意见》指出，政府可以购买服务的形式为老年人提供生活照料、精神慰藉、社会参与、代际沟通等服务。最后，政策性融资初具雏形。一方面，允许和鼓励境外良性资本在内地涉老。鉴于一些发达国家的养老服务体系比较完善、发展比较成熟、资本涉老经验比较丰富，我国专门出台了《鼓励外商投资产业指导目录》等文件，实施相关优惠政策、制定相应的投资经营规范，鼓励境外资本在境内投融资设立非营利或营利的养老机构。另一方面，启动开发性金融支持试点。2012年民政部与国家开发银行开展战略合作，由民政部负责资金监管，国家开发银行落实中长期贷款并提供综合金融服务，共同推进社会养老服务体系建设。

第三节　跨越式加速发展阶段的财政政策性投融资政策

本阶段紧密承续上一阶段的收官分界点，以 2013 年发布的《国务院关于加快发展养老服务业的若干意见》为重要起始标志，开启了全面放开养老服务市场、加快发展养老服务业的新时期。此外，2018 年 12 月 29 日第十三届全国人民代表大会常务委员会第七次会议对《老年人权益保障法》进行第三次修正，进一步深化养老服务业放管服改革，将养老机构"设立许可制"改为"登记备案制"①，从此我国民营养老服务业进入另一个发展阶段。本阶段起止年份分别是 2013 年和 2018 年，堪称我国民营养老服务业跨越式加速发展的阶段。

一、养老服务政策与产业发展概况

经过上一阶段的发展，我国初步建立起了以居家为基础、社区为依

---

① 《老年人权益保障法》中关于民办养老机构管理的表述，经历了如下发展过程：1996 年，无相关表述；2009 年第一次修正，无相关表述；2012 年修订版，表述为"设立养老机构应当向县级以上人民政府民政部门申请行政许可；经许可的，依法办理相应的登记"；2015 年第二次修正，表述修改为"设立公益性养老机构应当向县级以上人民政府民政部门申请行政许可；经许可的，依法办理相应的登记。设立经营性养老机构应当在工商行政管理部门办理登记后，向县级以上人民政府民政部门申请行政许可"；2018 年第三次修正，表述修改为"设立公益性养老机构，应当依法办理相应的登记。设立经营性养老机构，应当在市场监督管理部门办理登记。养老机构登记后即可开展服务活动，并向县级以上人民政府民政部门备案"。

托、机构为支撑的社会养老服务体系，养老服务产业发展水平得到明显提升。与此同时，我国面临着日益严峻的人口老龄化形势，不仅老年人口规模巨大、老龄化速度超快，而且高龄失能的老年人比重越来越大。党的十八大以来，我国全面推进养老服务业深化改革与发展，突出强调市场和社会力量在养老服务业发展和社会养老服务体系构建中的主体作用，进一步加快发展民营养老服务业的步伐，不断增加养老服务供给，以满足日益增长的多元化社会养老服务需求。

与前两个阶段相比，本阶段可谓是我国改革开放以来养老服务政策发展的"巅峰"时刻，主要表现在以下四个方面：第一，国家和地方的政策"井喷式"涌现，养老服务业发展迎来了巨大的政策红利。第二，养老服务政策体系日益完善，有法律规划性政策亦有执行规范性政策、有基础保障性政策更有创新拓展性政策、有国家引领性政策也有地方配套性政策等。第三，各级政府及其部门从多个维度诠释和支持市场和社会力量发挥主体作用，合力推进养老服务业发展。第四，以试点示范性政策为抓手，循序渐进推进养老服务业改革与发展。

总的说来，这个阶段民营养老服务业的发展迎来了春天，市场性、社会性投融资渠道得到极大拓展，产业发展水平得到显著提升；与此同时，涌现出一批居家社区养老、医养结合、"互联网+"养老服务、"养老+"业态融合等的发展典型案例①。

本阶段国家层面的法律法规类文件主要是 2015 年第二次修正的《中

---

① 2017 年 9 月 30 日，国家发改委社会发展司、民政部社会福利和慈善事业促进司和全国老龄办政策研究部联合发布了《关于养老服务业发展典型案例遴选结果的公示》，总结各地养老服务业发展的有效做法，遴选通报了 75 个养老服务业发展典型案例。这些案例分布在 29 个省（市、区）。

华人民共和国老年人权益保障法》；纲要规划类文件主要有 2016 年的
《"健康中国 2030"规划纲要》《城乡社区服务体系建设规划（2016—
2020）》和 2017 年的《"十三五"国家老龄事业发展和养老体系建设规划》
《智慧健康养老产业发展行动计划（2017—2020）》；执行规范类文件数
量则创历史之最，可以进一步划分为综合类、专项类和试点类文件（见
表 3-3）。必须强调的是，《"十三五"国家老龄事业发展和养老体系建设
规划》架设了"十三五"前后我国养老服务业发展和养老服务体系建设
的顶层设计，倡导全面放开养老服务市场、加快推进养老服务业放管服
改革，积极调动市场和社会力量参与养老服务业，同时从夯实居家社区
养老服务基础、推动养老机构提质增效、加强农村养老服务建设三个方
面进一步完善养老服务体系。

表 3-3　2013—2018 年国家层面主要的养老服务政策

文件类型	颁布时间 / 发文字号	文件名称
法律法规类文件	2015 年 4 月 24 日	中华人民共和国老年人权益保障法（第二次修正）
纲要规划类文件	2016 年 10 月 25 日	"健康中国 2030"规划纲要
	民发〔2016〕191 号	城乡社区服务体系建设规划（2016—2020）
	国发〔2017〕13 号	"十三五"国家老龄事业发展和养老体系建设规划（2016—2020）
	工信部联电子〔2017〕25 号	智慧健康养老产业发展行动计划（2017—2020）
执行规范类文件（综合）	国发〔2013〕35 号	国务院关于加快发展养老服务业的若干意见
	发改办社会〔2015〕992 号	关于进一步做好养老服务业发展有关工作的通知

续表

文件类型	颁布时间／发文字号	文件名称
执行规范类文件（专项）	建标〔2014〕23 号	关于加强养老服务设施规划建设工作的通知
	国土资厅发〔2014〕11 号	养老服务设施用地指导意见
	民发〔2014〕116 号	关于推进城镇养老服务设施建设工作的通知
	民发〔2016〕179 号	关于支持整合改造闲置社会资源发展养老服务的通知
	教职成〔2014〕5 号	关于加快推进养老服务业人才培养的意见
	财税〔2014〕77 号	关于减免养老和医疗机构行政事业性收费有关问题的通知
	发改社会〔2016〕2776 号	养老服务体系建设中央补助激励支持实施办法
	财社〔2014〕113 号	关于建立健全经济困难的高龄失能等老年人补贴制度的通知
	民发〔2017〕193 号	关于加强农村留守老年人关爱服务工作的意见
	民发〔2018〕127 号	深度贫困地区特困人员供养服务设施（敬老院）建设改造行动计划
	财社〔2014〕5 号	关于做好政府购买养老服务工作的通知
	商服贸函〔2014〕899 号	关于推动养老服务产业发展的指导意见
	国发〔2014〕60 号	关于创新重点领域投融资机制鼓励社会投资的指导意见
	商务部民政部 2014 年第 81 号	关于鼓励外国投资者在华设立营利性养老机构从事养老服务的公告
	民发〔2015〕33 号	关于鼓励民间资本参与养老服务业发展的实施意见

续表

文件类型	颁布时间／发文字号	文件名称
执行规范类文件	国办发〔2016〕91 号	关于全面放开养老服务市场提升养老服务质量的若干意见
	民发〔2017〕25 号	关于加快推进养老服务业放管服改革的通知
	国办发〔2017〕21 号	关于进一步激发社会领域投资活力的意见
	发改投资〔2014〕2724 号	关于开展政府和社会资本合作的指导意见
	国办发〔2015〕42 号	关于在公共服务领域推广政府和社会资本合作模式指导意见的通知
	财金〔2017〕86 号	关于运用政府和社会资本合作模式支持养老服务业发展的实施意见
	发改办财金〔2015〕817 号	养老产业专项债券发行指引
	民发〔2015〕78 号	关于开发性金融支持社会养老服务体系建设的实施意见
	银发〔2016〕65 号	关于金融支持养老服务业加快发展的指导意见
	发改投资〔2014〕2091 号	关于加快推进健康与养老服务工程建设的通知
	国办发〔2015〕84 号	关于推进医疗卫生与养老服务相结合的指导意见
	国办发〔2018〕26 号	关于促进"互联网＋医疗健康"发展的意见
	国卫医发〔2018〕20 号	关于促进护理服务业改革与发展的指导意见
	民发〔2014〕17 号	关于加强养老服务标准化工作的指导意见
	民发〔2014〕47 号	关于推进养老机构责任保险工作的指导意见

文件类型	颁布时间／发文字号	文件名称
执行规范类文件（试点）	民函〔2013〕369号	关于开展公办养老机构改革试点工作的通知
	民办发〔2013〕23号	关于开展养老服务业综合改革试点工作的通知
	发改高技〔2014〕1358号	关于组织开展面向养老机构的远程医疗政策试点工作的通知
	保监发〔2014〕53号	关于开展老年人住房反向抵押养老保险试点的指导意见
	银保监发〔2018〕43号	关于扩大老年人住房反向抵押养老保险开展范围的通知
	民办函〔2014〕222号	关于开展国家智能养老物联网应用示范工程的通知
	民函〔2014〕325号	关于开展养老服务和社区服务信息惠民工程试点工作的通知
	国卫办家庭发〔2016〕511号	关于遴选国家级医养结合试点单位的通知
	人社厅发〔2016〕80号	关于开展长期护理保险制度试点的指导意见
	民函〔2016〕200号	关于中央财政支持开展居家和社区养老服务改革试点工作的通知
	工信厅联电子〔2017〕75号	关于开展智慧健康养老应用试点示范的通知

国家层面的综合类执行规范文件主要有两份，分别是2013年的《国务院关于加快发展养老服务业的若干意见》和2015年国家发改委办公厅等部门联合印发的《关于进一步做好养老服务业发展有关工作的通知》。前一份文件堪称本阶段养老服务政策"井喷式"发展的起点和依据，其明确指出"充分发挥市场在资源配置中的基础性作用，逐步使社会力量

成为发展养老服务业的主体"。从此之后，各地各部门加快出台相关政策，调动民力积极参与养老服务业发展。经过一年多的推动，社会资本投入积极性显著提高，养老服务业发展态势良好，政策效果逐步显现。为进一步做好养老服务业发展有关工作，2015年《关于进一步做好养老服务业发展有关工作的通知》就督促政策落实、加大产业投入、谋划体系建设、推进改革试点、发展健康养老、推动创新发展、探索多元融资、维护产业环境等重点工作再做强调与部署。上述两份文件，前者统领大局、指明方向，后者接续发力、深化改革，共同推进养老服务业更快更好地发展。

以综合类执行规范性文件为指导，国务院及其部委相继出台了许多专项类执行规范文件，内容涉及养老服务业发展的各个方面，如养老服务设施规划与建设、养老服务人才培养、健康与养老服务工程、医养结合服务发展、护理服务业发展、养老服务开发性金融、政府购买养老服务、政府和社会资本合作、养老产业专项债券、养老服务标准化工作、养老机构责任保险等。这些文件以深化体制机制改革、全面放开养老服务市场为前提，以创新财政扶持方式、激发民间投资活力为手段，不断夯实养老服务业发展基础、持续增强养老服务业内生动力，共同致力于实现"健全养老服务体系、加快养老服务业发展"的目标。

此外，为稳步有序推进改革、有效发挥引领效应，这个阶段我国大力鼓励先行先试与探索创新，积极推进一系列养老服务改革试点与示范工作（见表3-4），主要有公办养老机构改革、居家和社区养老服务改革、医养结合、长期护理保险制度、智慧健康养老应用、老年人住房反向抵押养老保险、安宁疗护、养老机构远程医疗、智能养老物联网应用、养老服务业综合改革、养老服务和社区服务信息惠民工程等试点。大部分试点工作以分批分次的形式逐步推进、不断扩展，最终在全国范围内全面推开；同时结合试点经验及产业发展实况，不断调整完善政策框架与细节，在巩固试点工作成效的同时努力形成长期政策效应。

在这一阶段，国家广泛释放养老服务政策红利，地方各级政府在"行政发包制"和"政治锦标赛"[①]的双重激励下，纷纷搭乘"政策快车"，积极响应国家推进经济结构转型、加快养老服务业发展的号召，不仅配套制定了相应的地方政策文件，而且立足地方实际，积极推动政策与实践创新。总的说来，我国养老服务的发展遵循着"顶层设计—试点推动—地方探索—全国推广"的逻辑。在这个逻辑的演绎过程中，地方各级政府自下而上的全力配合以及市场和社会资本的积极参与是十分重要的环节。其中，地方各级政府自下而上的全力配合积极回应了上级政府自上而下的大力推进，从而形成了一个从中央通达地方的强有力的政策闭环；而市场和社会资本的积极参与，则为养老服务创新及产业发展提供了丰富的财力和智力资源，推动养老服务业实现跨越式的加速发展。

表 3-4　2013—2018 年养老服务业试点项目及其实施情况

序号	项目	主要文件依据	实施情况
1	公办养老机构改革	关于开展公办养老机构改革试点工作的通知（民函〔2013〕369 号）	第 1 批：124 家，2014 年 9 月 第 2 批：115 家，2017 年 10 月

---

① 王敏:《中国经济增长的政治经济学——读〈转型中的地方政府：官员激励与治理〉（第二版）》，《公共管理评论》，2018 年第 1 期，第 144—156 页。

续表

序号	项目	主要文件依据	实施情况
2	居家和社区养老服务改革	关于中央财政支持开展居家和社区养老服务改革试点工作的通知（民函〔2016〕200号）	第1批：26个市（区），2016年11月 第2批：28个市（区），2017年11月 第3批：36个市（区），2018年5月 第4批：54个市（区），2019年8月 第5批：59个市（区），2020年2月
3	医养结合	关于遴选国家级医养结合试点单位的通知（国卫办家庭发〔2016〕511号）	第1批：50个市（区），2016年6月 第2批：40个市（区），2016年9月
4	长期护理保险制度	关于开展长期护理保险制度试点的指导意见（人社厅发〔2016〕80号）；关于扩大长期护理保险制度试点的指导意见（医保发〔2020〕37号）	第1批：15个城市，2016年6月。经吉林和山东2个重点联系省份的试点实践，拓展了20个城市 第2批：14个城市，2020年9月
5	智慧健康养老应用	关于开展智慧健康养老应用试点示范的通知（工信厅联电子〔2017〕75号）	第1批：53个企业、82个街道（乡镇）、19个基地，2017年11月 第2批：26个企业、48个街道（乡镇）、10个基地，2018年11月 第3批：38个企业、95个街道（乡镇）、23个基地，2019年10月 第4批：51个企业、72个街道（乡镇）、17个基地，2020年11月
6	老年人住房反向抵押养老保险	关于开展老年人住房反向抵押养老保险试点的指导意见（保监发〔2014〕53号）；关于扩大老年人住房反向抵押养老保险开展范围的通知（银保监发〔2018〕43号）	第1批：北京、上海、广州、武汉，试点期自2014年7月1日起至2016年6月30日止 2018年8月起，扩大至全国范围
7	安宁疗护	国家卫生健康委办公厅关于开展第二批安宁疗护试点工作的通知（国卫办老龄函〔2019〕483号）	第1批：5个市（区），2017年1月 第2批：71个市（区），2019年5月

序号	项目	主要文件依据	实施情况
8	养老机构远程医疗	关于组织开展面向养老机构的远程医疗政策试点工作的通知（发改高技〔2014〕1358号）	共1批：北京市2家养老机构与1家医院；湖北省武汉市2家养老机构与1家医院；云南省昆明市1家养老机构与1家医院
9	智能养老物联网应用	关于开展国家智能养老物联网应用示范工程的通知（民办函〔2014〕222号）	共1批：7家养老机构，2014年6月
10	养老服务业综合改革	关于开展养老服务业综合改革试点工作的通知（民办发〔2013〕23号）	共1批：42个地区，2014年7月
11	养老服务和社区服务信息惠民工程	关于开展养老服务和社区服务信息惠民工程试点工作的通知（民函〔2014〕325号）	共1批：120家养老机构信息惠民试点，105家居家和社区养老信息惠民试点，96个社区公共服务综合信息平台试点，46个智慧社区建设试点

二、本阶段财政政策性投融资政策的特点

随着我国人口老龄化程度不断加深、速度持续加快，老年人养老服务需求不仅日益增长，而且日渐多样化、多层次。因此，我国亟需一个强大完善的养老服务体系予以支撑，方能实现养老服务的持续有效供给。如果说前两个阶段养老服务业开始转换计划式的产业发展思维，积极调动市场和社会的力量参与，那么这个阶段则是全力破除体制障碍、加快健全市场机制，充分发挥市场在养老服务资源配置中的决定性作用。在此阶段，政府在养老服务业发展中的主导性地位逐渐让位给市场和社会力量，化身为产业的引导和保障性主体；财政资金的投入形式不再以"授

鱼式"的直接"输血"扶助为主，而是通过推行 PPP 模式、发行产业专项债券、创设发展引导基金、实施开发性金融、鼓励金融创新等方式积极强化"授渔式"的间接"造血"功能，并通过结合放管服改革、全面放开市场等举措，充分发挥市场在资源配置中的决定性作用。本阶段民营养老服务业的财政政策性投融资政策逐渐从以财政性投资为主向以政策性融资为主转变，总体上呈现出"政府强化引导、民力担纲承梁"的特点。

　　本阶段养老服务的层次性进一步分明，供给主体的功能定位也日渐明晰，不同养老服务场域中的财政政策性投融资功能也在持续调适与完善。首先，公共财政兜底基本养老服务的供给。由公共财政兜底负责基本养老服务的供给，旨在促进城乡基本养老服务均等化。从需求侧看，政府主要通过举办养老服务事业，或是以养老服务补贴、购买养老服务等方式提供基本养老服务。公办养老服务机构积极发挥托底作用，为"三无"老人、低收入老人、经济困难的失能半失能老人等提供无偿或低收费的供养、护理服务；地方政府通过建立健全经济困难的高龄、失能等老年人的养老服务补贴制度，不断提高老年人的养老服务消费支付能力；地方政府重点购买生活照料、康复护理等基本养老服务，并优先保障经济困难的孤寡、失能、高龄等老年人的服务需求，加大对基层和农村养老服务的支持。从供给侧看，积极发挥公共财政的作用，夯实基层养老服务设施建设，尤其是贫困地区的养老服务设施建设，以提高养老服务供给能力。如 2014 年，为缓解因城镇化加速发展和城镇老年人口迅速增长所引起的养老服务设施建设总量不足、设施落后等突出问题，由民政部牵头统筹推进城镇养老服务设施建设工作；2018 年，国家启动"深度贫困地区特困人员供养服务设施（敬老院）建设改造行动计划"，由中央和地方共同筹措项目建设资金，其中中央通过预算投资对地方予以支持或补助，所在省份进一步加大省级财政资金和福利彩票公益金投入，统筹安排项目建设配套资金。

其次，采用政府扶持、社会力量运营、市场化运作的方式提供普惠性养老服务。为加快构建以居家为基础、社区为依托、机构为支撑的社会养老服务体系，我国一方面加快推进公办养老机构改革，要求公办养老机构特别是新建机构应逐步通过公建民营等方式，鼓励社会力量运营，政府则通过运营补贴、购买服务等方式，支持公建民营机构发展；另一方面，充分发挥政府在支持居家和社区养老服务发展方面的主导作用，落实准入、金融、财税、土地等优惠政策，通过搭建平台、购买服务、公建民营、民建公助、PPP 项目合作等方式，支持和鼓励社会力量积极参与发展养老服务，从而有效提升居家和社区养老服务供给能力。与此同时，政府积极履行夯实产业发展基础、提供产业发展保障、推动产业提质增效的职责，如加强服务人员的学历教育和职业技能培训，建设养老护理人员队伍；推进全国养老服务标准化工作，加快建立全国统一的养老服务质量标准和评价体系；推动智慧化养老服务平台建设和智能化养老技术应用，加快推进养老服务提档升级等。

最后，以市场化手段满足高端个性化养老服务需求。为丰富养老服务供给、提升养老服务质量，我国通过进一步放宽准入条件、优化市场环境等，全面放开养老服务市场，鼓励境内外社会资本积极举办或经营营利性或非营利性的养老服务机构。对于非营利性的养老服务机构，地方政府通过落实用地保障、财政扶持、彩票公益金支持、税费优惠、购买服务等政策，予以鼓励、保障和支持，无论是本地或非本地投资者、国内或境外投资者，均享受同等政策待遇。对于营利性的养老服务机构，地方政府通过优化养老服务企业自主经营的市场环境、实行一定财政支持和税费优惠政策（如开发性金融支持、减半征收有关行政事业性收费等）、鼓励开发养老服务 PPP 项目、鼓励资金筹集方式创新（如设立产业引导基金、发行企业债券等）、鼓励养老服务金融产品多样化等，切实增强产业政策保障能力，并通过发挥财政性资金的引导和示范效应，吸引更多的社会资本投资养老服务业。在此类养老服务的提供上，政府要避免直接、过度的干预，应通过营造良性有序的市场环境和提供必要的保障与支持，让市场充分发挥决定性作用。

第四节　高质量健康发展阶段的财政政策性投融资政策

随着民营养老服务业加速发展，市场机制不完善、社会参与不足等问题日益突出，产业发展的体制机制束缚和政策约束日渐显露，亟待破解；与此同时，随着市场容量的扩大，因行业规范和服务标准不统一、政府监管不够到位等原因所导致的养老服务市场乱象频现，亟须整治。鉴于此，民政部于2019年初下发了《关于贯彻落实新修改的〈中华人民共和国老年人权益保障法〉的通知》，明确要求不再实施养老机构设立许可、依法做好登记和备案管理、加强养老机构事中事后监管等，正式实施养老机构"登记备案制"。自此开始，我国民营养老服务业发展目标开始从"增量"向"提质"转变，产业发展由此进入一个更加规范、成熟的高质量健康发展阶段。

一、养老服务政策与产业发展概况

经过跨越式加速发展阶段，民营养老服务业的供给能力显著增强；但随着人口老龄化加速发展，"十四五"期间至21世纪中叶，我国老年人口规模还会持续扩大，社会化养老服务需求将迎来爆发式增长。因此，民营养老服务业亟须提质增效，以实现供需总量与结构的平衡。基于此背景，本阶段我国主要以"促进养老服务高质量发展"为目标，从中长期发展规划的角度，不断完善养老服务政策体系。

本阶段的法律法规类文件是 2018 年末第三次修正的《中华人民共和国老年人权益保障法》，它是本阶段养老服务政策创制的总依据。规划纲要类文件主要有《国家积极应对人口老龄化中长期规划》和《中华人民共和国国民经济和社会发展第十四个五年规划和 2035 年远景目标纲要》。它们突破以五年为期进行规划的常规做法，从中长期发展的角度科学部署人口老龄化工作，对近期、2035 年、21 世纪中叶老龄事业和产业的发展做出目标指引：到 2022 年，积极应对人口老龄化的制度框架初步建立；到 2035 年，积极应对人口老龄化的制度安排更加科学有效；到本世纪中叶，与社会主义现代化强国相适应的应对人口老龄化制度安排成熟完备。在上述法律、规划的指导下，近两年来，国务院办公厅、民政部、国家卫健委等部门先后组织发布了《关于推进养老服务发展的意见》《关于进一步扩大养老服务供给促进养老服务消费的实施意见》《关于建立完善老年健康服务体系的指导意见》《关于建立健全养老服务综合监管制度促进养老服务高质量发展的意见》《关于促进养老托育服务健康发展的意见》等综合性的执行规范类文件（见表 3-5）。这些文件主要围绕"优化有效供给""老年健康服务""高质量发展""健康发展"等主题展开，在推进养老服务发展、扩大养老服务供给的同时，更加注重管理体制机制改革和产业规范塑造，努力引导民营养老服务业进入一个更具理性、更富前瞻性的发展时期。

表 3-5　2019 年至今国家层面主要的养老服务政策

文件类型	颁布时间／发文字号	文件名称
法律法规类文件	2018 年 12 月 29 日	中华人民共和国老年人权益保障法（第三次修正）

文件类型	颁布时间／发文字号	文件名称
纲要规划类文件	2019 年 11 月 21 日	国家积极应对人口老龄化中长期规划
	2021 年 3 月 12 日	中华人民共和国国民经济和社会发展第十四个五年规划和 2035 年远景目标纲要
执行规范类文件（综合）	国办发〔2019〕5 号	关于推进养老服务发展的意见
	民发〔2019〕88 号	关于进一步扩大养老服务供给促进养老服务消费的实施意见
	国卫老龄发〔2019〕61 号	关于建立完善老年健康服务体系的指导意见
	国办发〔2020〕48 号	关于建立健全养老服务综合监管制度促进养老服务高质量发展的意见
	国办发〔2020〕52 号	关于促进养老托育服务健康发展的意见
执行规范类文件（专项、试点）	民函〔2019〕1 号	关于贯彻落实新修改的《中华人民共和国老年人权益保障法》的通知
	财税〔2019〕20 号	关于明确养老机构免征增值税等政策的通知
	财政部等 2019 年第 76 号	关于养老、托育、家政等社区家庭服务业税费优惠政策的公告
	发改社会〔2020〕227 号	养老服务体系建设中央补助激励支持实施办法（2020 年修订版）
	民发〔2019〕80 号	关于实施特困人员供养服务设施（敬老院）改造提升工程的意见
	民发〔2019〕83 号	关于进一步加强特困人员供养服务设施（敬老院）管理有关工作的通知
	民发〔2019〕124 号	民政部关于加强分散供养特困人员照料服务的通知
	自然资规〔2019〕3 号	关于加强规划和用地保障支持养老服务发展的指导意见
	发改社会〔2019〕333 号	城企联动普惠养老专项行动实施方案（试行）

续表

文件类型	颁布时间/发文字号	文件名称
执行规范类文件（专项、试点）	发改社会〔2019〕1422号	普惠养老城企联动专项行动实施方案（2019年修订版）
	财金〔2019〕10号	关于推进政府和社会资本合作规范发展的实施意见
	建房〔2020〕92号	关于推动物业服务企业发展居家社区养老服务的意见
	国卫老龄发〔2020〕23号	关于开展示范性全国老年友好型社区创建工作的通知
	国卫老龄发〔2019〕60号	关于深入推进医养结合发展的若干意见
	国卫办老龄发〔2019〕24号	医养结合机构服务指南（试行）
	国卫老龄函〔2020〕457号	关于开展建设老年友善医疗机构工作的通知
	国卫办老龄函〔2020〕974号	关于开展医养结合机构服务质量提升行动的通知
	国卫办老龄发〔2020〕23号	医疗卫生机构与养老服务机构签约合作服务指南（试行）
	国卫办医发〔2020〕24号	关于加强老年人居家医疗服务工作的通知
	医保发〔2020〕37号	关于扩大长期护理保险制度试点的指导意见
	国卫办医函〔2019〕80号	关于开展"互联网+护理服务"试点工作的通知
	国卫办医函〔2020〕985号	关于进一步推进"互联网+护理服务"试点工作的通知
	民办发〔2020〕6号	关于分区分级精准做好养老服务机构疫情防控与恢复服务秩序工作的指导意见
	发改办社会〔2021〕37号	关于建立积极应对人口老龄化重点联系城市机制的通知

在具体执行层面，相关政策文件主要围绕"补短板""优结构""强监管""提质量"等主题展开。

首先，重"补短板"，促进养老服务协调发展。从政策文本上看，我国一方面加大对贫困地区养老服务设施改造提升的资金投入，不断完善农村养老服务兜底保障网络、提升基本养老服务保障能力；另一方面，通过发放救助供养资金、保障照料护理费用、政府购买服务等方式，强化对农村分散供养特困老年人照料服务的兜底保障。习近平总书记曾用"木桶理论"强调协调发展的重要性："没有欠发达地区的小康，就没有全省的全面小康；没有欠发达地区的现代化，就没有全省的现代化。这如同经济学中的'木桶理论'，一只木桶的装水容量不是取决于这只木桶中最长的那块板，而是取决于最短的那块板"。与此同理，养老服务也需要协调发展。我国能否建立起以居家为基础、社区为依托、机构为支撑的社会养老服务体系，既需要推动产业实现跨越式加速发展，更需要夯实欠发达地区的养老服务基础。

其次，重"优结构"，促进养老服务供需平衡。虽然近年来我国养老服务快速发展，但有效供给和需求之间不平衡、不协调的问题却日益凸显，养老服务供给侧对需求侧变化的适应性调整明显滞后，难以满足广大老年人日益多样化多层次的养老服务需求。本阶段的养老服务政策从供需两侧双向发力，致力于形成供需有效衔接并良性互动的产业动态平衡。一方面，推进养老服务供给侧结构性改革，通过扩大养老服务覆盖面、升级养老服务设施、拓展养老服务内容、加强信息技术运用、推进医养深度结合、融合居家社区和机构养老服务等手段，全面提升城乡养老服务供给能力和供给水平。另一方面，贯彻落实税费优惠政策，加大补贴、购买服务、财政补助激励等形式的财政性资金投入，大力发展普惠性养老服务,切实降低养老服务的成本和价格;同时,进一步扩大长期护理保险试点,推动早日建成保险、福利和救助相衔接的长期照护保障制度,努力提高老年人的综合消费支付能力。

再次,重"规运行",保障养老服务健康发展。一方面,建立健全养老服务国家标准体系。2019年,我国先后发布《养老服务机构等级划分与评定》和《养老机构服务安全基本规范》两项国家标准。前者是进一步推进养老机构服务质量建设的专项行动,是建立健全全国统一养老机构等级评价体系的重要举措,既有利于提高养老机构规范化管理水平,也有利于提升入住的老年人的幸福感和获得感;后者是我国养老服务领域第一项强制性国家标准,明确了养老机构服务安全"红线",有利于防范、排查和整治养老机构的安全隐患。另一方面,建立健全养老服务综合监管制度。2020年12月,国务院办公厅发布了《关于建立健全养老服务综合监管制度促进养老服务高质量发展的意见》。文件以养老服务领域存在的问题为导向,围绕"监管什么、谁来监管、怎么监管"三个方面提出规范性要求。文件指出,质量安全、从业人员、涉及资金、运营秩序监管及突发事件应对是监管的重点;应构建政府主导、机构自治、行业自律、社会监督"四位一体"的大监管格局;要创新监管方式,加强政府部门协同监管、信用监管和信息共享,发挥标准规范引领作用等。这是我国养老服务领域第一份专题部署加强养老服务综合监管的文件,具有十分重要的里程碑意义。

最后,重"提质量",推动养老服务优化升级。面对日益增长的多样化、个性化养老服务需求,养老服务业需紧跟时代发展和技术进步,努力实现高质量发展。这意味着养老服务需要朝精准服务和人性化服务高度融合的方向发展。从已有政策文本看,本阶段我国主要从以下三个方面推动养老服务高质量发展。其一，大力支持友好型医养结合服务。从"老年友好型社区""老年友善医疗机构""医养结合机构服务质量提升""老年人居家医疗服务""长期护理保险"等政策文本词汇，可以看出本阶段养老服务政策的重点工作之一是深入开展医养结合工作，努力提升医养结合服务能力，从而为老年人提供便利化、高质量、有保障的医养结合服务。其二，积极实施"养老服务＋行业"行动。在2015年《国务院办公厅关于推进养老服务发展的意见》的指导下，有关部门积极组织实施"养老服务＋行业"行动，推动养老服务与文化、旅游、体育、教育、养生、健康、金融、地产、物业等行业融合发展，创新和丰富养老服务产业新模式与新业态，努力拓展旅居养老、文化养老、健康养老、养生养老等新型消费领域。其三，努力打造"互联网＋"的养老服务新模式。伴随科学技术的进步，依靠互联网、大数据、人工智能及医疗技术进步等提供更加精准科学的养老服务，已经成为养老服务业发展的必然趋势。本阶段我国积极探索"互联网＋养老""互联网＋医疗""互联网＋护理""互联网＋健康"等服务新模式，不仅能够大大提升养老服务供给效率，而且可以有效增加高品质、个性化养老服务的供给。

二、本阶段财政政策性投融资政策的特点

本阶段处于我国"十三五"规划后半段和"十四五"规划开局之时，既要对养老服务业的阶段性发展进行客观总结，更需合理谋划下一阶段的发展方向与改革重点。在上一阶段"政府强化引导、民力担纲承梁"模式的推动下，民营养老服务业得到了前所未有的跨越式发展；同时，"十四五"期间我国对养老服务业发展提出了更高的要求，要加快推动养

老服务业向高品质和多样化方向升级。这意味着我国不仅要继续全面放开养老服务市场，调动社会资本的参与积极性，持续完善社会养老服务体系，而且要高度重视政府的规范和引导作用，引导社会资本在规范化轨道上充分发挥效能，促使养老服务业实现高质量发展。总的说来，本阶段政府在养老服务领域的工作重点主要是"激励""规范"和"引导"，社会资本在此基础上积极创新产业发展模式、增加普惠性养老服务供给、推动产业结构优化升级。根据《中华人民共和国国民经济和社会发展第十四个五年规划和 2035 年远景目标纲要》的要求，我国要"深化投融资体制改革，发挥政府投资撬动作用，激发民间投资活力，形成市场主导的投资内生增长机制"。本阶段在延续上一阶段以政策性融资为主、财政性投资为辅这种做法的同时，更加注重发挥财政性资金的激励支持和规范引导作用，努力撬动越来越多的社会资本参与养老服务业发展。因此，本阶段民营养老服务业财政政策性投融资政策总体上呈现"政府重视规导、民力协同共进"的特点。

首先，注重发挥财政性资金的激励支持作用，形成竞争择优机制。为贯彻落实 2018 年末发布的《国务院办公厅关于对真抓实干成效明显地方进一步加大激励支持力度的通知》，国家发改委等部门于 2020 年初组织修订了《养老服务体系建设中央补助激励支持实施办法》，对加快发展养老服务业的决策部署真抓实干、主动作为、成效明显的省（区、市），在安排中央预算内投资和福利彩票公益金时，予以倾斜支持。2020 年我国养老领域的中央预算内投资，除支持了 28 个省（区、市）、新疆生产建设兵团、3 个计划单列市及黑龙江农垦总局的养老项目建设外，还对江苏、江西省 2 个受国务院激励的养老服务体系建设成效明显省份予以了奖励支持。各省（区、市）也积极仿效这种做法，在辖域内对各市养老服务业发展实行省级财政激励支持政策，如辽宁省在 2020 年 9 月发布了《辽宁省养老服务体系建设省补助激励支持实施办法》，明确规定在分配民政部下拨的年度福利彩票公益金补助地方老年人福利类项目资金时，对激励的市予以资金倾斜，并进行宣传通报。在中央或地方财政投资总额限定不变的情况，对养老服务体系建设成果突出的地区进行奖励和倾斜支持，这既是对这些地区的正向激励，也会对其他地区形成一种损失部分财政投资的惩罚式激励，从而在各地养老服务体系建设工作中形成一种竞争择优机制，推动养老服务业向高质量、高水平方向发展。

其次，注重发挥财政的规范引导作用，发展普惠性养老服务。普惠性养老服务既是目前我国社会需求量最大的一类养老服务，也是供给能力比较薄弱的一类养老服务。本阶段我国在做好"保基本、兜底线"的基础上，充分发挥中央预算内投资示范带动作用和地方政府引导作用，激发社会资本参与发展养老服务的积极性，从而增加普惠性养老服务的有效供给。2019 年，国家发改委、民政部、卫健委联合启动实施"普惠养老城企联动专项行动"。此项创新性行动以"政府支持、社会运营、合理定价"为原则，明确规定国家、地方城市政府和企业的行动职责，深入开展城企合作。其中，国家通过中央预算内投资，支持和引导城市政府系统规划建设养老服务体系；城市政府通过提供土地、规划、融资、财税、医养结合、人才等一揽子的政策支持包；企业则按约定承担公益，提供普惠性养老服务包。2019 年，普惠养老城企联动专项行动共计下达中央预算内投资计划 14 亿元，主要用于支持养老服务骨干网、专业化养老服务机构、体系化养老服务等 119 个项目建设。该行动不仅有助于持续扩大普惠性养老服务供给，为老年人群体提供成本可负担、方便可及的养老服务，而且创新了城企之间的合作模式，有助于提升养老服务企业的可持续发展能力。根据《中华人民共和国国民经济和社会发展第十四个五年规划和 2035 年远景目标纲要》，"十四五"期间我国还将继续开展普惠养老城企联动专项行动，进一步推动养老服务供给侧改革。

第五节　民营养老服务业财政政策性投融资政策分析总结

通过对改革开放以来民营养老服务业财政政策性投融资政策演化的分析，可以看出民营养老服务业财政政策性投融资资金的来源主要是财政性资金，其行动目标指向是构建和完善社会养老服务体系、撬动社会资本积极参与发展养老服务以及形成良性有序的养老服务供给格局等，其运作机制是上下联动、横向协同、公私联合的复合性机制。此外，由于不同发展阶段产业的建设发展重点不同，以及不同类型的民营养老服务机构或项目所需的支持不同，地方政府相应采取的财政政策性投融资手段各有侧重、不尽相同。

一、财政政策性投融资的资金来源

目前，我国民营养老服务业财政政策投融资资金的来源渠道主要是中央和地方的财政性资金，包括财政资金、福利彩票公益金和视同财政资金的投入。

1. **财政资金**

如果从财政支出与收入两个角度分析，财政资金对民营养老服务业的支持包括增加财政支出和减少财政收入两个方面。

首先，增加对民营养老服务业的财政支出。在社会福利社会化改革之前，我国养老服务事业的资金来源主要是财政资金。随着社会福利社会改革深入以及人口老龄化程度日渐加深，各级政府多方筹集产业发展资金以加快推动民营养老服务业发展，其中就包括增加财政资金的投入。这主要包括中央专项补助投资和地方财政性专项资金，两者均在年度预算中予以列支。它们主要以提供建设补助、运营补贴、养老服务补贴、岗位补贴、购买养老服务等形式，支持社区居家养老服务设施和民营养老服务机构建设与运营。"十三五"期间，我国累计安排 134 亿多元的中央预算内投资用于养老服务体系建设，加快了地方特困供养机构建设和养老服务设施的改造升级。[①] 其次，减少从民营养老服务业所获取的税费等财政收入。各级政府在增加对民营养老服务业财政支出的同时，也会积极落实各类税费减免或优惠政策，从而加大对民营养老服务业的财政支持。这主要包括对民营养老服务机构减免行政事业性收费、免征增值税、提供能源使用价格优惠等。

2. 福利彩票公益金

福利彩票公益金是按照规定比例从彩票发行销售收入中提取的，纳入政府性基金预算管理的，专项用于社会福利、体育等社会公益事业的资金。福利彩票公益金是我国社会养老服务体系建设的重要资金来源，其对养老服务业的投入力度逐年加大。2012 年的《民政部关于鼓励和引导民间资本进入养老服务领域的实施意见》指出，"各级民政部门福利彩票公益金每年留存部分要按不低于 50% 的比例用于社会养老服务体系建设，并不断加大对民间资本提供养老服务的扶持力度"；2013 年的《国务院关于加快发展养老服务业的若干意见》进一步指出，在民政部本级和地方用于社会福利事业的彩票公益金中，"要将 50% 以上的资金用于

---

① 黄瑶：《在高质量平衡发展征途上呵护夕阳红——"十三五"时期养老服务发展综述》，《中国社会报》2020 年 12 月 22 日，第 1 版。

支持发展养老服务业，并随老年人口的增加逐步提高投入比例"；2015
年的《关于鼓励民间资本参与养老服务业发展的实施意见》补充指出，
在规定用于支持发展养老服务业的福利彩票公益金中，"用于支持民办养
老服务业发展的资金不得低于30%"。随着我国人口老龄化程度加深，我
国再次提高了福利彩票公益金对养老服务业的投入比例。2019年发布的
《国务院办公厅关于推进养老服务发展的意见》指出，到2022年，要将
民政部本级和地方用于社会福利事业的彩票公益金中不低于55%的部分
用于支持发展养老服务。

　　根据现行的彩票公益金分配政策[①]，彩票公益金专项用于我国社会福
利、体育等社会公益事业，在中央与地方之间按50∶50的比例进行分
配。其中，中央集中的彩票公益金进一步在社会保障基金、专项公益金、
民政部和国家体育总局之间按60%、30%、5%和5%的比例分配；地方
留成的彩票公益金，则由省级财政部门同民政、体育等有关部门研究商
定分配原则。根据国家信息中心经济预测部数据显示，2013年全国福利
彩票公益金中有128亿元左右用于老年福利支出，是养老服务业中规模
最大的资金来源；其中，中央福利彩票公益金投入12.8亿元，地方彩票
公益金投入115.3亿元[②]。此外，根据民政部在2020年10月份召开的第
四季度例行新闻发布会上通报，"十三五"期间，中央彩票公益金补助地
方养老服务项目资金累计投入达70.2亿元，极大地推动了我国养老服务
体系建设和养老服务业发展。

　　3. 视同财政资金的投入

　　除了财政资金外，各级政府还采取诸如养老服务设施用地保障、公

---

　　① 　现行彩票公益金的分配方案是由《财政部关于调整彩票公益金分配政策的通
知》（财综函〔2006〕7号）规定的。

　　② 　胡祖铨：《我国养老服务业财政性资金投入规模》，《中国科技投资》2016年第2期。

建民营等视同财政资金投入的方式，扶持民营养老服务业发展。

首先，提供用地保障，降低养老服务设施用地成本。我国各级政府将养老服务设施用地纳入城乡用地规划；以划拨用地的形式保障非营利性养老服务设施用地；规定出让的最低地价和租赁的最低租金标准；鼓励盘活存量的土地和房产资源建设养老服务设施等。以上制度设计，不仅可以较好地保障养老服务设施用地，而且可以在较大程度上降低养老服务设施用地成本。

其次，推行公办养老服务机构公建民营，为涉老的社会力量提供基础性资源。公建民营是指政府通过承包、委托、联合经营等方式，将政府拥有所有权的养老设施交给企业、社会组织或个人运营；同时采用发放运营补贴、购买服务等方式，支持公建民营养老服务机构发展。这不仅能够提高资源配置和管理效率，提升公办养老机构的服务质量和水平，而且可以大大降低社会力量参与发展养老服务的前期投入与运营风险。

二、财政政策性投融资的目标指向

改革开放以来至今，我国民营养老服务业经历了从无到有、从有到大、从大到优的成长过程，如今进入了产业结构持续优化、服务质量不断提升的发展阶段。在这个发展过程中，财政政策性投融资的作用厥功至伟。正是因为财政政策性投融资有计划有目的地行动，民营养老服务业才能稳步发展、不断成长。

首先，以构建和完善社会养老服务体系为统领目标。21 世纪以来，伴随人口老龄化程度加深，社会化养老服务需求迅速增加，以由财政包揽建设的养老服务事业为核心的养老服务供给体系显然不合时宜，我国迫切需要构建起一个符合国情的社会养老服务体系。在加快社会福利社会化改革进程中，我国明确要逐渐建立一个以居家为基础、社区为依托、机构为支撑的社会养老服务体系。以此为目标统领，各级政府坚持"政策引导、政府扶持、社会兴办、市场推动"的原则，努力发挥财政政策性投融资的"指挥棒"作用，引导社会资本积极投向社会养老服务体系建设的重点和关键领域，统筹推进民营养老服务业发展。

其次，以撬动社会资本积极参与发展为动力目标。构建和完善社会养老服务体系，仅有统筹规划和财政投入是远远不够的，最为关键的是要撬动社会资本积极参与发展养老服务。随着改革开放持续深入，我国一方面不断加大对民营养老服务业的财政政策性投入，另一方面积极改革和创新财政政策性投融资方式，从"政策鼓励"到"政策鼓励＋财政扶持"再到"政策鼓励＋财政扶持＋政策性合作"等，向社会资本释放了越来越多的政策红利，不断激发它们参与发展养老服务积极性，逐渐形成一股强大的产业推动力。

最后，以形成良性有序服务供给格局为结构目标。养老服务业本质上是一个福利性产业，不能以完全市场化的方式进行发展；但它同时也是一个必须以市场化方式运作的产业，应着眼于市场需求，不断提升供给能力与服务水平。从服务的水平与层次上看，养老服务大致可分为基本养老服务、普惠性养老服务和高端个性化养老服务三个层次。加快发展民营养老服务业的目的，不是为了剥离或推卸政府的养老服务供给责任，而是为了能够更好地满足社会日益增长的多元化养老服务需求。财政政策性投融资除了兜底保障面向经济困难等老年人的基本养老服务外，还应引导产业形成良性有序的养老服务融资结构（如图 3-1 ）。一方面，大力扶持非营利性养老服务机构，以提供财政补贴、政府购买服务、公

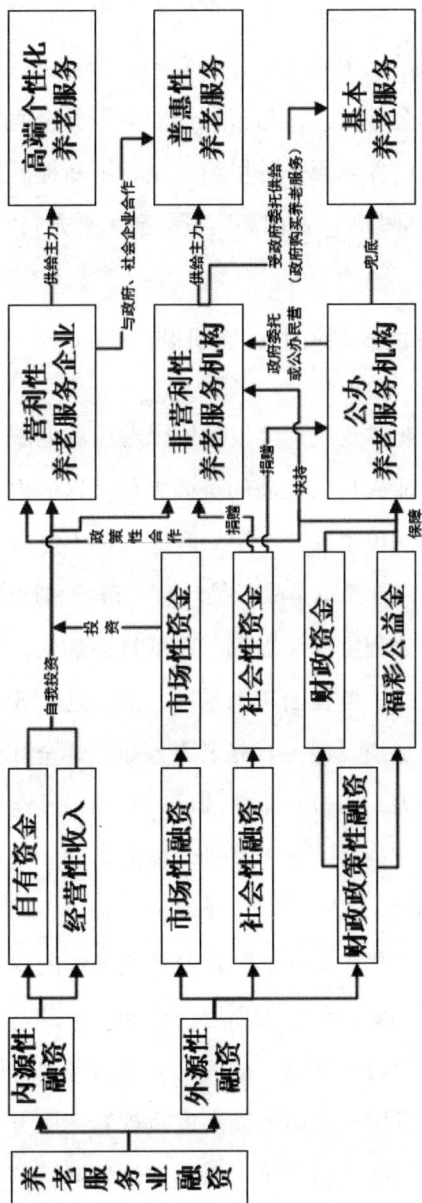

图 3-1 养老服务业融资结构

建民营等方式，努力将其培育为普惠性养老服务的供给主力，持续丰富普惠性养老服务供给。另一方面，创新产业合作方式，通过 PPP、专项债券、产业发展基金等模式，与营利性养老服务企业深入开展政策性合作，持续改善普惠性养老服务的供给质量，不断提升高端个性化养老服务的供给能力，从而引领产业向高质量、高水平方向发展。

三、财政政策性投融资的运作机制

民营养老服务业财政政策性投融资因顺应养老服务社会化、市场化而产生，是推动产业成长与发展的重要力量。这股力量的形成、壮大以及发挥作用，不是靠单个或几个层级政府，也不是靠单个或几个政府部门，更无法靠政府一方孤军奋战，是政府、市场和社会整体联动的效果。随着我国人口老龄化程度逐渐加深、速度日益加快，中央和地方养老服务政策数量越来越多、覆盖面越来越广、更新迭代速度越来越快。这足以彰显各级政府对加快发展民营养老服务业、健全社会养老服务体系的坚定决心与不懈努力。通过政策梳理可以看到，民营养老服务业财政政策性投融资政策主要通过"上下联动、横向协同、公私联合"的复合性运作机制发挥实效。

首先，"上下联动"。无论是民营养老服务业的发展，还是社会养老服务体系的构建，都需要科学的顶层设计和有力的落地执行。经过多年的探索，我国已经形成上下联动的民营养老服务业财政政策性投融资工作机制。一方面，党中央和国务院高度重视养老服务，不断加强养老服务顶层设计与方向引导，出台了一系列加快发展民营养老服务业的财政政策性投融资政策；另一方面，各级政府通过建立健全党委领导、政府主导、部门负责、社会参与的养老服务工作机制，积极贯彻落实中央或上级政府的有关政策安排，努力推进本级民营养老服务业发展。总的说来，各级政府充分遵循"上定政策下谋执行""上制原则下图创新""上行示范下效推广"的工作原则，持续加强中央与地方之间、上下级之间的工作衔接，分级分层地将财政政策性投融资政策自上而下地落地落实。

其次，横向协同。养老服务是民生大事，关乎经济社会领域的方方面面，如财政拨款、用地用房、人才培养、卫生健康、信息平台建设等，是政府各部门共同的事业，需要举各部门之力共谋发展。在上下联动机制的牵引下，各级政府会明确落实各项财政政策性投融资政策的主要负责部门，并强调分工合作、协同推进的工作要求。为推进部门协同、形成良性合作局面，各级政府组织建立了由民政部门牵头的养老服务部门间的联席会议制度。联席会议制度能够充分发挥统筹协调、指导督促的作用，研究和部署本级养老服务工作的重大问题，同时加强对联席会议议定事项的跟踪、督促和落实，并定期向同级政府汇报工作进展情况。

最后，公私联合。计划经济体制下，养老服务主体一元化特征十分明显，养老服务业主要是由国家以社会服务事业的形式来举办的，其绝大部分发展资金来自中央和地方财政。随着养老服务社会化、市场化的发展，在养老服务供给不断丰富的同时，养老服务需求也在不断增加和日益多元化。单靠财政性资金的投入是完全无法满足加快发展养老服务业的资金需求的，亟须加大吸纳市场性、社会性资金的力度，以丰富产业发展资金。财政政策性投融资除了支撑民营养老服务业的基本生存和发展需求外，最重要的是能够发挥投融资示范作用，不断增强社会资本的投资信心，从而撬动越来越多的社会资本参与发展养老服务，与财政性资金紧密合作、形成合力，共同推进民营养老服务业发展，不断完善社会养老服务体系。

四、财政政策性投融资的主要模式

如前所述，从资金筹集与投入方式上看，财政政策性融资可以分为财政性投资和政策性融资两种手段。通过对改革开放以来民营养老服务业财政政策性投融资政策的梳理，可以归纳出二者的主要运作模式（如图 3-2）。

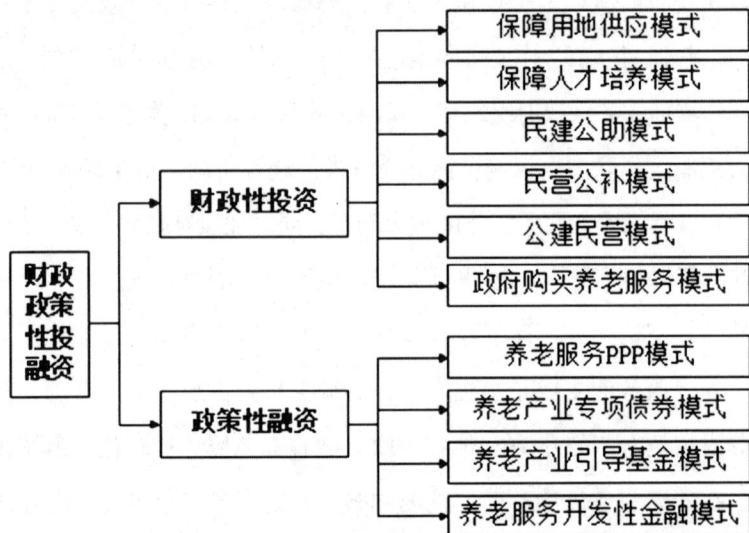

图 3-2　财政政策性投融资的主要模式

第一，财政性投资的主要模式。财政性投资模式主要包括保障用地供应模式、保障人才培养模式、民建公助模式、民营公补模式、公建民营模式、政府购买养老服务模式等。第四章将重点对这六种模式进行分析评述。第二，政策性融资的主要模式。政策性融资模式主要包括养老服务 PPP 模式、养老产业专项债券模式、养老产业引导基金模式、养老服务开发性金融模式等。第五章将重点对这四种模式进行分析评述。

第四章 ｜　　　　民营养老服务业财政性投资
模式分析

在民营养老服务业发展早期阶段以及基本养老服务供给领域，财政性投资手段的使用频度比较高。从产业要素角度看，土地、人才和资金是民营养老服务业建设与发展不可或缺的要素，关乎养老服务供给能力的强弱及供给效率的高低。此外，从供需匹配角度看，供给与需求只有相互配合、协调推进，产业才能可持续发展。因此，养老服务供给侧的提质增效离不开有效市场需求的支撑。通过对我国民营养老服务业财政政策性投融资政策的梳理，可以看出各级政府主要从保障养老服务设施用地、建设养老服务人才队伍、减轻养老服务机构建设与运营成本负担、提升老年人基本养老服务支付能力等角度切入，综合运用多种模式，从供需两端对民营养老服务业进行财政性投资，从而推动产业持续健康发展。

第一节　保障用地供应模式

众所周知，养老服务机构对土地具有很大依附性，只有获得使用期限较为稳定的用地，才不至于因无地使用而无法建设，或因迁址频繁而中断发展。近年来，随着城镇化进程快速推进，城镇建设用地需求迅猛增长，使得土地资源的相对稀缺性日益凸显。适宜的养老服务设施用地不仅不易获得，而且出让成本高昂。大多数民营养老服务机构难以承担，只能采用租房的形式开办机构。即便是采用租房的形式，民营养老服务机构除了要费心择选合适的场所外，还要投入一笔数额不小的租金。高昂的用地成本既是民营养老服务机构无法逃避的难题，也是一个不能独力克服的难题。如若用地问题无法得到妥善解决，必然会严重影响民营养老服务机构的投资运营回报率，挫伤社会资本参与发展养老服务的积极性，进而影响整个养老服务业的高质量发展。近年来，在全面放开服务市场、鼓励社会资本参与发展养老服务的背景下，我国不断完善养老服务用地政策，努力缓解民营养老服务设施建设用地难、用地贵的难题，为养老服务机构的建设与发展提供了较好的基础性保障。

一、保障用地供应模式的内涵要义

养老服务设施用地是指专门为老年人提供生活照料、康复护理、托管照护、医疗卫生等服务的房屋和场地设施所使用的土地，既包括敬老院、老年养护院、养老院等机构养老服务设施的用地，也包括养老服务中心、日间照料中心等社区养老服务设施的用地等。根据《土地利用现状分类》（GB/T21010—2017），养老服务设施用地属于公共管理与公共服务设施用地一级类中的社会福利用地。[①] 我国除了在一些综合性养老服务政策中对养老服务设施用地做出要求外，还先后发布了两份专门的养老服务设施用地指导文件，分别是 2014 年的《养老服务设施用地指导意见》（以下简称为《用地指导意见 2014》）和 2019 年的《自然资源部关于加强规划和用地保障支持养老服务发展的指导意见》（以下简称为《用地指导意见 2019》）（见表 4-1）。《用地指导意见 2014》的有效期为五年，已于 2019 年 11 月正式迭代为《用地指导意见 2019》。目前我国保障养老服务设施用地供应的主要政策依据是《用地指导意见 2019》。

表 4-1　养老服务设施用地的相关政策文件

发文字号	文件名称
国发〔2013〕35 号	国务院关于加快发展养老服务业的若干意见
建标〔2014〕23 号	住房城乡建设部等部门关于加强养老服务设施规划建设工作的通知
国土资厅发〔2014〕11 号	国土资源部办公厅关于印发《养老服务设施用地指导意见》的通知（有效期为 5 年）
民发〔2014〕116 号	关于推进城镇养老服务设施建设工作的通知
民发〔2016〕179 号	关于支持整合改造闲置社会资源发展养老服务的通知
国办发〔2016〕91 号	国务院办公厅关于全面放开养老服务市场提升养老服务质量的若干意见

---

① 据《土地利用现状分类》（GB/T21010—2007），养老服务设施用地属于"公共管理与公共服务用地"一级类中的"医卫慈善用地"；后经修订发布的《土地利用现状分类》（GB/T21010—2017），将"医卫慈善用地"细分为"医疗卫生用地"和"社会福利用地"。

续表

发文字号	文件名称
国办发〔2019〕5号	国务院办公厅关于推进养老服务发展的意见
自然资办发〔2019〕31号	自然资源部办公厅关于印发《产业用地政策实施工作指引（2019年版）》的通知
自然资规〔2019〕3号	自然资源部关于加强规划和用地保障支持养老服务发展的指导意见

1. 将养老服务设施用地纳入城乡用地规划

从城乡用地规划的高度规划养老服务设施用地，既显示了国家对养老服务业发展的重视，更体现了国家保障养老服务设施用地供应的决心。自上个世纪末推行社会福利社会化、支持社会力量兴办社会福利机构以来，我国就主张将养老服务设施用地纳入城乡用地规划。2019年5月，《中共中央国务院关于建立国土空间规划体系并监督实施的若干意见》发布，我国开启了新一轮国土空间规划。以国土空间规划为刚性指导，国家一方面要求各地要分阶段、按年度确保养老服务设施及医卫配套设施用地的供应，并做到应保尽保；另一方面，要求各地根据本地区人口结构、老龄化发展趋势，合理规划养老服务设施用地的规模和布局，既要确保养老服务供给总量充足、又能有效优化养老服务供给结构，以缓解养老服务供给不充分不平衡的问题。

2. 分类保障或供应养老服务设施用地

我国将社会资本举办的养老服务机构明确区分为非营利性和营利性[①]

---

① 在《关于加快实现社会福利社会化意见的通知》（国办发〔2000〕19号）和《关于支持社会力量兴办社会福利机构的意见》（民发〔2005〕170号）中，均规定"按照法律、法规规定应当采用划拨方式供地的，要划拨供地；按照法律、法规规定应当采用有偿方式供地的，在地价上要适当给予优惠；属出让土地的，土地出让金收取标准应适当降低"，未对用地对象或机构做出明确区分和界定。《国务院关于加快发展养老服务业的若干意见》（国发〔2013〕35号）正式将社会资本经营的养老服务机构划分为非营利性和营利性两类。

两类，并针对不同类型养老服务机构实行分类保障或供应设施用地的政策。截至目前，对非营利性养老服务设施的建设用地，主要采取两种方式予以保障供应：一是在地方用地规划内以划拨方式充分保障用地需求；二是鼓励以租赁、出让等有偿使用方式取得用地使用权，并支持政府以作价出资或者入股方式提供土地，与社会资本共同投资建设养老服务项目。对营利性养老服务设施的建设用地，采用租赁、先租后让、出让等多种有偿使用方式供应，并鼓励优先以租赁、先租后让方式供应（如图4-1）。此外，国家要求地方各级自然资源主管部门在执行养老产业政策时，对各种所有制经济要一视同仁、平等对待。我国同时还规定了养老服务设施用地出让年限不超过 50 年、租赁年限不超过 30 年。这为民营养老服务机构提供了一个相对比较长且稳定的用地时间，有助于持续实施机构的长期发展规划。

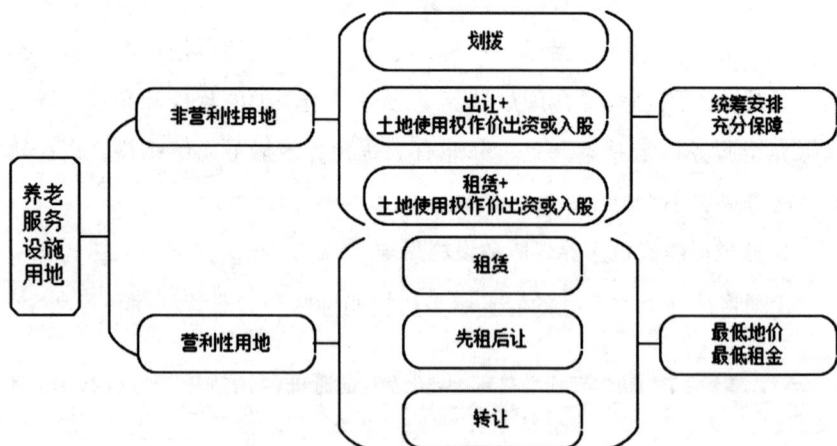

图 4-1　养老服务设施用地供应方式

3. 以最低地价和租金的标准供应养老服务设施用地

《用地指导意见 2019》明确规定了地价和租金支持政策：以出让方式供应的，出让底价可按不低于所在级别公共服务用地基准地价的 70% 确定；以租赁方式供应的，由当地人民政府制定最低租金标准；此外，改变存量土地用途用于建设养老服务设施的，如果由非营利性养老机构使用该设施，则原划拨土地可继续划拨使用，原有偿使用的土地可不增收改变规划条件的地价款。从这一规定中可以看出，我国着力降低养老服务设施用地成本，不仅规定最低出让底价和租金，而且出让价格远低于商业及房地产用地地价，仅为公共服务用地基准地价的七成，以此缓解高昂用地费给民营养老服务机构带来的生存发展压力。

4. 鼓励盘活存量资源建设养老服务设施

虽然政府对出让地价和租金做了底价限定，但是以出让或租赁方式取得用地的成本终究是不低的，动辄上千万甚至过亿[①]。为整合利用存量土地和房产资源、进一步降低养老服务设施用地成本，国家鼓励地方积极利用商业、办公、工业、仓储存量房屋以及社区用房等举办养老服务机构，盘活乡村闲置校舍、厂房等，建设敬老院、老年活动中心等乡村养老服务设施。此外，支持农村集体经济组织依法使用组织所有的农村集体建设用地，自办或以建设用地使用权入股、联营等方式与其他单位和个人共同举办养老服务设施。这不仅可以提高农村养老服务的可及性和便利性，而且能够降低农村养老服务设施的建设用地成本。

---

① 此处举例说明：2019 年，福建泉头森林人家农业发展有限公司以 1.09 亿元竞得福州晋安区一块养老用地，出让面积约 22452 平方米（来源：福州新闻网）；2020 年，南京泰康之家养老服务有限公司以底价 1.16 亿元竞得南京栖霞区一块社会福利地块，出让面积约 50676 平方米（来源：东方财富网）；2021 年，宁波雅戈尔健康养老管理有限公司以底价 3.24 亿元竞得宁波海曙区的养老机构用地，出让面积约 81712 平方米（来源：凤凰网房产）。

二、保障用地供应模式的实践情况

自 2013 年《国务院关于加快发展养老服务业的若干意见》发布以来，尤其是《用地指导意见 2014》出台后，各省市纷纷在国家政策的指导下，立足地方实际，制定养老服务设施用地政策。大部分省市主要在养老服务综合性政策中予以规定，部分省市除发布养老服务综合性政策外，还出台了专门的养老用地政策（见表 4-2）。《用地指导意见 2019》出台后，因其大部分内容是对《用地指导意见 2014》的延续和拓展，故各省市既紧密对接新指导意见的要求，也沿用本地先前已经发布且尚在效力期的、不与新指导意见相悖的相关政策规定。根据《中华人民共和国土地管理法》，城市市区的土地属于国家所有；农村和城市郊区的土地，除由法律规定属于国家所有的以外，属于农民集体所有。因此，地方政府在供应养老服务设施用地，尤其是城市市区的用地，需要严格以国家用地指导意见为行动依据和准绳，并结合地方城乡建设用地规划及养老服务发展规划进行探索和创新，从而做出更加具体明确、更富针对性的政策安排。

表 4-2 部分地方省市的专项养老用地政策

发文字号	文件名称
闽国土资综〔2013〕195 号	福建省国土资源厅关于保障社会养老服务机构用地的通知
粤民福〔2013〕31 号	广东省民政厅广东省国土资源厅广东省住房和城乡建设厅关于解决养老服务设施建设用地问题的通知
云国土资办〔2015〕49 号	云南省国土资源厅关于印发养老服务设施用地实施意见的通知
深规土〔2015〕225 号	深圳市养老服务设施用地供应暂行办法

1. 根据地方老龄化态势规划养老服务设施用地供应

根据国家养老服务设施用地指导意见，各地应将养老服务设施用地纳入国有建设用地供应计划并分年度逐年落实，同时根据本地区人口结构、老龄化发展趋势，因地制宜提出养老服务设施用地的规模、标准和布局原则，对老龄化程度较深和老龄化速度较快的地区，应适当提高养老服务设施用地比例。据此，部分省市在相关政策文件中明确了养老服务设施用地规划标准。广东、山东、江西省均以人均用地标准进行规划，三省分别提出以 0.1—0.3m² 、不少于 0.2m² 、不少于 0.1m² 的人均用地指标，分区分级合理规划安排养老服务设施用地；江苏省则以养老床位建设目标为规划依据，要求各市、县按照养老床位占老年人口总数 40‰ 的目标，预留养老服务设施建设用地；福建省将人均用地标准和养老床位数结合起来制定用地指标，提出人均养老服务设施用地指标宜为 0.1— 0.3m² 、养老床位占老年人口总数不少于 35‰ 的要求。[①] 由于每个省份的人口老龄化态势、可用于建设养老服务设施的土地资源拥有量等存在不一致，因此，各省所规定的标准或目标不尽相同。

2. 优先保障特定养老服务项目的建设用地供应

在地方养老服务设施用地供应政策中，部分省市根据地区具体的经济社会发展目标，以一定标准确定优先给予用地保障的养老服务项目，

---

① 广东、山东、江西、江苏、福建省的人均用地标准分别出自《广东省民政厅、广东省国土资源厅、广东省住房和城乡建设厅关于解决养老服务设施建设用地问题的通知》（粤民福〔2013〕31 号）、《山东省人民政府关于加快发展养老服务业的意见》（鲁政发〔2014〕11 号）、江西省民政厅等 9 个部门《关于推进养老服务设施建设工作的通知》（赣民发〔2016〕13 号）、《江苏省政府关于全面放开养老服务市场提升养老服务质量的实施意见》（苏政发〔2017〕121 号）和《福建省城乡养老服务设施规划与配置导则（试行）》（2015 年 6 月）。

主要涉及建设床位数比较多的养老服务项目、因城市建设需要被依法拆迁的养老设施、加快发展的养老服务项目等。江苏省将提供床位数在200张、500张和1000张以上的社会力量投资养老服务项目，分别列入县、设区市和省级服务业重点项目，优先给予用地保障；江西、安徽省则规定对新建500张以上床位的养老服务设施项目用地，可在省级预留建设用地计划指标中予以优先解决。此外，安徽省政府指出，因城市建设需要被依法拆迁的养老设施，按照"谁拆迁、谁负责"原则，优先安排同等面积的回迁或异地建设用地。同时，安徽省还对智慧养老建设类项目的土地供应给予优先倾斜、对营利性智慧养老机构实行优惠的有偿供地价格，两类用地的价格均可参照当地公共管理公共服务项目用地基准地价确定。① 优先保障特定养老服务项目的建设用地供应的做法，明确体现了地方政府发展养老服务业的政策导向。政府不仅要保障既有的养老服务设施不缩减，而且要合理有序地保障智慧型、医养结合型等高水平养老服务设施建设用地的供应，从而推动养老服务业稳步发展。

3. 构建具有地方特色的养老服务设施用地供应政策体系

大多数省市在制定本地养老服务用地供应政策时，基本上是套用国家指导意见的框架。值得一提的是，深圳市不仅专门出台了相关用地办法，而且有关政策具有比较明显的创新性。基于土地资源紧缺现状，深

---

① 江苏、江西、安徽省的优先用地保障政策分别出自《江苏省政府关于加快发展养老服务业完善养老服务体系的实施意见》（苏政发〔2014〕39 号）、江西省民政厅等 9个部门《关于推进养老服务设施建设工作的通知》（赣民发〔2016〕13 号）、《安徽省人民政府关于加快发展养老服务业的实施意见》（皖政〔2014〕60 号）和《安徽省人民政府办公厅关于印发加快发展智慧养老若干政策的通知》（皖政办〔2019〕20 号）。

圳市在 2015 年的《深圳市养老服务设施用地供应暂行办法》[①] 中，将养老服务设施用地分为财政全额投资、产权归政府且引入社会资本经营、社会资本举办三类。第一类为公办养老服务设施，第二类为公办民营的养老服务设施，二者均为非营利性养老服务设施，政府均采用协议免地价方式出让土地使用权。第三类面向所有企业事业单位、社会组织或者个人，政府主张采用招拍挂方式公开出让土地使用权。随后，在 2018 年《深圳市人民政府关于完善国有土地供应管理的若干意见中》，深圳市主张产权归国家和政府的公益性、非营利性的社会福利用地，以划拨方式供应；由社会资本投资、产权归经市政府确定的投资主体的养老服务设施用地，可以协议方式出让，其他情形则采用招拍挂方式出让；积极探索租赁、作价出资等有偿使用方式。深圳市同时主张制定养老服务设施布局专项规划，每五年开展一次对规划的评估，并根据评估结果进行适当调整规划。可以看出，深圳市既注重保障公办、公办民营养老服务设施用地的供应，也注重维护养老服务设施用地供应市场的公平性，致力于构建以产权为导向的养老服务设施用地供应政策体系。

[①]　在 2020 年 6 月 18 日发布的《深圳市民政局等 11 部门关于公布深圳市养老服务投资扶持政策措施清单的公告》中，仅列入《深圳市人民政府关于完善国有土地供应管理的若干意见》（深府规〔2018〕11 号），并未列入《深圳市养老服务设施用地供应暂行办法》（深规土〔2015〕225 号）。故推测或因国家的《用地指导意见 2019》已发布，深圳市已进一步完善相应的供应办法，原办法中与《用地指导意见 2019》不一致的，遵从《用地指导意见 2019》的规定。必须指出，深圳市对养老服务设施用地供应办法的探索是十分积极主动的，值得其他省市效仿。

三、保障用地供应模式的问题窥探

在养老服务设施用地供应政策上，我国支持民办非营利性、营利性养老服务机构和政府举办的公益性养老服务机构共同发展，以满足人民群众多样化、多层次养老需求。保障养老服务设施用地供应模式虽然没有直接向民营养老服务业注入财政资金或福利彩票公益金，但是通过发挥土地财政的融资功能[①]，以划拨、优惠价格出让或租赁、作价出资或入股等方式保障设施用地供应、着力降低用地成本，从而有效缓解了民间资本投资养老服务设施建设所面临的"拿地难"和"用地贵"等问题。总的说来，我国保障养老服务设施用地模式的框架已基本形成并在推动养老服务业上发挥了重大作用。但是，就目前的政策设计以及地方实践情况来看，该模式尚存在一些需要进一步完善的问题。

1. 未明确是否可设置有偿供应限制条件，恐致地价畸高

《用地指导意见2019》虽然删除了《用地指导意见2014》中"以招标、拍卖或者挂牌方式供应养老服务设施用地时，不得设置要求竞买人具备相应资质、资格等影响公平公正竞争的限制条件"的这条规定，但是仍未明确是否可以设置限制条件，这便给各省市留下了比较大的自由裁量空间。由于地方政府无法完全摆脱功利性土地政绩观的影响，在规划实施过程中常会"因利益与权力的博弈而迫使城市规划向更有效率的赢利性方向倾斜"[②]，一般会倾向于选择不设置养老服务设施用地的有偿供

---

① 赵燕菁：《土地财政：历史、逻辑与抉择》，《城市发展研究》2014 年第 1 期。

② 赵宁、华晨：《保障非赢利性城市用地的 GI 规划理念探讨》，《规划师》2012 年第 6 期。

应条件。但是，这极易导致推高地价，进而造成土地市场秩序紊乱。以 2014 年 4 月深圳市首次以拍卖形式出让两块养老用地为例。深圳市严格遵循国家用地政策，未设置任何限制条件。此次拍卖共有 34 家企业参加激烈争夺，其中不乏养老机构运营能力不强、经验不足的企业。两块用地最终分别以 4 亿元和 2.8 亿元的高价被两家企业竞得，最终成交的溢价率分别高达 484% 和 600%，远远高出普通住宅用地。由于养老服务业土地成本高、盈利难度大、回收周期长，上述案例中的一家竞得者于 2015 年退还了竞得的土地[①]。对于竞得者而言，因经营能力不足而退还用地应当算是一种及时止损的明智之举，但对于深圳市来说，这不仅浪费了土地拍卖的交易成本，而且也损失了一定的土地使用效益，甚至会因此而影响到城市养老服务业的发展规划。因此，如果没有明确是否可设置有偿供应限制条件，那么养老用地的出让价格恐将难以预测和控制，甚至可能会引发后续更加复杂的风险或问题。

2. 存量改造之专项政策指引不足，恐致行动低效

自 2016 年民政部等 11 个部门发布《关于支持整合改造闲置社会资源发展养老服务的通知》以来，我国各地加大了对改造存量土地和房产资源兴办养老服务设施的鼓励与支持。但是改造存量资源发展养老服务是一个系统工程，只有支持政策是远远不够的，如果缺乏必要的政策指引，容易导致在实际改造中遭遇困难或出现低效现象。目前我国各地普遍缺乏改造存量资源兴办养老服务设施的系统化专项政策指引，大多是以既有的普适性存量资源改造政策为依据，并未出台专门的政策指引。这使得改造存量资源发展养老服务，不仅与城市总体规划衔接不够紧密，

---

① 《深圳首例养老用地意外高价拍出 被称太疯狂》，凤凰网，https://house.ifeng. com/news/2014_04_14-45756618_0.shtml。

而且容易因为缺乏专业完善的改造评估标准和科学高效的改造流程设计，而导致耗时过长、成本过高、审批不通过等现象。

3. 集体建设用地利用自由度放开，恐致开发无序

与《乡村振兴战略规划（2018—2022）》中"鼓励村集体建设用地优先用于发展养老服务"以及《中华人民共和国土地管理法（2019年修正）》中"集体经营性建设用地可以通过出让、出租等方式交由单位或者个人使用"的规定一脉相承，《用地指导意见2019》修改了《用地指导意见2014》，指出农村集体建设用地只能兴办非营利性养老服务设施的规定，明确指出农村集体建设用地既可由本集体经济组织自办或以建设用地使用权入股、联营等方式与其他单位和个人共同举办养老服务设施，也可依法通过出让、出租等方式交由养老服务机构用于养老服务设施建设。毋庸置疑，这是我国农村集体建设用地使用规定的历史性变革，不仅可以给养老服务业发展带来极大的政策红利，也能够为农民创造新的财富增长。由于集体建设用地的利用自由度陆续放开，加上其取得成本比国有建设用地低，越来越多的民间资本会开始竞逐集体建设用地，开发建设养老项目。众所周知，市场是逐利、盲目的，如果缺乏科学规划与严格监管，那么利用集体建设用地发展养老服务设施可能会陷入开发无序、破坏环境、浪费资源等局面。

四、保障用地供应模式的优化建议

为更好地发挥保障用地供应模式对民营养老服务业的基础性保障作用，建议从以下三个方面进行优化。

1. 立足地情适当设置必要的有偿出让前置条件

养老服务业本质上是一种福利性产业，因此，在产业发展各个环节都应体现福利性本质属性。2015 年国土资源部等 6 个部门联合发布的《关于支持新产业新业态发展促进大众创业万众创新用地的意见》中，明确指出"出让土地依法需以招标拍卖挂牌方式供应的，在公平、公正、不排除多个市场主体竞争的前提下，可将投资和产业主管部门提出的产业类型、生产技术、产业标准、产品品质要求作为土地供应前置条件"，以此为借鉴，建议养老用地在采用招拍挂等有偿方式出让时，可立足地情适当设置必要的出让前置条件，如企业资质、经营经历等。这不仅可以避免资金雄厚但无运营实力的企业参与养老用地竞夺，从而降低土地利用效率或浪费土地资源，而且可以较好地维护养老用地市场的公平竞争秩序，促进养老用地市场健康发展。

2. 规范开展存量土地和房屋资源的养老服务用途改造

目前我国已经形成改造存量资源以加大养老服务设施供给的共识，并陆续出台了一系列支持和促进政策。当务之急，首先应进一步完善养老服务设施规范文件。从国家层面来说，要加快完善养老服务设施的消防、安全等国家标准；从地方层面来说，应立足地方实际、加强部门沟通与合作，尽快出台专项政策指引。上海市 2019 年 3 月发布的《促进和规范利用存量资源加大养老服务设施供给的工作指引》可为其他省市提供效仿借鉴。该指引就适用范围、工作机制、实施路径、政策支持等内容做出规定，明确了存量资源纳入城市更新和存量资源临时改变建筑使用功能这两条实施路径，并就具体路径的办理流程做出详细安排、提供必要参考。其次，要加强各管理部门之间的沟通与合作。对存量土地和房屋资源进行养老服务用途改造，涉及自然资源、城建、民政税务、环保等多个部门。这些部门需要密切协调、通力合作，才能真正做到简化审批手续、缩短审批时限、提供便捷高效的服务。最后，注重做好存量资源改造前的评估。改造之前，要对存量资源的消防、结构、功能、体量、高差等方面进行科学评估，以选择适宜场地发展养老服务，不能匆忙盲目地改造项目，否则极易导致改造高成本和低效率。总的说来，改造存量资源建设养老服务设施，既需要兼顾整体性、规范性，也需要兼顾社会性、经济性[①]。

3. 切实做好利用集体建设用地建设养老服务设施的规划工作

农村养老服务虽然是我国养老服务亟须加快弥补的一个短板，但是在弥补过程中，需要保持充分理性，切实做好发展规划，不可盲目开发。一方面，地方政府应组织做好系统详尽的集体建设用地开发、农村养老服务设施布局、农村养老服务发展等各项规划。从当前农村养老服务供需市场现状出发，应重点支持非营利性养老服务设施建设，加快发展居家社区养老服务和医养结合服务。另一方面，要重视引入社会和市场力量，盘活利用乡村闲置校舍、厂房等资源，建设敬老院、老年活动中心等，为农村老年人提供可及性强、便捷性高的普惠性养老服务。

---

① 王羽、尚婷婷:《存量更新时代社区养老服务设施建设》,《中国建设报·中国房地产》, 2020 年 10 月 13 日, 第 8 版。

第二节　保障人才培养模式

养老服务人才队伍是影响民营养老服务业质量的关键要素，如果缺乏专业化、职业化的养老服务人才队伍，养老服务业的高质量发展将无从实现。目前，我国养老服务业对稳定就业的专业人才，尤其是从事医疗、护理服务的专业养老护理人才需求十分强烈，但是，微薄的产业利润并不足以支撑过高的人力资源成本，这使得养老服务人才队伍稳定性低、人才流失现象十分严重。此外，我国养老服务人才培养存在规模小、层次单一、质量参差不齐等问题，这在一定程度上制约了养老服务人才的有效供给。养老服务人才培养与队伍建设是一个系统化工程，需要政府统筹组织、持续施策。因此，我国应加强组织领导、加大资金投入，加快建立养老服务人才培养培训体系，全面加强养老服务人才队伍建设，以适应产业高质量发展的需求。

一、保障人才培养模式的内涵要义

养老服务从业人员包括在各类养老服务机构从事养老服务的养老护理人员、专业技术人员、养老管理人员。[①] 其中，从事老年人生活照料、

---

① 广义的养老服务从业人员定义出自《北京市养老服务人才培养培训实施办法》（京民养老发〔2020〕140 号）。

护理服务工作的养老护理员^①是最为紧缺的一类养老服务人才。据民政部统计，我国现仅有 50 余万名具有合格资质的养老护理员，远不能满足 2.54 亿老年人和 4000 多万失能半失能老年人的照护需求。考虑到家庭成员照护的因素，据估测未来一段时间全国至少需要新增上百万名养老护理员，才能满足如此庞大的照护需求。除 2014 年教育部等 9 个部门发布的《关于加快推进养老服务业人才培养的意见》这份专门性文件外，有关养老服务人才培养培训的安排主要被列入综合性养老服务政策、职业教育政策、社会工作人才培养政策等中（见表 4-3）。

表 4-3　养老服务人才培养培训的相关政策文件

发文字号	文件名称
国发〔2013〕35 号	国务院关于加快发展养老服务业的若干意见
教职成〔2014〕5 号	教育部等九部门关于加快推进养老服务业人才培养的意见
教职成〔2014〕9 号	教育部关于开展现代学徒制试点工作的意见
财社〔2014〕105 号	关于做好政府购买养老服务工作的通知
教职成〔2016〕31 号	关于公布首批全国职业院校养老服务类示范专业点名单的通知
民发〔2016〕186 号	关于加强社会工作专业岗位开发与人才激励保障的意见
国发〔2019〕4 号	国务院关于印发国家职业教育改革实施方案的通知
国办发〔2019〕5 号	国务院办公厅关于推进养老服务发展的意见
国办发〔2019〕30 号	国务院办公厅关于促进家政服务业提质扩容的意见
教职成厅〔2019〕3 号	教育部办公厅等七部门关于教育支持社会服务产业发展提高紧缺人才培养培训质量的意见
人社厅发〔2019〕92 号	养老护理员国家职业技能标准（2019 年版）
国办发〔2020〕52 号	国务院办公厅关于促进养老托育服务健康发展的意见

---

① 　养老护理员的定义出自《养老护理员国家职业技能标准》（2019 年版）。

1. 不断完善养老护理员职业标准

为规范养老服务从业人员的从业标准，以适应人口老龄化背景下养老服务业的人才需求，我国不断完善养老护理员的职业标准[①]（如图 4-2），努力建设一支数量充足、专业化程度较高的养老服务人才队伍。我国于 2017 年起取消养老护理员的国家职业资格认定工作，不再将职业资格证设为养老护理员从业的前置条件。这是养老护理员职业资格制度的一项重大改革。此外，《养老护理员国家职业技能标准（2019 年版）》不仅取消了对养老护理从业人员的学历要求，放宽了养老护理员的入职条件，而且将职业等级由四个修订为五个，进一步打通养老护理员职业晋升通道，加快培养高技能养老护理人才；同时，调整充实了养老护理员的职业功能，纳入了社会关注的"失智照护""能力评估""质量管理"等标准。为推进养老护理员职业技能鉴定工作，我国已经在全国 31 个省（区、市）建立了养老护理员职业技能鉴定站，建立了 68 家培训基地，[②] 能够较好地满足各地养老护理员职业技能鉴定的需求。总的说来，从 2000 年至今，在国家大力培育和引导下，养老护理员经历了职业资格确立、职业

[①] 2000 年 3 月，《招用技术工种从业人员规定》（中华人民共和国劳动和社会保障部令第 6 号）发布，养老护理员被正式纳入商业、服务业人员类别中的一类工种（职业）。2005 年 12 月，养老护理员被列入《中华人民共和国职业分类大典》（2005 年增补本）。2012 年 7 月，《养老护理员培训基地和鉴定站基础标准（试行）》发布。2015 年 11 月，人力资源社会保障部发布《关于废止〈招用技术工种从业人员规定〉的决定》，明确不再以职业资格证书作为养老护理员的从业前置条件。2017 年 9 月，人力资源和社会保障部印发了《关于公布国家职业资格目录的通知》（人社部发〔2017〕68 号），养老护理员未纳入《国家职业资格目录》之列。《养老护理员国家职业技能标准》于 2002 年颁布实施，2011 年进行了首次修订，2019 年进行了二次修订。

[②]《民政部对"关于设立'养老护理员节'的建议"的答复》（民函〔2019〕649 号），中国养老网，http://www.cnsf99.com/Detail/index.html?id=455&aid=72233。

技能标准订立、职业资格调整、职业技能标准完善等发展过程，已逐渐成长为一种行业需求旺盛、职业标准清晰的职业。

图 4-2　养老护理员职业标准化发展进程

2. 全力保障职业技能培训及鉴定所需资金

除不断完善养老护理员职业标准外，我国全力保障养老服务从业人员职业技能培训及鉴定所需资金。第一，从失业保险基金支持职业技能提升行动资金中列支养老护理员培训经费。2019 年《民政部关于进一步扩大养老服务供给　促进养老服务消费的实施意见》指出，要开展养老服务人才培养培训提升行动，确保到 2022 年底前培养培训 200 万名养老护理员以及 1 万名养老院院长、10 万名专兼职老年社会工作者。其中，养老护理员培训所需的培训费补贴、职业技能鉴定补贴等资金，按规定从失业保险基金支持职业技能提升行动资金中列支，一般是以政府购买服务的形式划拨到培训或鉴定机构，或以补贴培训费的形式支付给参加培训或鉴定的人员[①]。第二，从就业补助金中列支企业新型学徒制的职业

---

　　① 根据上海《关于规范本市养老护理人员职业技能补贴培训实施工作的通知》（沪人社职〔2019〕280 号），参加养老护理、养老护理（医疗照护）培训且评价合格者，可依规定按补贴标准享受 80% 培训费补贴，补贴资金从中央就业补助资金中列支。补贴标准（含技能等级认定补贴）为一级、二级 3560 元，三级 2740 元，四级 1820 元，五级 1780 元。

培训补贴。就业补助金是县级以上人民政府设立的、通过一般公共预算安排的、用于促进就业创业的专项资金。2018 年 10 月起，我国开始全面推行以"招工即招生、入企即入校、企校双师联合培养"为特点的企业新型学徒制，积极引导企业组织新招用员工和新转岗职工参加职业技能和专业知识培训。国家规定各地要以每学徒每年不低于 4000 元的标准为开展学徒培训的企业提供补贴。这种模式有助于提升养老服务从业人员的技能水平与职业素养。第三，从各级财政专项资金或福利彩票公益金中列支养老服务从业人员培训经费。自 2016 年以来，我国已连续投入近 1000 万元的民政部本级彩票公益金，组织开展养老服务与管理人员培训项目[①]，致力于提高养老服务管理者的综合能力和业务素质。地方留存的福利彩票公益金也积极投向养老服务从业人员培训领域。如广东省民政厅自 2012 年起每年均依托广东省社会福利服务中心实施养老护理员培训"双千计划"，截至 2019 年，已经连续投入 1400 多万元福利彩票公益金[②]。最后，积极鼓励社会各界为养老服务从业人员技能培训提供支持。鼓励民营养老服务机构设立职工教育专项经费，合理列支职工在岗培训、业务研修、导师带徒津贴等费用；鼓励慈善组织、行业协会等主动发挥专业优势，通过一系列公益性行动，辐射带动养老服务人才培养培训，比如中国老龄事业发展基金会下设的老年产业人才办公室，开发了我国第一个养老护理员培训小程序"颐护理"，可免费提供养老护理员在线学习课程。

---

① 《民政部对"关于加大养老护理人员队伍建设、恢复护理员资格证的建议"的答复》（民函〔2019〕623 号），民政部官网，http://www.mca.gov.cn/article/gk/jytabljggk/rddbjy/201911/20191100021099.shtml。

② 陆妍思：《广东福彩公益金持续 8 年支持"双千计划"养老护理员培训》，《新快报》2019 年 7 月 10 日第 A20 版。

3. 持续加大对养老服务相关专业建设及人才培养的投入

除了加强对在职养老服务从业人员进行技能培训外，我国也十分重视养老服务相关专业建设及专业人才培养。一方面，鼓励支持有办学资质的院校积极申报护理学、康复治疗学、心理学、应用心理学、健康服务与管理、中医养生学、康复作业治疗等养老服务相关专业。2019年，高职老年服务与管理专业点总数增加到278个，中等职业学校发展到100余所；此外，技工院校2018年的专业目录增设了老年服务与管理、健康服务与管理等专业，本科教育于2019年增设了养老服务管理专业、老年学专业。我国已逐步构建起从技工院校、中职学校、高职学校到本科学校的立体化老年专业教育体系。[1]

另一方面，加大对专业人才培养的政策支持与经费投入。首先，推行现代学徒制。经过2015年、2017年的两批试点，我国于2019年5月起全面推进现代学徒制。现代学徒制是改革职业教育办学模式、完善产教合作协同育人机制的积极探索。与企业新型学徒制以企业为主体培养"学徒培训工"的做法不同，现代学徒制是以职业院校为主体培养"学徒培训生"，二者从不同主体角度对学徒制进行"校企联合、工学一体"的探索和创新[2]。自2015年试点工作以来，我国遴选了数十个试点单位在护理、康复治疗技术、老年服务与管理等专业开展现代学徒制试点，旨在引导职业院校和养老服务机构开展产学研协同育人工作，积极推动养老服务业后备技能人才的职业能力培养。各省份安排专项资金支持现代学

---

[1] 杨根来、赵永：《谁来守护"夕阳红"？——养老护理职业化发展20年记》，《中国民政》2020年第8期。

[2] 陈嵩、韩保磊：《关于"现代学徒制"与"新型学徒制"的比较》，《职教论坛》2015年第28期。

徒制，主要从地方高等职业教育相关专项资金和中央财政奖补资金中列支。其次，遴选全国职业院校养老服务类示范专业点。2016 年教育部、民政部、国家卫生计生委共同确定北京社会管理职业学院的老年服务与管理专业等 65 个专业点为首批全国职业院校养老服务类示范专业点，在政策、资金和项目安排等方面予以倾斜支持。最后，支持"职业教育专业教学资源库"建设。自 2010 年以来，中央财政已先后安排 1700 万元补助资金用于支持上海医药高等专科学校等高校建设养老服务相关专业的教学资源库。[①] 此外，根据国家职业教育改革方案部署，2019 年以来，我国开始探索老年照护、失智老年人照护两个"1+X"证书试点工作，鼓励养老服务相关专业学生在获得学历证书的同时，积极取得相关职业技能等级证书，提升就业创业本领。

4. 倡导建立养老服务褒扬机制并落实奖补激励

建立褒扬机制能够对养老服务人才队伍建设形成正向激励作用。目前，我国养老服务人才培养领域主要的褒扬手段包括设立养老服务集体和个人的评先评优表彰项目；组织开展全国养老护理员技能大赛，为被授予"全国技术能手"荣誉称号的获奖选手晋升相应职业技能等级；加强对养老服务从业者先进事迹与奉献精神的社会宣传，使其劳动创造与社会价值得到社会尊重。此外，省、市各级政府积极落实养老服务从业人员的奖补激励，资金来源主要是本级财政预算、福利彩票公益金等。截至 2019 年，北京、河北、内蒙古、浙江、广东、广西、四川、甘肃、宁夏等 13 个省（区、市）已出台了省级层面养老护理员奖补激励方面的

---

① 《民政部对"关于加强社会福利机构队伍建设提高护理员待遇的建议"的答复》（民函〔2018〕606 号），民政部官网，http://www.mca.gov.cn/article/gk/jytabljggk/rddbjy/201810/20181000011825.shtml。

政策①，另有不少地市也出台了相关政策。

二、保障人才培养模式的实践情况

通过梳理部分省市养老服务人才培养培训政策可以看到，各地除了按照规定组织落实养老服务从业人员职业技能培训与鉴定、养老服务相关专业建设与人才培养，并做好所需的资金保障外，还结合地方实际制定并落实养老服务从业人员的奖补激励政策（见表4-4）。

表 4-4　部分城市养老服务从业人员奖补激励政策②

城市	奖补类型	奖补对象	发放条件	发放标准	发放方式
北京	入职奖励	从事养老服务工作者	入职满1年的北京生源或北京高职院校应届毕业生和毕业一年以内的往届毕业生	本科及以上6万元/人、大专5万元/人、中专4万元/人	一次性奖励；按30%、30%、40%比例分三年发放

① 《民政部对"关于设立'养老护理员节'的建议"的答复》（民函〔2019〕649号），中国养老网，http://www.cnsf99.com/Detail/index.html?id=455&aid=72233。

② 制作本表的政策依据依次如下：《北京市养老服务人才培养培训实施办法》（2020）；《福州市人民政府办公厅关于印发进一步支持养老服务发展十七条措施的通知》（2020）；《泉州市养老护理岗位工作人员奖补办法（试行）》（2019）；《漳州市养老护理人员入职和在职补贴实施办法（试行）》（2020）；《厦门市养老服务机构财政扶持资金管理办法》（2019）；《成都市民政局成都市财政局成都市人力资源和社会保障局关于明确养老服务人才奖励政策的通知》（2019）；《攀枝花市养老机构服务人员从业补贴办法（试行）》（2020）；《养老护理员岗位补贴及从业年限补贴的实施方案（试行）》（眉山市，2020）；《无锡市养老护理岗位工作人员入职奖励暂行办法》（2017）；《南京市民政局南京市财政局关于健全完善养老服务补贴的通知》（2018）；《苏州市基本养老服务指导性清单》（2020）；《连云港市养老护理岗位人才一次性入职奖励暂行办法》（2018）；《合肥市养老护理岗位工作人员学费补偿和入职奖补试行办法》（2018）；《杭州市市级养老服务资金补助实施办法（试行）》（2019）；《郑州市资助民办养老机构实施办法》（2018）；《关于做好养老护理员补贴发放工作的通知》（武汉市，2018）；《广州市养老机构服务人员就业补贴及岗位补贴试行办法》（2020）；《青岛市民政局青岛市财政局关于健全完善各类养老服务补贴的通知》（2020）。

续表

城市	奖补类型	奖补对象	发放条件	发放标准	发放方式
北京	岗位补贴	养老护理岗位从业者	与养老服务机构签订劳动合同或协议、缴纳社会保险、专职从事养老护理服务；取得养老护理员职业资格证书或职业技能等级证书	初级、中级、高级、技师、高级技师五个等级的补贴分别为500元/人/月、800元/人/月、1000元/人/月、1200元/人/月、1500元/人/月；两年过渡期内未取得职业技能等级的，300元/人/月	按月发放
福州	入职奖励	养老护理、医护、康复和社会工作等专业毕业，从事养老服务工作者	在同一养老服务机构连续从事养老服务工作满1年且合同期3年以上的非在编人员	本科及以上3.6万元/人、大专2.4万元/人、中专1.8万元/人	一次性奖励；按20%、30%、50%比例分三年发放
	岗位补贴	养老护理岗位从业者	在同一养老服务机构连续从事养老护理工作满3年的非在编护理人员	5000元/人	一次性补贴；一次性拨付；每满3年可申领1次
泉州	入职奖励	养老护理岗位从业者	在养老服务机构从事养老护理工作满3年、签订劳动合同或协议、缴纳基本养老保险、未满60周岁、目前仍在职	中职技术学院（技工学校）全日制毕业生3000元/人；高等院校全日制毕业生及技工院校全日制高级工班、预备技师班毕业生6000元/人，已获前款的以补差方式补贴	一次性奖励；一次性拨付

城市	奖补类型	奖补对象	发放条件	发放标准	发放方式
泉州	岗位补贴	养老护理岗位从业者	在养老服务机构连续从事养老护理岗位满3年、签订劳动合同或协议、缴纳基本养老保险、未满60周岁、目前仍在职；持有养老护理职业资格证书等相关证书	工作满3年但未满10年，3000元/人；工作满10年及以上，1.2万元/人，已获前款的以补差方式补贴	一次性补贴；一次性拨付
漳州	入职奖励	养老护理岗位从业者	在养老服务机构从事养老护理工作满3年、签订劳动合同、未满60周岁	本科及以上5000元/人；专科、高等职业学校、技师学院4000元/人；中等职业学校、高级技工学校3000元/人	一次性奖励；一次性拨付
	岗位补贴	养老护理岗位从业者	在养老服务机构连续从事养老护理工作满3年、签订劳动合同、未满60周岁；持有养老护理专业证书	满3年以上，每年奖补1000元；满3年以上10年以内（含10年），从第4年开始，每年增加奖补500元，最高不超过3000元；满10年以上，每年奖补5000元	按年发放
厦门	入职奖励	养老护理专业及方向毕业者	在养老服务机构工作满1年且合同期不少于5年	4万元/人。对定点院校培养的毕业生发放定向培养补贴，对本市引进的毕业生发放引进专业人才补贴	一次性奖励；分5年平均拨付

续表

城市	奖补类型	奖补对象	发放条件	发放标准	发放方式
成都	入职奖励	养老护理岗位从业者	在同一养老服务机构连续从事养老护理工作满3年、签订劳动合同、缴纳社会保险	3000元/人	一次性奖励;一次性拨付
	竞赛奖励	职业技能竞赛获奖的养老护理员	在部、省、市级组织的职业技能竞赛中获得三等奖以上名次	依获奖等次从高到低可分别获得最高25000元、15000元、10000元的奖励	一次性奖励
攀枝花	入职奖励	康复护理等养老服务一线工作者	在养老服务机构从事养老服务一线工作满3年、签订5年以上劳动合同、未满60周岁、目前在职	全日制本科及以上5000元/人,大专3000元/人,中专2000元/人;非全日制按70%发放	一次性奖励;一次性拨付
	岗位补贴	养老护理岗位从业者	在养老服务机构连续从事养老护理工作满3年、签订5年以上劳动合同、未满60周岁、目前在职;取得养老护理员职业资格证书	工作连续满3年,3000元/人;工作连续满5年,5000元/人;工作连续满10年,20000元/人;工作连续满15年,40000元/人	一次性补贴;一次性拨付
眉山	岗位补贴	管理或护理岗位从业者	与养老服务机构签订劳动合同;持有养老护理员国家职业技能等级证书	初级、中级、高级、技师、高级技师五个等级的补贴分别为50元/人/月、100元/人/月、200元/人/月、600元/人/月、1200元/人/月	按月发放

城市	奖补类型	奖补对象	发放条件	发放标准	发放方式
眉山	从业年限补贴	从事养老管理或护理工作者	在同一养老机构连续从事养老管理或护理工作每满3年	1500元/人	一次性补贴；一次性拨付；每满3年可申领1次
无锡	入职奖励	养老护理岗位从业者	在养老服务机构连续从事养老护理专技岗位工作满5年、签订劳动合同或协议、缴纳社会保险、目前在职	本科及以上6万元/人、大专4.8万元/人、中专3.6万元/人	一次性奖励；分5年平均拨付
南京	入职奖励	养老护理岗位从业者	在养老服务机构连续从事养老护理工作满2年、签订劳动合同或协议、缴纳社会保险、目前在职	全日制本科及以上5万元/人、大专4万元/人、中专3万元/人；非全日制按70%发放	一次性奖励；已满2年但不满5年的，第1—5年分别拨付10%、15%、20%、25%、30%；入职已满5年的，一次性拨付
南京	岗位补贴	从事养老服务的养老护理人员、专业技术人员	与养老服务机构签订劳动合同或协议、缴纳社会保险；持有相应岗位的职业资格证书等	工作满1年，从第2年起，100元/人/月；工作年限每增加1年，月岗位津贴增加100元，工作年限10年以内，最高补贴至500元/人/月；连续工作11年以上，800元/人/月	按月发放
苏州	入职奖励	从事养老服务工作者	在同一养老服务机构连续从事养老服务工作满5年、签订劳动合同或协议、缴纳社会保险、目前在职	研究生6万元/人、本科5万元/人、大专4万元/人、中专3万元/人	一次性奖励；按30%、30%、40%比例分三年发放；入职已满8年的，一次性拨付

续表

城市	奖补类型	奖补对象	发放条件	发放标准	发放方式
苏州	岗位补贴	养老护理岗位从业者	在同一养老服务机构工作满1年以上，与养老服务机构签订劳动合同或协议、缴纳社会保险	工作满1年，从第2年起，100元/人/月；工作年限每增加1年，月岗位津贴增加100元，工作年限10年以内，最高补贴至500元/人/月；连续工作11年以上，800元/人/月	按月发放
	持证奖励	养老护理岗位从业者	在养老护理岗位连续从业2年以上，取得国家养老护理员职业资格证书或技能等级证书	对技师、高级工、中级工、初级工职业资格证书获得者，分别给予3000元、2000元、1000元、500元的一次性奖励	一次性奖励；一次性拨付
连云港	入职奖励	养老护理岗位从业者	在养老服务机构连续从事养老护理工作满2年、签订劳动合同或协议、缴纳社会保险、目前在职	全日制本科及以上4万元/人、大专3万元/人、中专2万元/人；非全日制按70%发放	一次性奖励；分3年平均拨付；入职已满5年的，一次性拨付
合肥	入职奖励	养老护理岗位从业者	在同一养老服务机构连续工作满4年且签订劳动合同或协议、缴纳社会保险、目前在职、持有相关资格证书	工作满4年但未满10年，3000元/人；工作满10年及以上，1.2万元/人，已获前款的以补差方式补贴	一次性奖励；一次性拨付

城市	奖补类型	奖补对象	发放条件	发放标准	发放方式
合肥	学费奖补	养老护理岗位从业者	在同一养老服务机构连续工作满3年且签订劳动合同或协议、缴纳社会保险、目前在职	中职技术学院（技工学校）全日制毕业生3000元/人；高等院校全日制毕业生及技工院校全日制高级工班、预备技师班毕业生6000元/人，已获前款的以补差方式补贴	一次性奖补；一次性拨付
杭州	入职奖励	老年服务与管理、家政服务与管理、护理、康复治疗、中医护理、中医康复保健、康复技术等专业毕业，入职主城区范围内养老服务机构者	与养老服务机构签订正式劳动合同，并连续工作满3年及以上	高等院校毕业生4万元/人，高职毕业生2.6万元/人，中等职业技术学校毕业生2.1万元/人	入职连续工作满3年、5年时分两次发放，每次发放奖励标准的50%
	持证奖励	养老护理岗位从业者	入职主城区养老服务机构工作满2年、签订劳动合同或协议	根据技能评价体系获得相应级别的，按所获级别给予差别化奖励	一次性奖励
郑州	岗位补贴	养老护理岗位从业者	经培训合格且连续服务老年人满1年及以上	满1年不足5年，100元/人/月；满5年不足10年，150元/人/月；满10年以上，200元/人/月	按月发放

续表

城市	奖补类型	奖补对象	发放条件	发放标准	发放方式
武汉	岗位补贴	养老护理岗位从业者	在养老护理岗位连续从业满2年；持有养老护理员职业资格证	从第3年起，100元／人／月	按月发放
	持证奖励	养老护理岗位从业者	在养老护理岗位连续从业满2年；持有养老护理员职业资格证	对取得高级技师、技师、高级工、中级工、初级工职业资格证书的分别给予5000元、3000元、2000元、1000元、500元奖励	一次性奖励
广州	入职奖励	养老护理岗位从业者	在同一养老服务机构连续工作满3年、签订劳动合同或协议、目前在职	中职技术学院（技工学校）全日制毕业生5000元／人；高等院校全日制及技工院校全日制高级工班、预备技师班毕业生1万元／人，已获前款的以补差方式补贴	一次性奖励；一次性拨付
	岗位补贴	养老护理岗位从业者	与养老服务机构签订合同，且从事一线养老护理工作满5年、满10年；持有养老护理员职业资格证书、专项证书或岗前培训证书	满5年但未满10年的，5000元／人；满10年及以上的，2万元／人，已获前款的以补差方式补贴	一次性补贴；一次性拨付

续表

城市	奖补类型	奖补对象	发放条件	发放标准	发放方式
青岛	入职奖励	护理、医护、康复和社会工作等岗位从业者	在同一养老服务机构连续工作满5年且签订劳动合同或协议、目前在职	本科及以上3万元/人，大专2万元/人，中专1万元/人	一次性奖励；分3年平均拨付
	岗位补贴	养老护理岗位从业者	与养老服务机构签订合同；持有养老护理员国家职业技能等级证书	初级、中级、高级、技师、高级技师五个等级的补贴分别为100元/人/月、120元/人/月、140元/人/月、160元/人/月、200元/人/月	按月发放
	市政府津贴	一线优秀养老服务人员	每2年组织1次"青岛敬老使者"评选活动，每次评选20人，评选结果有效期为4年	在4年有效期内每人每月1000元	每年集中发放一次

1. 奖补激励主要面向养老护理岗位从业者

目前各地养老服务机构中养老护理岗位（含护理、医疗、康复等）的专业从业人员严重不足，通过国家职业技能鉴定者更是少数。为鼓励养老护理岗位的就业，同时提升养老护理员队伍的技能水平与专业素养，各地积极出台面向养老护理岗位从业者的奖励和补贴政策，如入职奖励、岗位补贴①、持证奖励、学费减免等。此外，个别省市也出台覆盖养老管理、社会工作等其他养老服务岗位的奖补政策，以入职奖励为常见。如

---

① 入职奖励和岗位补贴在不同地市的文件中提法不尽相同。本文将入职奖补、入职补贴、定向培养补贴、引进专业人才补贴等统称为"入职奖励"，将岗位奖励津贴、在职奖补等统称为"岗位补贴"。

北京市、福州市、眉山市、苏州市、杭州市、青岛市等。

2. 奖补激励以入职奖励和岗位补贴为主

基于鼓励养老服务就业和稳定养老服务人才队伍的需要，在各地养老服务从业人员奖补激励政策中，入职奖励和岗位补贴是比较常见的项目。入职奖励一般与入职者的学历水平成正相关关系，学历越高入职奖励越高。奖励要求入职者与养老服务机构签订劳动合同或协议，并且在同一养老服务机构从事相关工作已满一定年限；主要以一次性奖励的形式发放给符合条件的入职者。总体上看，各地市养老服务从业人员的入职奖励政策之间不存在明显的原则性差异，只是在服务年限、奖励金额、发放方式等方面会有不同的政策设计。

岗位补贴主要是面向在养老服务机构中从事一线护理、医疗、康复等工作的养老护理岗位，一般没有面向管理岗位。大多数城市将持有国家养老护理员职业资格证书、其他相关的专业证书或岗前培训证书等设置为岗位补贴的必要条件之一。同时，不同城市的发放依据、标准和方式有所不同。有的将养老护理岗位补贴与工作年限关联起来，工作年限越长岗位补贴越高，如泉州市、漳州市、攀枝花市、南京市、苏州市、郑州市、广州市等；有的将养老护理岗位补贴与职业技能等级挂钩，职业技能等级越高岗位补贴就越高，如北京市、眉山市、青岛市；有的则一视同仁发放相同标准的岗位补贴，如福州市、武汉市等。此外，岗位补贴的发放方式有按月发放、按年发放、一次性发放等，其中按月发放的方式比较常见。

3. 奖补激励注重发挥增强职业吸引力的作用

各地出台养老服务从业人员奖补激励政策的主要目的是增强养老服务相关职业的吸引力。出台入职奖励、学费奖补等政策，可以提升岗位吸引力，从而吸引养老服务相关专业毕业生积极加盟养老服务业；出台岗位补贴政策，可以赋予养老护理岗位从业者更高的劳动回报，彰显养老护理岗位的重要价值；落实职业培训补贴和职业技能鉴定补贴并将培训鉴定结果与岗位补贴等关联起来，不仅可以减轻养老服务机构人才培养的经济压力，而且可以激发养老服务从业人员学习培训的主动性和积极性；设置竞赛奖励、评先奖励等项目，如成都市的职业技能竞赛奖励和青岛市的"青岛敬老使者"评选，不仅可以褒扬优秀的养老服务从业人员，而且能够推动形成养老服务人才队伍的良性竞优环境，不断提升养老服务人才队伍的整体素质。奖补激励政策从吸引人才入职、稳定人才就业、推动人才发展、褒扬优秀人才等四个层面积极发挥作用，持续增强养老服务相关职业的吸引力与发展性。

三、保障人才培养模式的问题窥探

各级政府自上而下将一定的财政性资金投入到养老服务从业人员的培养培训和养老服务人才队伍的建设上，不仅有效缓解了民营养老服务机构培养培训人才的经济负担，而且大大提升了养老服务从业人员的技能水平与专业素养；同时，通过长期的投入与建设，不断提升了养老服务业及其职业对养老服务与管理、护理等相关专业毕业生的吸引力，增强了他们进入养老服务业就业的主动性与稳定性，从而持续壮大养老服务人才队伍、提升养老服务人才队伍整体水平。虽然保障人才培养模式为民营养老服务业提供了有力的人才要素保障，但是在具体政策设计与执行上，尚存在一定需要解决的问题。

1. 养老服务人才培养培训资金来源较单一

目前，我国养老服务人才培养培训资金主要来自失业保险基金支持职业技能提升行动资金、财政资金、福利彩票公益金等，用人单位投入较少、社会资本支持不足，资金来源渠道总体上比较单一。依靠政府统筹资金投入、提供资金保障，固然可以比较迅速地组织和开展养老服务人才培养工作并取得实效，但是这种方式仅限于保障产业发展所需的基础人才培养，无法满足人才培养的个性化、多元化需求。随着养老服务业的深化发展，对专业化、高水平、多元化的养老服务人才需求必然会不断增加，如果缺乏其他力量的参与以及其他渠道资金的投入，那么养老服务人才培养将极易出现低效率与结构失衡的局面。

2. 民营养老服务机构内部的奖补激励乏力

目前，养老服务从业人员的奖补激励主要是由民政部门、教育部门、人社部门、财政部门等组织实施的。这对于民营养老服务机构来说，是一种外部奖补激励。大多数民营养老服务机构由于运营成本压力比较大，一般除了按照法律规定和劳动合同约定支付所聘人员的薪酬待遇外，不会主动投入太多资金用于人才培养培训与队伍建设。如果说政府部门所构建的奖补激励机制是一种推动人才进入养老服务业就业的力量的话，那么民营养老服务机构内部的奖补激励机制才是真正吸引并留住优秀养老服务人才的力量。因此，从长期可持续发展的角度看，民营养老服务机构必须重视建设内部的人才奖补激励机制。

3. 各地对养老服务褒扬机制建设投入不足

虽然国家倡导通过组织评先评优活动、职业技能大赛等建立养老服务褒扬机制，但是由于养老护理员等专业技术人才紧缺，各地在落实养老服务人才培养培训相关政策时，比较注重做好吸引人才入职和稳定人才就业的制度设计与政策执行，而对推动人才发展和褒扬优秀人才的重视还比较不足。如表4-4所列，只有成都市设置了职业技能竞赛奖励、青岛市组织了"青岛敬老使者"评选活动，其余城市的政策文件或者未提及褒扬事项，或者只是停留在精神层面的倡导而未设置实质性的项目。有效的褒扬机制可以内化为养老服务从业人员力争上游、积极竞优的内驱力。它在推动养老服务从业人员不断提升自身职业技能水平与职业素养的同时，也推动了养老服务人才队伍的整体建设。

四、保障人才培养模式的优化建议

养老服务人才培养是一个系统工程、一项长期事业，需要多维发力、综合施策。

1. 持续拓宽养老服务人才培养的投入渠道

首先，继续保障并适当增加政府对养老服务人才培养的资金投入，并逐渐增加"以奖代补"形式投入的资金比重，以引导用人单位、社会资本积极参与养老服务人才培养。其次，引导养老服务用人单位重视建立和完善本单位的人才培养培训制度，逐年增加对所聘用人才的培养培训投入，不断提升人才的技能水平与职业素养。再次，倡导养老服务行业协会等组织积极参与或协调养老服务人才培养培训相关工作，可以设立行业人才培养培训专项奖励金，对在人才培养培训工作中表现突出的用人单位或有关组织给予奖励和表彰。最后，鼓励拥有养老服务人才培训资质的企业、院校或社会组织，主动提供一定公益性的培训资源，助力养老服务人才培养培训。

2. 积极实施内外联动的养老服务奖补激励

一方面，要推动全国各地市政府积极落实养老服务奖补激励政策，并不断拓展覆盖对象、丰富激励形式。我国目前还有一些省份尚未出台省级养老服务奖补激励政策，更有不少地市没有落实养老服务奖补激励政策。当务之急，我国要自上而下全面推行养老服务奖补激励政策，对养老服务从业者予以必要且有效的奖补激励。同时，要将激励对象拓展到养老护理岗位以外的其他养老服务岗位从业者，并在保证基本普及入职奖励和岗位补贴的基础上，适当增加一些评先评优类奖补激励以及关照从业者家庭的倾斜性政策。另一方面，要倡导养老服务机构加快构建机构内部的养老服务奖补激励体系。养老服务机构可以采用与地市政府奖补激励配套的方式，建立机构内部的奖补激励体系，也可以结合机构实际以及发展规划，有针对性地设计自己的奖补激励项目。通过实施内外联动的养老服务奖补激励，将外在的推动力和内在的吸引力紧密结合起来，不断提升养老服务相关职业对专业人才的吸引力。

3. 努力构建与岗位待遇相关联的褒扬机制

增加收入固然可以在一定程度上满足养老服务从业者的经济需求，但是无法有效提升养老服务相关职业的社会地位和增强从业者的职业荣誉感。因此，必须重视建设和完善养老服务褒扬机制。各地除了加强对养老服务从业者先进事迹与奉献精神的表彰宣传外，还应努力构建与岗位待遇相关联的褒扬机制，实施精神与物质的双重激励。首先，组织开展地方养老护理员技能大赛，并自下而上推荐参加更高级别的技能大赛。对在不同级别技能大赛中获奖的养老护理员，视获奖等次高低，可相应地给予授予荣誉称号、发放奖金、享受一定期限的特殊津贴或晋升相应职业技能等级等奖励。其次，研究设立地方和国家养老服务评先评优项目，定期开展养老服务先进集体和先进个人的评比工作。对获评的养老服务机构和养老服务从业者，除公开表彰外，可相应地给予一定的物质奖励，如发放奖励金、适当增加岗位补贴或其他补贴、将获得表彰作为机构资助补贴和个人职业晋升的优先或倾斜条件等。

第三节　民建公助模式

地上建筑物、养老服务硬件等基础设施是经营养老服务机构的必要条件，需要社会力量事先投入大量的资金进行建设。加上养老服务机构建成后投入运营的风险和收益均无法预测，使得社会力量一般不敢轻易投资养老服务业。为调动社会力量积极参与发展养老服务，政府会以民建公助模式支持社会力量建设养老服务基础设施，以减轻其成本负担、降低其投资风险。

一、民建公助模式的内涵要义

民建公助模式是我国社会福利社会化改革中比较早被运用的一种财政性扶持模式。2000年，《国务院办公厅转发民政部等部门关于加快实现社会福利化意见的通知》中明确指出，"采取民办公助的办法，将一部分资金用于鼓励、支持和资助各种社会力量兴办社会福利机构"；民政部在2005年发布的《关于支持社会力量兴办社会福利机构的意见》进一步指出，"对于处在建设阶段的社会办福利机构，可以按照规模、投资额等，给予相应的资助"。"民建公助"是指政府为社会资本投资建设的养老服务机构提供基础设施建设补贴的做法。它是一种介于纯公建和纯民建之间的养老服务机构建设形式。社会资本投资建设的养老服务机构虽然接受地方政府的资助，但是它们具有独立的法人资格，自主经营、自负盈亏。

民建公助模式通常采用给予新建、扩建、改建项目以及维修改造项目、设备购置项目等一次性建设补贴的形式资助民营养老服务机构。养老服务机构新建、扩建和改建的一次性建设补贴一般以床位建设补贴的形式予以核算拨付；维修改造项目、设备购置项目等一次性建设补贴则一般以定额补贴或定比补贴的形式予以核算拨付。总的来说，民建公助模式可以大大弥补民营养老服务机构的前期成本投入，有效缓解其后期运营发展的资金压力。

二、民建公助模式的实践情况

随着人口老龄化程度日益加深，我国持续加快发展民营养老服务业的步伐，各省市均已出台了有关采用民建公助模式支持民营养老服务机构基础设施建设的政策文件。本节选取北京市和天津市、上海市和南京市、武汉市和成都市、广州市和深圳市这四组八个城市，分别作为京津冀地区、长三角地区、中西部地区和粤港澳大湾区四个地区的样板城市，比较分析民建公助模式的实践情况（见表 4-5）。

表 4-5　八个城市的民建公助政策 ①

城市	养老机构"民建公助"	居家和社区养老服务设施"民建公助"
北京	1. 新建、扩建具有护养功能和普通功能的非营利性养老机构：市政府固定资产投资分别按 2.5 万元 / 床和 2 万元 / 床的标准给予一次性建设补贴；区（县）政府固定资产投资按 1：1 比例配套 2. 由自有设施改建成的非营利性养老机构：市政府固定资产投资按改建投资总额的 30% 予以补助（按床位折算，每张床位补助最高不超过 2 万元）；区（县）政府固定资产投资按 1：1 比例配套	1. 街道（乡镇）养老照料中心新建、扩建项目：补助标准为 2 万元 / 床，最高补助 300 万元；改建项目：按照改造费的 50% 予以补助，最高补助 150 万元；配备设备项目：按设备购置费总额的 50% 予以资助，最高资助 150 万元；所需资金由市财政负责 2. 社区养老服务驿站：市级补助资金以以奖代补形式按平均每个 30 万元标准将补助金下拨给各区

① 北京市的政策依据：《关于加快本市养老机构建设的实施办法》（2013）；《北京市街道（乡镇）养老照料中心建设资助和运营管理办法》（2017）；《北京市民政局 北京市老龄工作委员会办公室关于贯彻实施〈关于开展社区养老服务驿站建设的意见〉的通知》（2016）。天津市的政策依据：《天津市民政局 天津市财政局关于调整养老机构补贴标准的通知》（2014）；《关于建设老年日间照料服务中心（站）的实施意见》（2009）。上海市的政策依据：《关于推进本市"十三五"期间养老服务设施建设的实施意见》（2016）。南京市的政策依据：《关于健全完善养老服务补贴的通知》（2018）、《关于调整养老服务补贴的通知》（2017）、《关于开展社区居家养老综合护理中心建设试点的意见》（2017）。武汉市的政策依据：《武汉市人民政府关于提升养老服务供给水平加快发展养老服务业的实施意见》（2017）。成都市的政策依据：《成都市人民政府关于加快养老服务业创新发展的实施意见》（2015）。广州市的政策依据：《广州市民办养老机构资助办法》（2020 年修订）、《广州市支持社会力量参与社区居家养老服务试行办法》（2019）。深圳市的政策依据：《深圳市民办养老机构资助办法》（2018）。

续表

城市	养老机构"民建公助"	居家和社区养老服务设施"民建公助"
天津	1. 新建或购置建设并形成产权的非营利性养老机构：按 1.5 万元 / 床标准给予一次性建设补贴；市福利彩票公益金负担 11000 元，市和区县财政各负担 2000 元 2. 改扩建的新增非营利性养老机构床位：按 6000 万元 / 床标准给予一次性建设补贴；市福利彩票公益金负担 4000 元，市和区县财政各负担 1000 元	社区老年日间照料中心：建筑面积达到 300m² 以上的，按投资额的 50% 给予补贴，最高补贴金额 30 万元；建筑面积达到 400m² 以上的，按投资额的 50% 给予补贴，最高补贴金额 40 万元；建筑面积达到 500m² 以上，按投资额的 50% 给予补贴，最高补贴金额 50 万元 以上所需资金由市财政负责
上海	1. 社会投资举办并形成产权的非营利性养老机构：市级财政按 2300 元 /m² 标准补贴保基本床位的床均建设成本，每张保基本床位补助上限为 8 万元 2. 社会投资改造并形成产权的保基本养老机构：市级福利彩票公益金按 2 万元 / 床标准予以一次性建设补贴；区级按不低于 1：1 比例配比 3. 其他非营利性养老机构：市级福利彩票公益金按 1 万元 / 床的标准给予一次性建设补贴；区级按不低于 1：1 比例配比	1. 社区综合为老服务中心：整体建设且建筑面积在 800m²（含）以上的，一次性补贴 60 万元；局部改造或者虽整体建设但建筑面积在 800m² 以下的，一次性补贴 30 万元 2. 长者照护之家：按 1 万元 / 床的标准给予一次性补贴，各区按不低于 1：1 的比例配套 3. 老年人日间照护机构：依条件给予每家 15—60 万元的差别化一次性补贴，各区按不低于 1：1 比例配套 4. 社区老年人助餐点：依条件给予每家 20 万元以内的差别化一次性补贴，各区按不低于 1：1 的比例配套 5. 社区睦邻点：以每个点 1 万元的标准给予一次性补贴 6. 护理站：以每个站 10 万元的标准给予一次性补贴 以上所需资金由市福利彩票公益金负责

续表

城市	养老机构"民建公助"	居家和社区养老服务设施"民建公助"
南京	1. 以自建产权用房举办：按 1.5 万元的标准给予护理型床位一次性建设补贴，按 1 万元的标准给予普通型床位一次性建设补贴 2. 以租赁用房举办且租期 5 年以上：按 7500 元的标准给予护理型床位一次性建设补贴，按 5000 元 / 床的标准给予普通型床位一次性建设补贴；普通型床位改造为护理型床位，按 2500 元 / 床的标准给予一次性改造补贴 3. 改护理型床位建设补贴一次性发放，其余建设补贴分两次平均拨付，分别是在入住率达 15% 时和运营满一年、年检合格、入住率达 30% 时，每次拨付 50% 以上所需资金市、区财政按照 5∶5 分担	1. 社区居家养老综合护理中心：对达到 AAA 级、AAAA 级、AAAAA 级的，分别给予 10 万元、20 万元、30 万元一次性建设补贴 2. 社区居家养老服务中心、助餐点、区级养老服务指导中心（虚拟养老院）、家庭养老床位等主要以综合运营补贴、政府购买服务、服务外包等方式支持
武汉	1. 自有产权用房兴建：按 8000 元 / 床的标准给予一次性建设补贴 2. 租赁用房兴建：按 5000 元 / 床的标准给予一次性建设补贴 以上所需资金由市、区财政按照 4∶6 比例分担。一次性建设补贴按 40%、30%、30% 的比例分 3 年拨付	1. 社区老年人服务中心（站）：分别按每家 15（9）万元标准给予一次性建设补贴 2. 农村幸福院（农村老年人互助照料中心）：分别按每家 12（5）万元标准给予一次性建设补贴 以上所需资金由市、区财政按照 4∶6 比例分担
成都	1. 新建的社会化养老机构：营利性的，以 10000 元 / 床的标准给予一次性建设补贴（市、区财政按 9∶1 分担）；非营利性的，以 12000 元 / 床的标准给予一次性建设补贴（市、区财政按 5∶1 分担） 2. 改建的社会化养老机构：营利性的，以 5000 元 / 床的标准给予一次性建设补贴（市财政承担）；非营利性的，以 6000 元 / 床的标准给予一次性建设补贴（市、区财政按 5∶1 分担）	1. 社区微型养老机构：城镇、农村地区补贴标准分别为 40 万元 / 个、30 万元 / 个 2. 日间照料中心：城镇、农村地区补贴标准分别为 30 万元 / 个、25 万元 / 个 3. 农村互助幸福院：20 万元 / 个 以上所需资金由市财政负责

城市	养老机构"民建公助"	居家和社区养老服务设施 "民建公助"
广州	1. 拥有房屋自有产权的新增床位：按1.5万元/床标准给予一次性建设补贴 2. 租赁场地的新增床位：按1万元/床标准给予一次性建设补贴 以上所需资金由市福利彩票公益金负担	1. 场地建筑面积在 50m² 及以上、300m² 以内（不含），年服务量达到 1800 人次的，分两年拨付总额 15 万元的创办补贴 2. 场地建筑面积在 300m² 及以上，年服务量达到 2500 人次的，分两年拨付总额 20 万元的开办经费补贴 以上所需资金由市福利彩票公益金负担
深圳	每新增一张床位的资助额度为 4 万元，分 4 年资助，每年 1 万元 以上所需资金由区财政负责	1. 日间照料中心：由各区制定补贴政策 2. 长者饭堂：给予新建并投入运营半年以上的长者饭堂一定建设补贴，补贴标准由各区自行制定 以上所需资金由区财政负责

1. 因地制宜安排建设补助金

"民建公助"的相关政策主要是以市一级政府统筹、区（县）政府协同的形式来执行。这不仅可以充分发挥属地管理的制度优势，而且能够有效调动地方发展养老服务的积极性。目前，我国各个城市有关"民建公助"资金的安排不尽相同。首先，建设补助力度有所差异。因受人口老龄化程度、经济发展水平等各种差异性因素的影响，各地养老服务机构建设补助力度有所差异。以养老机构的建设补助金为例，北京市、上海市、深圳市的床位建设补贴最高在 2 万（含）以上；天津市、南京市、广州市的在 1.5 万（含）以上；成都市的在 1 万（含）以上；武汉市的则在 1 万以下。其次，建设补助金来源有所不同。建设补助资金来源主要包括政府固定资产投资资金、财政资金、福利彩票公益金等，不同养老服务设施的建设补助资金来源有所不同。比如北京市的养老机构建设补助资金主要来自政府固定资产投资资金，社区居家养老服务设施建设补助资金主要来自财政专项补助资金；上海市的养老机构建设补助金由福利彩票公益金和财政专项补助资金共同组成，社区居家养老服务设施建设补助资金则由福利彩票公益金负责；广州市的养老机构建设补助金由福利彩票公益金全额负担，社区居家养老服务设施建设补助金则由财政专项补助资金负责等。最后，政府支付责任有所区别。北京市、天津市、上海市、南京市、武汉市、成都市的"民建公助"资金由市和区（县）政府按照一定比例配套或分担；广州市的由市级福利彩票公益金全额负担；深圳市的则由区级财政预算资金负责。

2. 设置建设补助金拨付条件

养老服务机构建设补助金一般需要由符合条件的机构按要求提交申请材料，由区（县）级民政部门审核，经市级民政和财政部门复核无问题后方能拨付。在大多数城市的"民建公助"政策中，养老服务机构的设施和服务只要达到养老基本公共服务合格供应商的相关标准并经有关部门验收合格，就可以按照有关规定申请建设补助金。但是，有些城市还会对床位建设数量、建筑面积标准、入住率或运营年限等做出要求。比如天津市对申请社区老年日间照料中心建设补助的最低建筑面积要求是 300m²；广州市对申请社区居家养老服务设施建设补助的最低场地面积要求是 50m²。此外，养老服务机构建设补助金一般采用一次性发放一次性建设补贴的形式予以拨付，但也有个别地市会采用分次发放一次性建设补贴的形式。比如深圳市的养老机构一次性建设补贴分四年平均拨付；武汉市的按 40%、30%、30% 的比例分三年拨付；南京市的则分两次平均拨付，每次拨付补助标准的 50%，其中第一次是在机构投入运营且入住率达到 15% 时可以申请，第二次在机构运营满 1 年且年检合格、入住率达到 30% 时可以申请。

3. 实行差异化建设补助

各个城市在实施"民建公助"政策时，会根据一定标准实行差异化补助。第一，机构性质。有些城市面向养老机构的"民建公助"政策不限机构性质，无论是非营利性养老机构还是和营利性养老机构，均给予一次性建设补助，如南京市、武汉市、成都市、广州市和深圳市；有些城市只补贴非营利性养老机构，如北京市、天津市、上海市等。在实行不限机构性质给予建设资助政策的城市中，南京市、武汉市、广州市和深圳市对非营利性和营利性机构采取相同的补助标准，成都市则明确规定两种不同的补助标准，非营利性机构的建设补助高于营利性机构的建设补助。第二，建设类型。有的根据新建、扩建和改建类型，分别给予不同标准的床位补贴，如北京市、天津市、上海市、成都市等；有的区分为自有产权用房兴办和租赁房产兴办两种类型，给予不同标准的床位补贴，如南京市、武汉市、广州市。第三，床位功能类型。在八个样板城市中，天津市、上海市、武汉市、成都市、广州市、深圳市等未根据养老床位的功能进一步区分补助标准；北京市和南京市则进一步区分了具有护养或护理型功能的床位与普通功能床位的补助标准，给予具有护养或护理型功能的床位更高的建设补助。第四，建筑面积大小。社区居家养老服务设施建设补助一般是按照投资总额的一定比例或者定额补助的形式拨付建设补助金。有的城市会进一步根据建筑面积大小区分不同的补助额度，如天津市规定社区老年日间照料中心的建筑面积越大，最高补助金额越多；上海市根据老年人日间照护机构不同的建筑规模，给予差别化的一次性补助；广州市则综合考虑社区居家养老服务设施的建筑面积和年服务量等因素，为建筑面积较大且年服务量达到要求的设施，设定较大额度的建设补助金。第五，机构所处区位。杭州市区分了主城区和其他地区养老机构的补助标准，在主城区利用自有产权用房和租赁房产两种形式兴办养老机构，其补助标准分别比其他地区高出100%和60%。[①]

三、民建公助模式的问题窥探

民建公助模式可以鼓励社会力量积极兴办养老服务机构，从而大大增加养老服务供给。但是，该模式在政策设计与执行上尚存在一些不足。

1. 对营利性养老机构建设补助持保守态度

目前，不少地市对给予营利性养老机构建设补助尚持保守态度，建设补贴政策还主要面向非营利性养老机构或者对营利性养老机构实行差别化建设补助政策。事实上，自2016年国务院办公厅发布《关于全面放开养老服务市场　提升养老服务质量的若干意见》以来，我国已经明确要鼓励不同性质的民营养老机构共同发展，以满足老年人日益增长的多元化养老服务需求。营利性养老机构虽然具有营利性特征，但它作为民营养老服务业的重要组成部分，是丰富我国养老服务供给的重要力量。如果对营利性养老机构实行差别化程度过高的政策，那么将会制约营利性养老机构建设与发展的积极性，最终必然会阻碍民营养老服务业的高质量、高水平发展。

2. 对护理型养老床位建设补助的力度较小

从以上对八个样板城市"民建公助"模式实践的分析，可以看到目前只有北京市和杭州市有明确规定给予护养型或护理型床位更高的建设补助。目前，我国养老床位的缺口还很大。与此同时，失能老年人口也

---

① 政策依据：《杭州市市级养老服务资金补助实施办法（试行）》（2019年）。

在逐年增加。此外，目前我国已经建成的养老床位大多是普通养老床位，并不具备护理或养护功能。因此，我国紧缺的养老床位不是普通的养老床位，而是具有护理或养护功能的养老床位。当务之急，各地市应注重加强政策引导，通过资金补助和政策倾斜等，广泛调动社会力量积极兴办具有护理功能的养老床位，以有效满足失能老年人的照护需求。

3. 建设补助资金使用监管的政策不够完善

目前地方养老服务政策的主基调尚处在鼓励社会力量发展养老服务层面上，比较注重如何为养老服务机构提供建设补助与发展支持，而对建设补助金拨付后的使用监管重视比较不足，从而导致建设补助资金使用监管的政策不够完善、监管效果一般。一方面，违规监管政策不够完善。相关政策安排虽然都有设置"专款专用"、"不得挪用"等规定，但是对于建设补助金的合法使用范围大多未做出明确规定。这既会给民营养老服务机构带来建设补助金使用"无法可依"的困扰，也会埋下违规使用建设补助金的风险。另一方面，绩效监管政策不够完善。目前大多数城市的政策安排并未涉及建设补助资金的绩效监管问题。建设补助金的绩效监管，不仅关系民营养老服务机构的建设与发展质量，而且关系财政资金、福利彩票公益金的使用效益。一般来说，民营养老服务机构不会主动实现政府部门所期待的建设补助金绩效。因此，一旦缺乏完善的绩效监管制度，那么就容易出现补助金使用绩效不彰的问题，从而造成财政性资金的效益损失。

四、民建公助模式的优化建议

为更好地发挥民建公助模式的建设导向作用，建议从以下三个方面进行优化。

1. 实行统一的建设补助政策，将建设补助金限用于改善基本养老服务

我国在用地供应上已对不同性质养老服务机构采用分类保障或供应的政策，营利性养老服务机构需要比非营利性养老服务机构承担更大的用地成本。在后期的设施建设和机构运营上，无论是营利性养老服务机构还是非营利养老服务机构，其提供基本养老服务所需设施的标准以及养老服务的合格标准都是一致的。因此，地方政府出台的养老服务机构建设补助政策应当对二者一视同仁，不宜实行差别化政策。此外，由于营利性养老服务机构除了提供基本养老服务外，还会提供一些高端个性化的养老服务，为避免源自财政资金和福利彩票公益金的建设补助金偏离福利性轨道，真正发挥增进基本养老服务供给的作用，应当将建设补助金限定用于机构的基础性建设项目以及基本养老服务供给上。

2. 进一步细分建设补助标准，加大对紧缺养老服务设施的支持力度

养老服务建设补助政策能够发挥养老服务设施建设导向功能，补助标准高的项目，既是政府重点扶持建设的项目，也是养老服务业应当加快发展的项目。因此，建议进一步细分建设补助标准。首先，在养老机构建设补助标准上，加大对护理型或养护型养老床位的补助力度，引导社会力量加大对这一类床位的建设力度。其次，在社区居家养老服务设施建设补助标准上，加大对具备医养结合功能照护设施的补助力度，如养老照料中心、日间照料中心、家庭养护床位等；同时，对农村社区相关养老服务设施的建设补助予以更大的政策倾斜，引导更多社会力量参与农村社区养老服务的建设与发展。

3. 完善建设补助金使用监管政策，持续提升建设补助金效益

严格监管建设补助金的使用情况及其效益，以确保建设补助金真正落到实处、发挥实效，是民建公助模式的关键环节。首先，要明确建设补助金的可使用范围和不可使用范围，为养老服务机构使用建设补助金提供政策指引。其次，地方民政部门要与养老服务机构签订建设补助金使用协议，以此监督和约束建设补助金的使用行为。再次，要定期对建设补助金申请信息的真实性、准确性进行抽查和核查，依法打击"骗金"行为。同时，建议开发使用智慧监管平台，对建设补助金的申领和使用进行大数据、动态化的全程监管。最后，定期开展养老服务机构建设补助金使用绩效评估，将评估结果与运营补助及其他扶持政策挂钩。

第四节　民营公补模式

除了以民建公助模式支持养老服务基础设施建设外，地方政府还会以民营公补模式为民营养老服务机构提供运营补助。这既是政府在履行兜底供给基本养老服务职责，也是扶持民营养老服务机构的重要举措。

一、民营公补模式的内涵要义

民营公补模式，顾名思义，就是政府以资金补助的形式保障民营养老服务机构正常运营并推动其高质量发展的模式。从产权角度划分，民营养老服务机构分为社会力量作为产权方的民办养老服务机构和政府作为产权方的公办养老服务机构。前者为民办民营养老服务机构，后者为公建民营的公办养老服务机构。从机构性质划分，民营养老服务机构分为营利性养老服务机构和非营利性养老服务机构。其中营利性养老服务机构多为企业兴办，非营利性养老服务机构则多为社会组织兴办或参与经营。根据作用方式的不同，民营养老服务机构运营补助可以分为补贴类、保险类、优惠类和奖补类四个类型（如图4-3）。

补贴类手段主要是指机构的日常运营补贴，包括养老机构日常运营补贴和社区居家养老服务设施日常运营补贴，是民营公补模式的核心内容。对于社区居家养老服务设施来说，政府一般会根据设施规模、服务流量等因素测算日常运营补贴；而对于养老机构和有收住老年人的养老服务照料中心、社区长者照护之家等的日常运营补贴，政府一般会以床位补贴的形式给予机构运营补贴。床位补贴会根据服务对象的生活自理能力和身体失能程度分为几种不同的标准，服务对象的生活自理能力越低、身体失能越严重，日常运营补贴标准就越高。必须指出的是，日常运营补贴中因收住低保、高龄、失能、失智等老年人而给予养老服务机构日常运营补贴的做法，本质上是一种"补供方"的政府购买养老服务手段。

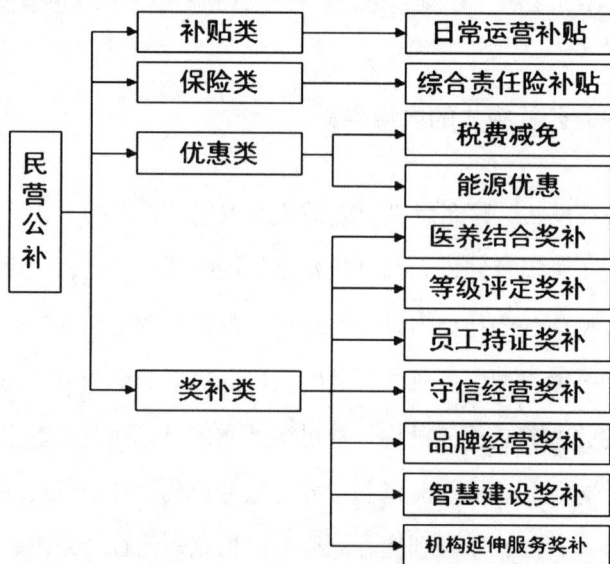

图 4-3　民营公补的不同补助手段

保险类手段主要是指支付养老机构综合责任险补贴。养老机构综合责任险包括养老机构责任险和养老机构雇主责任险，前者的保险对象是与机构签订入住协议的老年人，后者则是机构内部员工，二者的投保人和被保险人均为养老机构。为加快构建养老服务业风险分担机制，地方政府会安排财政专项资金或福利彩票公益金对养老机构进行综合责任投保补贴，以此推动其主动参加综合责任险，进而强化其内部管理、降低运营风险。

优惠类手段是指以减税费的形式给予养老服务机构补贴，主要包括税费减免和能源优惠。税费减免政策主要包括免征增值税、契税、房产税、城镇土地使用税、减按 90% 计入收入总额计算应纳税额等，以及免收一定的行政事业性收费 ① 等。能源优惠是指养老服务机构用水、用电、用气、用热等享受居民用户使用价格，有线电视、宽带互联网的收视维护费、基本使用费即安装费等，按低于居民用户使用价格的一定比例收取。

奖补类手段主要是指以"以奖代补"的形式补助养老服务机构前期投入的一些成本，鼓励和引导社会力量在特定领域或项目积极作为，如医养结合、等级评定、员工持证、守信经营、品牌经营、智慧建设、机构延伸服务等奖补。其中，医养结合奖补是对内设医疗机构或引入医疗分支机构的养老服务机构的奖励；等级评定奖补是给予获得不同星级评定的养老服务机构不同标准的奖励，星级越高，则奖励金越高；员工持证奖补是用来奖励雇佣持有职业资格证书或从业证书员工的养老服务机构，持证员工数越多，则奖励金越高；运营信用奖补是用来表彰合法经营、恪守信用的养老服务机构，守信经营做得越好，奖励金也相应越高；品牌经营奖补是用来支持和鼓励养老服务机构实行品牌连锁经营，推动养老服务业高质量发展；智慧建设奖补是用来支持和鼓励社会资本积极投资建设养老服务平台，加快推进养老服务信息化、便捷化发展；机构延伸服务奖补是用来鼓励养老机构积极将专业化的养老服务拓展和延伸至周边的社区和家庭。

---

① 政策依据：《关于养老、托育、家政等社区家庭服务业税费优惠政策的公告》（2019 年第 76 号）。

二、民营公补模式的实践情况

各地在制定民营养老服务业扶持政策时，一般会同时采用民建公助模式和民营公补模式来支持产业发展。鉴于养老服务机构建设补助和运营补贴具有很强的内在关联性，本节继续选取北京市和天津市、上海市和南京市、武汉市和成都市、广州市和深圳市这四组八个城市，分别作为京津冀地区、长三角地区、中西部地区和粤港澳大湾区四个地区的样板城市，比较分析民营公补模式的地方实践情况（见表4-6）。

表 4-6　八个城市的民营公补政策 [①]

城市	养老机构	社区居家养老服务设施
北京	1.日常运营补贴：按生活自理情况和身体残疾程度状况分为由低到高三个补贴等级，补贴标准分别是每床每月100元、600元和700元	1.街道（乡镇）养老照料中心运营补贴：接收生活能够自理老年人，每人每月补助

[①] 北京市的政策依据：《关于加快本市养老机构建设的实施办法》（2013）;《北京市街道（乡镇）养老照料中心建设资助和运营管理办法》（2017）;《北京市民政局北京市老龄工作委员会办公室关于贯彻实施〈关于开展社区养老服务驿站建设的意见〉的通知》（2016）。天津市的政策依据：《关于调整养老机构运营补贴的通知》（2019）;《关于建设老年日间照料服务中心（站）的实施意见》（2009）。上海市的政策依据：《关于加快推进本市长者照护之家建设的通知》（2015）、《关于对本市非营利性养老机构实施"以奖代补"扶持政策的通知》（2015、2017）、《关于推进本市"十三五"期间养老服务设施建设的实施意见》（2016）。南京市的政策依据：《关于健全完善养老服务补贴的通知》（2018）、《关于调整养老服务补贴的通知》（2017）。武汉市的政策依据：《武汉市人民政府关于提升养老服务供给水平加快发展养老服务业的实施意见》（2017）。成都市的政策依据：《成都市人民政府关于加快养老服务业创新发展的实施意见》（2015）。广州市的政策依据：《广州市民办养老机构资助办法》（2020年修订）、《广州市支持社会力量参与社区居家养老服务试行办法》（2019）。深圳市的政策依据：《深圳市民办养老机构资助办法》（2018）。

续表

城市	养老机构	社区居家养老服务设施
北京	2. 等级评定补贴：被评定为二、三、四、五星级的机构，分别按每床每月 50 元、100 元、150 元、150 元的标准，在日常运营补贴基础上增发补贴 3. 信用补贴：对一年内、连续三年、连续五年没有基本失信信息记录的机构，分别按每床每月 50 元、100 元、150 元的标准，在日常运营补贴基础上增发补贴 4. 医疗服务补贴：内设医务室、护理站等机构或引入医疗分支机构的，在日常运营补贴基础上按每床每月 50 元标准增发补贴 以上所需资金由市、区两级财政共同负担	300 元；接收生活不能完全自理老年人，每人每月补助 500 元。另有居家辐射服务补贴。所需资金由市级专项转移支付资金和区财政共同负担 2. 社区养老服务驿站运营补贴：包括服务流量补贴、托养流量补贴、连锁运营补贴和运维支持等。所需资金由区财政负责
天津	1. 收养生活自理老年人的养老机构床位补贴：每床每月 100 元 2. 收养生活不能自理（介护）和半自理（介助）老年人的养老机构床位补贴：每床每月 300 元 以上所需资金由市福利彩票公益金负责	1. 新增社会化运营照料中心：经年度评估合格后，每个试点每年最高不超过 12 万元，市财政给予 50% 转移支付补助 2. 新增社会办照料中心：经年度评估合格后，按照建筑总面积每平方米每年 400 元的标准，由区财政给予运营补贴，每个试点每年最高不超过 12 万元，市财政给予 50% 转移支付补助

城市	养老机构	社区居家养老服务设施
上海	1. 内设医疗机构奖：已设的，给予一次性奖励 5 万元；新设护理站、医务室/保健站、卫生所的，给予 10 万元的一次性补贴；新设护理院或者门诊部的，给予 50 万元的一次性补贴 2. 招用持证人员奖：（1）招用持有养老护理员初级、中级、高级等级证书的护理员，分别按持证人数乘以本市上年度最低工资 20%、30%、50% 的标准给予机构奖补。（2）招用医护、康复、社会工作等专技人员，按专技人员数乘以本市上年度最低工资 50% 的标准给予机构奖补 3. 品牌连锁经营奖：连锁经营机构数达 2 家以上且单个机构床位规模 50 张以上，经评估给予一次性奖励 15 万元；每新增加一家机构，奖励 15 万元 以上所需资金由市福利彩票公益金负责	1. 长者照护之家运营补贴：自正式执业之日起补贴三年，按照每张床位第一年 5000 元、第二年 3000 元、第三年 2000 元的标准进行扶持。各区县政府给予运营补贴 2. 鼓励区级财政给予其他社区养老服务设施运营补贴

续表

城市	养老机构	社区居家养老服务设施
南京	1. 日常运营补贴：根据收住半失能、失能老人（不含特困人员）人数，分别按每人每月200元、300元的标准计算基准运营补贴，AA级以下、AA级、AAA级、AAAA级、AAAAA级机构分别享受基准补贴的0.8、0.9、1、1.1、1.2倍 2. 设置医疗机构补贴：内设医务室、护理站、护理院和康复医院的，分别补贴5万元、10万元、15万元、20万元 3. 等级提升奖励：提升一个等级奖励10万元。以上所需资金由市、区财政按5∶5分担	1. AAA级以上社区居家养老服务中心：年度服务达到市AAA级基本绩效要求的，给予10万元补助。在此基础上，每增加100人且不少于10000人次，再给予2万元补助。其中AAA级、AAAA级、AAAAA级机构的每年补助分别最多不超过20万元、30万元、40万元。所需资金由市财政负责 2. 助餐点：年度服务规模达到20人，且不少于5000人次以上的，每年补助1.5万元，服务规模每增加10人且达2500人次，给予5000元补助，每年最多不超过20万元。所需资金由市、区财政各承担50% 3. 区级养老服务指导中心（虚拟养老院）：达到合格以上标准的，由各区民政局视情况给予补助 4. 家庭养老床位：根据养老机构上门服务的半失能、失能老人（不含政府购买居家照护服务人员）人数，分别按每人每月200元、300元的标准计算基准运营补贴，AA级以下、AA级、AAA级、AAAA级、AAAAA级机构分别享受基准补贴的0.8、0.9、1、1.1、1.2倍。所需资金由市、区财政按5∶5分担

续表

城市	养老机构	社区居家养老服务设施
武汉	对运营正常、年检合格的社会办非营利性养老机构，依照老人实际入住床位数，按照每床每月200元的标准给予运营补贴，其中服务于失能老年人的，按照每床每月300元的标准给予运营补贴。所需资金由市财政负责。为失能老人提供服务床位经营性养老机构，经审核符合条件的，享受与非营利性养老机构同等的运营补贴	运营正常的社区老年人服务中心（站）、农村幸福院（农村老年人互助照料中心），分别按每年10（5）万、3（2）万元的标准给予运营补贴。所需资金由市、区财政按4：6分担
成都	社会化养老机构收住本市户籍老人的，按照每床每月150元的标准给予运营补贴。其中市、区财政分别承担100元、50元。公建民营养老机构按同样标准对待。公立医疗机构增设养老床位并取得养老机构设立许可的，享受社会化养老机构补贴政策	建成运营的社区微型养老机构和日间照料中心，每年根据评定等级情况由市财政给予一定奖励
广州	1.护理补贴：（1）公益性养老机构：收住一、二、三级护理老人，分别给予每人每月500元、300元、200元补贴；（2）经营性养老机构：收住一、二、三级护理老人，分别给予每人每月300元、200元、100元补贴。所需资金由市、区财政分担	1.运营补贴：（1）提供康复护理、生活照料、医疗保健、日间托管、临时托养、精神慰藉、临终关怀服务的社区居家养老服务机构：被评估定级为合格、良好和优秀的，分别按不少于每人每次2元、3元、4元的标准给予补助，不合格的不予补助；（2）提供养老助餐配餐服务的社区居家养老服务机构：给予每人次2元送餐补贴和每人次1元、最高10万元的运营补贴

续表

城市	养老机构	社区居家养老服务设施
广州	2.医养结合补贴：已实际收住服务对象的医养结合机构，具备和未具备医保定点资格的，分别以20万元、15万元的标准给予一次性补贴。所需资金由市福利彩票公益金全额负责 3.等级评定补贴：被评为三、四、五星级的养老机构，分别按5万元、10万元、20万元的标准给予一次性补贴；评定为国家级养老机构的，比照前款规定标准的2倍进行补贴。所需资金由市福利彩票公益金全额负责 4.机构延伸服务补贴：提供日间托老服务、康复护理类服务、上门生活照料、上门医疗服务，评估为合格、良好和优秀的，补助标准分别为不少于每人每次2元、3元、4元	2.医养结合补贴：（1）持证开展医疗保健、康复护理服务的社区居家养老服务机构：服务达到1000人次的，可给予一次性15万元的医养结合补贴；（2）社区居家养老服务机构设置的医疗机构：纳入基本医疗保险定点的，给予一次性5万元的补贴 3.星级评定补贴：被评为AAA级、AAAA级和AAAAA级的社区居家养老服务机构，分别给予5万元、10万元、20万元的一次性补贴
深圳	1.护理补贴：收住一、二、三级护理老人，分别给予每人每月600元、450元、300元补贴 2.医养结合补贴：已实际收住服务对象的医养结合机构，具备和未具备医保定点资格的，分别以30万元、20万元的标准给予一次性补贴 3.等级评定补贴：被评为三、四、五星级的养老机构，分别按10万元、20万元、30万元的标准给予一次性补贴 4.养老机构责任险补贴：按实际投保床位每年每床资助120元	日间照料中心、长者饭堂等的运营补贴标准各区自行制定，所需资金由各区财政负责安排

1.动态调整补贴标准和发放方式

民营养老服务机构运营补贴标准与经济社会发展同步，不断调整完善。以北京市为例。根据北京市2014年7月1日起施行《社会力量兴办非营利性社会福利机构运营资助办法》，养老机构运营补贴只面向非营利性养老机构，同时分为两个档次：收住生活不能完全自理老年人的，按照每人每月 500 元标准予以资助；收住生活自理老年人的，按照每人每月 300 元标准予以资助。经过四年多的实践，北京市于 2019 年 1 月 1 日起开始实施新的《北京市养老机构运营补贴管理办法》。该办法不仅明确将补贴对象确定为"由社会力量投资建设或运营管理、具有法人资质的养老机构"，营利性养老机构和非营利性养老机构享有同等的运营补贴待遇，而且将补贴标准根据收住服务对象的生活自理情况和身体残疾程度，进一步细化为每床每月 100 元、600 元和 700 元的三个档次。此外，根据北京市 2011 年 5 月起施行的《关于开展养老服务机构星级评定以奖代补工作的通知》，按规定分别给予服务质量星级评定为一、二、三、四、五星级的养老机构 2 万元、4 万元、8 万元、16 万元和 32 万元的奖励。而根据 2019 年《北京市养老机构运营补贴管理办法》，星级评定奖励的发放对象和方式均已发生调整，只奖励服务质量被评定为二星级以上的养老机构，一星级的养老机构不予奖励，同时将一次性奖励的方式变为按月增发运营补贴的方式。从中可以看到，北京市为进一步提高养老机构服务质量，提高了发放运营补贴的养老机构星级评定等级要求，以此引导养老机构不断改进和提升服务质量；同时，为了在星级评定有效期内对养老机构开展持续性的监管，按月增发运营补贴，以此引导养老机构重视维持和持续提升养老服务质量。

2. 加强"以奖代补"手段的运用

在补贴类、奖补类和优惠类三个民营公补的类型中，补贴类和优惠类是比较传统的补助手段。它们以"补助"为运作思维，通过增加对养老服务机构的财政支出和减少从养老服务机构获得财政收入的双向补助，减轻养老服务机构的运营成本压力，使其能够更好地生存和发展。奖补类手段则是以"奖优"为运作思维，在一些政府鼓励建设的领域和加紧发展的项目上实施差别化奖励政策，既能够在一定程度上补贴养老服务机构在特定领域和项目的建设投入，又能够形成一种竞优争先的氛围，不断提升养老服务机构管理水平和服务质量。

近年来，我国各地在提供基础性运营补贴、税费减免、能源优惠等基础上，日渐加强"以奖代补"手段的运用，主要用于鼓励医养结合、参加等级评定、招聘持证员工、守持运营信用、实施品牌连锁经营、建设智慧平台、开展机构延伸服务等。比如北京市在日常运营补贴的基础上，设置了医养结合、等级评定和运营信用奖补，给在上述领域达到一定条件的养老服务机构增发运营补贴；上海市设置了内设医疗机构奖、招用持证人才奖和品牌连锁经营奖，鼓励养老服务机构在深化医养结合、建设人才队伍和实行规模化经营等方面积极作为、持续发力；南京市、广州市、深圳市也都设置了医养结合、等级评定等奖补项目；广州市还设置了机构延伸服务补贴，鼓励养老机构积极辐射周边社区，拓展居家和社区养老服务。另有不少地方大力支持养老服务机构开展智慧养老服务建设，如合肥市对智慧化建设达标的养老服务机构，除了给予一次性建设奖补外，还会在原标准上适当上浮日常运营补贴等。[①]

3.增强特殊时期的补贴扶持力度

在一些特殊时期，比如 2020 年的新冠肺炎疫情防控时期，为减轻养老服务机构运营压力，国家和地方会因时制宜地调整提高养老服务机构运营补贴标准及采取其他扶持措施。2020 年 3 月，民政部办公厅印发了《关于分区分级精准做好养老服务机构疫情防控与恢复服务秩序工作的指导意见》，指导各地通过提前拨付补助资金、阶段性减免管理费、提高运营补

---

① 政策依据：《合肥市养老服务和智慧养老实施办法》（2020 年）。

贴标准、提高养老服务补贴标准、给予养老护理员临时岗位补贴等措施，支持养老服务机构渡过难关。据此，各地积极开展实地调研和政策研制，结合地方实情为养老服务机构增发相关补贴，提供更大力度的运营支持。比如为弥补养老服务机构 2020 年 2 月至 4 月的运营成本，北京市提高了这一时期的养老机构运营补贴标准，按实际收住老年人的数量，每人每月增加 500 元补贴；分别以每月 2 万元和 1 万元的标准给城区和农村社区养老服务驿站增发补贴，届时有收住临时托养老年人且按要求实行封闭管理的，还可参照养老机构运营补贴给驿站增加托养补贴；由各区协调免除或补助期间租用公有或集体房产开办养老服务机构的租金等。天津市则于 2020 年 3 月提前拨付 2020 年上半年的 2744.5 万元养老机构运营补贴。深圳市以疫情期间养老机构入住老人数量为基数，分别按照每人 500 元和每人 1000 元的标准给公建民营养老机构和民办养老机构增发一次性运营补贴。

三、民营公补模式的问题窥探

民营公补虽然是扶持民营养老服务业发展的重要模式，但是在具体政策设计与执行中依然存在不少问题，整体处于绩效不彰的状态。

1. 不同性质机构的补贴标准不同，容易引致不公平竞争

虽然各地在制定养老服务机构运营补贴政策时，正在逐渐减小或者消除不同性质民营养老服务机构补贴标准的差异，但是当前给予民营非营利性与营利性的养老服务机构不同标准的运营补贴依然是比较常见的做法。以广州市对收住不同身体状况服务对象的运营补贴为例，非营利性和营利性养老机构在收住重度失能（一级护理）、轻度和中度失能（二级护理）以及能力完好（三级护理）三类老年人时，其可获得的运营补贴是不同的。能力完好的老年人中除了政府兜底保障的经济困难老年人外，大部分老年人在养老服务需求上会有明显的个性化差异，他们可以根据经济支付能力和个人需求来选择非营利性或营利性养老服务机构提供的各类服务。因此，面对这种情况，给予不同性质养老服务机构不同的补贴待遇，从理论上讲是比较合理的。但是，对于高龄、失能、失智老年人来说，他们是政府需要加强托养保障的对象，无论是在非营利性还是在营利性养老服务机构接受服务，他们所需的基本护养服务标准及成本是大致相当的。因此，给予二者统一的运营补贴待遇应是比较合理的做法。对不同性质养老服务机构在提供同类型养老服务上给予不同的运营补贴待遇，不仅会打击营利性养老服务机构的积极性，而且会形成二者不平等的市场地位，从而导致不公平的市场竞争。

2. 部分补贴政策操作难度大，导致扶持效果不明显

首先，部分补贴政策的要求比较高。比如内设医疗机构奖补项目对机构的资质要求比较高。根据 2019 年发布的《医养结合机构服务指南（试行）》，医养结合机构中的养老机构在设施设备配备方面，必须满足《养老机构基本规范》《养老机构服务质量基本规范》《老年人照料设施建筑设计标准》等国家和行业标准的要求；在服务人员方面，医护人员应当持有相关部门颁发的执业资格证书，并符合国家相关规定和行业规范对执业资质和条件的要求，医疗护理员、养老护理员应当经过相关培训合格后上岗等。此外，养老服务机构还需投入一笔不小的资金成本，用于前期建设资金投入、人员工资等。总的说来，内设医疗机构奖补对于规模较小、财力较弱的民办养老服务机构来说，是一项比较难获得的奖励。其次，补贴政策的实施细则和配套政策不足。民营公补政策的效果是通过政策执行终端体现出来的。由于部分民营公补政策只是设定了原则性框架，并未就不同情况、不同项目的补贴做出统筹协调与细致安排，使得具体执行过程容易出现混乱、低效等现象。同时，补贴政策往往也需要结合机构资质评估、老年人能力评估、资金绩效审核等诸多工作，需要许多配套政策协同发力，但是目前这些配套政策总体上比较不足，使得补贴政策在执行过程中尚存在一定困难，最终可能会出现异化执行或者无法执行的状况。

3. 机构存在较强逐利本性，容易出现政策套利现象

随着民营公补政策的完善，民营养老服务机构能够申请的补贴项目日益增多，可以获得的补贴金额也逐渐提高。这既对政府监管这个外在他律性手段提出了更高的标准要求，也对民营养老服务机守法诚信的自律性行为提出更严的要求。但是，民营养老服务机构逐利的动机一直都比较强烈，在监管制度不够完善、政府对监管重视不足、监管执行不够有力等背景下，极易出现一些社会责任弱化、违规利用政策套利的现象。比如，有的养老服务机构会采取虚报床位数、老年人入住数等方式套取运营补贴；有的会违反补贴资金的使用规定，将补贴资金用于一些营利性的项目；有的会采取"一体两面"的做法进行套利，即注册非营利和营利性的双重法人身份，以非营利性身份获取补贴，再以营利性身份从事经营。

4. 地方政府执行政策协同性弱，导致政策落实效率不高

首先，部分地方政府抱持一定的功利政绩观。养老服务业虽然是新兴的产业、重要的民生工程，但是因为投资大、周期长、利润低，其直接产生经济效益的速度比较慢。当前我国养老服务业整体上还处于高投入的建设发展时期，尚需要各级财政持续加大投入。为提高任期政绩，地方政府一般会倾向于多开展一些见效快、显示度高的公共投资，对养

老服务业的投资主动性并不是很强，容易出现拖延、打折或拒绝落实财政补贴政策的情况。其次，部分政府部门间的协同性不足。民营公补政策的落实需要民政、财政、税务、卫生、环保、消防等多个部门通力合作。但是由于部分地方政府在推动养老服务业发展上未形成完善的部门间协同机制，加上各部门的行动目标不尽相同，甚至可能出现相悖的情况，从而使养老服务运营补贴政策难以时时有效落实。

四、民营公补模式的优化建议

基于民营公补模式在政策设计、机构行为、政府执行等方面存在一定的不足，建议从以下四个方面对其进行完善。

1. 完善补贴政策设计，促进养老服务市场健康发展

首先，细分养老服务类型，给予同类型基本养老服务相同的补贴标准。养老服务运营补贴来自财政资金或福利彩票公益金，因此应当注重对基本养老服务进行补贴。不论是营利性养老服务机构还是非营利性养老服务机构，都可以为政府兜底保障的高龄、失能、失智等特殊老年人提供基本养老服务。鉴于无论在哪种性质的养老服务机构，同类型基本养老服务质量的标准是差异不大的，建议各地以统一标准细分基本养老服务的类型，政府以相同的标准给予同类型基本养老服务以补贴，无论其提供者是非营利性还是营利性养老服务机构。其次，将补供方与补需方的方式结合起来。养老服务日常运营补贴是一种补供方的补贴方式，补贴资金一旦进入机构内部，其使用绩效如何，在很大程度上将取决于养老服务机构。一般来说，养老服务机构对提质增效性建设的积极性远远高于基础性建设。为了提高补贴资金的使用绩效，奖补类补贴可以主

要以补供方的方式发放给养老服务机构，使其能够积极推动机构建设与发展；日常运营补贴则可以在保证给予养老服务机构合理补偿的基础上，多采用补需方的方式为老年人发放养老服务补贴，让老年人以"用脚投票"的方式选择自己满意的养老服务机构，以此推动养老服务机构努力提升服务质量、提高市场竞争力，进而促进养老服务市场健康有序发展。

2. 实施补贴关联绩效指标制度，全面提升养老服务质量

为促进补贴资金能够更好地发挥奖优罚劣、提质增效的作用，各地应当建立并实施补贴关联绩效指标制度，将补贴与绩效指标紧密挂钩。补贴关联绩效指标主要包括入住率指标、服务对象满意率指标、运营安全指标、星级评定指标、诚信经营指标、人员素质指标、医养结合指标、生态环境指标等。有些指标应当设置为一票否决型指标，如运营安全指标、诚信经营指标和生态环境指标等，一旦养老服务机构出现安全责任事故、失信经营事件、对周边生态环境造成严重不良影响的，应取消其一定年限的运营补贴获取资格，并追回已经发放的补贴资金，待其整改并通过评估后方可再次申请。有些指标可以设置为效果比例型指标，如入住率指标、服务对象满意率指标、人员素质指标等，根据地方情况设置一定的入住率、服务对象满意率、人员持证率，作为获取运营补贴的必要条件。有些指标可以设置为等级型指标，如星级评定指标、医养结合指标等，根据服务质量级别和医养结合程度，决定是否发放或者发放何种等级的奖励补贴。

3. 健全制度并加强监管，保障补贴政策规范实施并发挥实效

首先，健全民营养老服务机构市场准入、评估、整改和退出制度。虽然我国已经全面放开养老服务市场，各类资本均可加入养老服务业，但是资本形态万千、动机各异，不乏意图利用政策套利的资本会伪装进入养老服务业。因此，相关政府部门应当严格审核把关涉老民间资本的资质、意图与能力，争取在源头上将不良资本拒之门外，为产业发展排除一定的风险。同时，要定期对民营养老服务机构进行等级评定，采取定期和不定期相结合的方式开展运营检查与评估，并及时将结果向社会公开、接受公众监督。此外，要将定级、检查与评估的结果同扶持性政策关联起来，表现优秀的应当给予奖励或政策优惠；出现问题但尚可整改的，应责令限期整改；不整改或整改后依然无法达到标准的，以及违法违规情节严重的，应依法责令其退出养老服务市场。其次，加强对补贴性财政资金的专项监管。地方政府可以将民营养老服务机构运营补贴与建设补助结合起来，建立一个养老服务补贴性财政扶持资金监管制度，对各类补贴的获取资格、使用去向、使用绩效等进行全过程、系统化的监管，以确保补贴资金能够规范运作并发挥实效。

4. 强化协同与问责，提升地方政府对补贴政策的执行力

首先，制定实施细则，明确涉及部门的责任。各地要制定养老服务运营补贴实施细则或办法，明确各级政府的责任、各政府部门的分工，以及落实的效果、时限等要求。其次，加强政府统筹与部门合作，协同推进补贴政策落地。地方各级政府应建立由本级民政部门牵头的养老服务部门间的联席会议制度，督促各部门积极落实养老服务运营补贴政策。各部门要克服利益本位思想的干扰，在联席会议制度的统一部署下，加紧实施相关配套政策、主动增进部门间的交流与合作等，将民营公补的各项补贴政策落地、落实、落细。最后，建立问责机制，加大对补贴政策执行的监管力度。建立民营公补政策的执行问责机制，明确政府部门职责及未履行职责的法律责任，并严格执行相关问责规定。

第五节　公建民营模式

公建民营模式是伴随我国人口老龄化程度日益加深而产生并不断完善的一种公办养老机构改革模式，该模式也被广泛运用于居家和社区服务设施的运营改革。虽然多数公办养老机构在履行基本养老服务职能、集中供养经济困难老年人以及开展养老服务示范和培训等方面发挥了重要作用，但仍有不少机构存在着职能定位不明确、运行机制不健全、发展活力不足等突出问题，迫切需要进行深化改革。以公建民营模式推进公办养老服务机构改革，不仅能够理顺公办养老机构管理机制、改进公办养老机构服务质量，而且可以调动社会力量参与发展养老服务的积极性、减少它们的前期建设投入。

一、公建民营模式的内涵要义

在养老服务社会化改革进程中，我国虽然一开始没有明确提出"公建民营"这个概念，但是在地方实践中早已采用公建民营的操作方式。比如湖北省枝江市社会福利院于 2002 年 4 月启动"一院两制"改革，即一部分公寓楼（新建）实行对外租赁经营、一部分由社会福利院经营；2003 年 5 月，在总结"一院两制"改革成功经验的基础上，进一步深化改革，将福利院实行整体对外租赁经营并公开招标。不断扩大的地方性探索及其成功经验，最终推动我国在国家层面文件中正式倡导以"公建民营"的方式兴办养老服务设施、发展养老服务业。2006 年的《国务院办公厅转发全国老龄办和发改委等部门关于加快发展养老服务业意见的通知》中提出，要鼓励和支持以公建民营等方式兴办养老服务业；2011年的《社会养老服务体系建设规划（2011—2015 年）》中提出要采取公建民营等模式引导和支持社会力量兴办养老服务设施。自此，全国范围内开始有条不紊地实施养老服务机构公建民营改革。但是随着我国人口老龄化程度进一步加深，养老服务供需结构性矛盾日益突出，亟须加快推进养老服务供给侧改革。基于此，国务院于 2013 年发布了《国务院关于加快发展养老服务业的若干意见》，正式启动公办养老机构改革试点，自此在全国范围内拉开加速推进公建民营模式实践的序幕。

　　虽然民建公助模式和公建民营模式均属于支持养老服务设施建设的模式，但是二者的内在机制与运作方式不同。民建公助模式是通过提供养老服务基础设施建设补助的方式，支持社会力量兴办养老服务机构。在此模式下，社会力量对其投资建设的养老服务机构拥有所有权，是在背负"重资产"的压力下经营养老服务机构的。而公建民营模式则是将政府拥有所有权的养老服务机构以承包、委托或联合经营等方式交由社会力量运营，从而实现推进公办养老服务机构改革和支持社会力量参与发展养老服务的双重目的。在此模式下，政府负责"重资产"建设，而社会力量则以"轻资产"参与市场竞争。如果说民建公助模式下民营养老服务机构是"负重前行"的话，那么公建民营模式下的民营养老服务机构则是"轻装上阵"。从这个角度看，引入社会力量运营养老服务机构的公建民营模式应当是一种比较灵活的养老服务供给方式。

二、公建民营模式的实践情况

我国自 2013 年以来，启动养老服务机构公建民营的改革试点，积极调动各省积极性，加快推进试点改革与建设，同时注重发挥试点的典型示范效应，不断扩大试点范围、放大试点成效。各省通过鼓励和支持社会力量参与养老服务，不仅提升了公办养老服务机构运营效率、改善了养老服务质量，而且促进了养老服务业加速发展。

1. 以国家级试点为牵引，积极推进公建民营

我国于 2013 年和 2016 年先后启动了公办养老机构改革、居家和社区养老服务改革两项国家级试点，大力支持和鼓励社会力量以公建民营等形式参与发展机构养老服务以及居家和社区养老服务。

首先，以公建民营为重点推进公办养老机构改革。2013 年 12 月，民政部正式启动公办养老机构改革试点，先后在全国遴选了两批共 242 家公办养老机构改革试点单位。第一批试点单位有 126 家，重点围绕明确公办养老机构职能定位、增强公办养老机构的服务功能、推行公建民营和探索转企改制等四个方面中的一项或几项开展改革。第二批试点单位有 116 家，将公建民营作为各地开展公办养老机构改革的主要模式，倡导从扩大公建民营范围、丰富公建民营实施方式、发挥公建民营机构作用、提升公建民营规范化水平、加强公建民营机构监督管理、完善公建民营配套措施和稳步推进公办养老机构转企改制等七项任务入手，推进公办养老机构改革。经过数年实践，我国涌现了一批公建民营改革的典

型优秀案例[①]。

其次，以公建民营模式推进居家和社区养老服务改革。继公办养老机构改革试点推出之后，我国开始布局社会养老服务体系的"第一支柱"——居家和社区养老服务的改革与提升工作。2016 年 7 月，民政部和财政部联合启动中央财政支持行动，开展居家和社区养老服务改革的试点工作，每年认定一批试点，截至 2020 年，已连续认定 5 批试点，共计覆盖全国 203 个市（区）。[②]中央财政安排专项彩票公益金，通过以奖代补方式，推动试点地区积极鼓励社会力量以公建民营等形式管理运营居家和社区养老服务设施，不断提高居家和社区养老服务的质量和水平。

2. 以具体地情为依据，框定公建民营范围

以国家政策和试点工作为参照，各省市积极推动本地公办养老服务机构的公建民营改革。通过梳理部分省市对公建民营实施范围的界定，可以发现大多数省市从宏观视角将政府拥有产权或使用权的养老服务设施均纳入公建民营改革的范畴，既包括新建尚未投入运营的增量养老服务机构，也包括已经投入运营的存量养老服务机构；同时要求政府新建且尚未投入运营的养老服务机构应全面实行公建民营，鼓励已经投入运营的养老服务机构逐步实行公建民营改革（见表 4-7）。

---

① 民政部和国家发改委于 2020 年联合发布了《关于公办养老机构改革优秀案例的通报》，正式通报了北京市第五社会福利院等 49 家公办养老机构改革优秀案例。49 个优秀案例分布在 26 个省（市、区）。

② 2019 年 5 月，民政部汇编了前三批 90 个试点地区的试点经验与典型案例，总结出"多措并举，增加服务设施供给""引入社会力量，实现养老服务多元供给""有效评估，实现养老服务供需精准对接""党建统领、互助自助，提升农村养老服务水平""专业引领，注重养老人才队伍建设""探索'互联网+'，用科技推动养老服务发展""因地制宜，推进医养结合工作"等七条经验，为第四批、第五批改革试点地区以及其他地区的居家和社区养老服务改革发展提供参考和借鉴。

表 4-7　部分省市的公建民营政策 [①]

省市	实施范围	实施方式
北京	公办养老机构分为公办公营、公办民营、公建民营三种运营模式。公建民营的实施范围是政府拥有所有权但尚未投入运营的新建养老设施：各级政府作为投资主体新建或购置的养老设施；各级政府以部分固定资产作为投资，吸引社会资本建设，约定期限后所有权归属政府所有的养老设施；新建居民区按规定配建并移交给民政部门的养老设施；利用政府其他设施改建的养老设施	委托、承包、联合运营等
天津	政府投资建设、依法设立登记或拟申请设立的养老机构。新建公办养老机构建成后，一律实行公建民营；现有的、具备条件的公办养老机构，逐步实行公建民营改革	委托运营
上海	政府投资兴建或者租赁改造的养老机构、长者照护之家、社区日间服务中心、社区综合为老服务中心等养老服务设施政府投资新建或新租赁改造的养老服务设施，原则上采用委托社会力量运营的方式；鼓励存量公办养老服务设施探索转变运作模式，引入社会力量负责运营管理	委托运营
江苏	政府投资建设和购置的养老设施、新建居民区按规定配建并移交给民政部门的养老设施、国有单位培训疗养机构等改建的养老设施均可实施公建民营	鼓励实行服务外包

---

① 北京市的政策依据：《北京市养老机构公建民营实施办法》（2015）、《关于深化公办养老机构管理体制改革的意见》（2015）；天津市的政策依据：《关于推进我市公办养老机构公建民营的意见》（2014）；上海市的政策依据：《上海市民政局关于本市公建养老服务设施委托社会力量运营的指导意见（试行）》（2017）；江苏省的政策依据：《关于全面放开养老服务市场提升养老服务质量的实施意见》（2017）；广东省的政策依据：《广东省民政厅关于印发广东省特困人员供养服务机构公建民营社会化改革实施方案的通知》（2016）；云南省的政策依据：《云南省民政厅关于养老设施公建民营的指导意见（试行）》（2018）；广西壮族自治区的政策依据：《广西壮族自治区养老设施公建民营实施办法（试行）》（2019）；山东省的政策依据：《山东省养老机构公建民营管理办法（公开征求意见稿）》（2020）。

省市	实施范围	实施方式
广东	现有、在建和新建的公办敬老院、养老院、福利院、光荣院、综合型社会福利服务中心等民政供养服务机构，符合社会化运营管理条件的，都应当纳入改革范围。公办区域性敬老院全部纳入公建民营社会化改革，其他公办民政供养服务机构纳入改革范畴要具备一定条件	租赁运营
云南	政府投资建设和购置的养老设施、新建居民小区按规定配建并移交给民政部门的养老设施；不含 PPP 项目	部分或整体委托运营
广西	政府投资新建的拥有所有权（或使用权）的福利院、老年公寓、老年养护楼、老年护理院、乡镇敬老院、光荣院、社区养老服务中心、日间照料中心等养老设施。有条件的已经运营的公办养老设施可以参照实行	委托运营
山东	政府作为投资主体建设、购置、运营的养老机构，含特困人员供养机构（敬老院）；以部分固定资产作为投资吸引社会力量建设、约定期限后所有权归属政府所有的养老机构；配建移交政府、备案为养老机构的社区养老服务设施；利用政府其他设施改建的养老机构	委托、承包、联合运营等

　　部分省市严格区分公办养老服务机构不同的运营模式。比如北京市将公办养老机构分为公办公营、公办民营、公建民营三种运营模式，并明确指出三者之间的差异：公办公营是指政府拥有养老机构所有权，并行使运营权的运营模式；公办民营是指政府通过承包、委托、联合经营等方式，将政府拥有所有权并已投入运营的养老机构的运营权交给企业、社会组织或个人的运营模式；公建民营是指政府通过承包、委托、联合经营等方式，将政府拥有所有权但尚未投入运营的新建养老设施的运营权交给企业、社会组织或个人的运营模式。有部分省市扩大了公建民营的认定范畴，或明确了不适用公建民营实施办法的项目类型。比如江苏省、山东省将政府购置的养老服务设施纳入公建民营改革的范畴；上海市将政府租赁改造的养

老服务设施等也纳入公建民营改革的范畴；广西壮族自治区则从产权的角度明确将政府拥有所有权或使用权的养老服务设施均纳入公建民营改革的范畴；云南省除了将政府购置的养老服务设施纳入公建民营改革范畴外，还明确指出 PPP 项目不适用公建民营办法，以此区分二者的不同。基于此，公建民营模式应是一个广义的概念，既包括"公建民营"，也包括"公办民营""公租民营""公购民营"等。鉴于"公建民营"已成为一种主流提法，并且上述四种运营模式的最终目标是一致的[①]，即更有效率地提供高质量的基本养老服务，故建议用"公建民营"指代引入社会力量改革公办养老服务机构的所有做法，无论其是否已经建成运营、政府拥有的是所有权还是使用权。

3. 以基本准则为基础，有序实施公建民营

各省市在实施公建民营改革时，均会订立一些基本准则，主要包括养老服务机构所有权不变更、国有资产不流失、服务用途不改变、服务水平不降低、业务监管不缺位等。在确定运营方方面，政府出于公正和最优原则，一般会通过公开招标的方式选择具备相关资质的企业、社会组织或个人作为运营方；也会在上级主管部门的监督指导下，采取品牌机构连锁运营的方式，直接选取社会影响力较高、品牌知名度较广、标准化服务体系完备、拥有专业护理服务团队和雄厚资金保障等优势条件的企业或社会组织作为运营方。

此外，政府和运营方会针对收益分配、责任分担等问题进行协商，双方在意愿一致的情况下签署协议，确定具体的公建民营方式。从各地实践看，政府一般会以委托运营、承包运营、租赁运营等方式将公办养

---

① 闫青春：《养老机构的"公办民营"与"公建民营"》，《社会福利》2011 年第 1 期。

老服务机构的运营权移交给运营方，同时配合使用建设补贴、运营补贴、购买服务等扶持手段。这三种运营权移交方式在出资责任、运营导向、定价机制等方面存在差异（见表 4-8）。

表 4-8 三种公建民营方式异同比较

实施方式	出资责任	运营导向	定价机制
委托运营	政府全额出资	偏重社会效益	政府定价
承包运营	政府和运营方共同出资	注重社会和经济效益平衡	政府指导价
租赁运营	政府补贴性出资	偏重经济效益	市场调节价

委托运营是指政府将养老服务机构的管理运营业务委托给社会运营方的模式。政府既要承担房屋建设、改造维修、设备购置等出资责任，也要向社会运营方支付管理运营费用。该模式注重履行公办养老服务机构兜底供养基本养老服务保障对象的责任，偏重追求社会效益；同时，政府方与运营方之间是一种决策与执行的关系[①]，服务对象、服务项目、服务定价等一般由政府主导。承包运营是指政府将养老服务机构的管理运营业务承包给社会运营方的模式，由运营方自主经营、自负盈亏。此外，养老服务机构的房屋建设、改造维修、设备购置等费用由政府和运营方共同承担，其中房屋建设费一般由政府承担，设备购置费一般由运营方承担，而改造维修费则可商议由某一方承担或双方按比例承担。正是因为运营方承担了部分出资责任，因此承包运营模式会更加注重追求社会效益与经济效益的平衡。政府在确保基本养老服务保障对象服务项目的收费标准符合公益性原则的前提下，一般会以非营利性的指导价引

① 钟仁耀、孙昕:《公建民营养老机构发展的目标定位研究》,《社会工作》2020年第 6 期。

导养老服务定价，使运营方能够获得必要的盈利。租赁运营是指政府将公办养老服务机构的场地和设施租赁给社会力量开办养老服务机构，由运营方自主经营、自负盈亏。房屋建设成本一般已由政府承担，而改造维修费和设备购置费一般由运营方在租赁之后承担。相比于承包运营模式，租赁运营模式在要求运营方承担更大的出资责任的同时，也赋予其更大的经营自主权，其非基本养老服务保障对象服务项目的收费标准一般可以实行市场调节价，更加注重追求经济效益。在具体实践中，三种模式的选择要权衡公办养老服务机构建设与发展的目标定位、服务人群及价值导向等因素确定。①

三、公建民营模式的问题窥探

自全国范围内开展养老服务机构公建民营改革试点以来，公办养老服务机构的管理运营水平得到明显提升，服务规模不断扩大、服务质量持续提升。但是，公建民营改革的制度设计和运行尚存在一些问题，需要进一步完善。

1. 前期运营投入成本过高，易影响后期运营质量

在移交运营权的同时，政府会根据国有固定资产投资额度、运营权移交方式等，明确要求运营方缴纳一定的风险保障金和设施使用费。风险保障金由运营方以押金形式向所有权方一次性缴纳，主要用于运营方造成的设施设备异常损坏的赔偿、运营方异常退出的风险化解等。设施使用费，亦称为管理发展基金，由运营方逐年专项缴纳留存，主要用于

---

① 陈芳芳、杨翠迎：《基于政府职责视角的养老机构公建民营模式研究——以上海市为例》，《社会保障研究》2019 年第 4 期。

养老服务机构建设发展、设施设备大修以及区域内养老服务机构的建设统筹等。这两项经费的核算一般没有统一的标准，由地方政府根据具体情况确定。但是，出于防止国有资产流失、运营方恶意毁损或异常退出等，地方政府一般会倾向于收取较高的风险保障金；同时，为避免低估国有资产价值和维护市场公平公正性，地方政府也会倾向于收取一定的设施使用费。以北京市为例，风险保障金和管理发展基金分别以不低于国有固定资产投资的 1% 和每年不低于国有固定资产投资的 2% 的标准收取，再加上房屋装修、设备购置等的费用，运营方前期需要投入几百万到几千万不等的资金。① 过高的前期投入，不仅背离了有效减轻社会力量发展养老服务成本负担的初衷，而且容易造成运营方在后期运营中采取提高服务价格、降低服务标准、减少服务成本等手段来获取较大的利润，从而导致公办养老服务机构公益性弱化、养老服务质量下降或无保证。

2. 服务层次趋高倾向明显，易偏离公益性定位

公办养老服务机构是基本养老服务的供给主体，应着力满足特殊困难老年人的养老服务需求，履行好政府托底保障的职能。我国倡导采用公建民营模式改革公办养老服务机构，积极引进社会力量，其根本目的是为了增强机构服务功能、改进机构服务质量。由于大多数社会运营力量尤其是企业会有比较强烈的盈利内驱力，因此它们往往会倾向于提供盈利空间大的养老服务。然而，基本养老服务项目一般实行政府定价，不仅价格比较低，而且投入的成本与承担的风险都比较大；尽管政府会给予一定的运营补贴，但是盈利空间总体比较小。因此，在不公开违背公建民营协议的基础上，社会运营方一方面可能会通过拒绝接收重度失

---

① 董红亚：《养老机构公建民营：发展、问题及规制》，《中州学刊》2016 年第 5 期。

能老人等行为来降低运营成本、减少运营风险；另一方面会加大对实行市场调节价的非基本养老服务项目的开发力度，不断扩大面向高收入、健康老年人群的养老服务供给规模，以从中获取更多的利润。这无疑会弱化公办养老服务机构的托底保障职能，容易导致公办养老服务机构偏离公益性定位，甚至可能沦为某些民间运营力量的牟利工具。

3. 监管不够深入有力，易引致各种风险

一方面，监管制度规范不够完善。目前我国一些省市有关公建民营实施办法的操作指导性不强，更有不少省市尚未出台专门的法律法规或实施细则，更别谈制定专门的监管办法了。目前只有福建省等个别省份出台了公建民营养老服务机构监管的指导意见。监管制度不完善容易导致政策依据不足、运营竞争无序、监管疲软乏力等问题，从而埋下公建民营改革失败的风险。另一方面，监管实施层面存在问题。首先，过程监管重视不足。一些地方政府由于认识存在局限，容易将公建民营改革异化为一种"甩包袱"行为，只重视引入民营力量参与运营，却不重视对其运营过程及效果进行监管，从而给营利性运营甚至是违规操作留下较大的空间，极易导致公办养老服务机构背离公益性初衷。其次，监管内容不够全面。目前各地有关公建民营的监管更多是强调国有资产安全监管、合同履约监管等，而对于运营风险、运营绩效等监管相对比较缺乏。最后，监管手段比较单一。目前各地普遍采用被动式检查、惩罚式管理等监管手段，对引导运营方自觉践行公建民营规则的自发式检查和正面激励等手段的使用还比较不足。

四、公建民营模式的优化建议

基于以上问题，建议从合理减轻社会运营方资金负担、注重引入非营利性运营力量、实施公建民营全过程综合监管等三个方面入手，进一步完善公建民营模式。

1. 合理减轻社会运营方资金负担

首先，分类收取风险保障金。企业、社会组织或个人都可以参加公开招投标，竞夺公办养老服务机构的运营权。不同性质运营者的资金财力情况和运营资质存在差异，其中企业的资金财力比较雄厚，具备比较突出的商业性运营资质；社会组织的资金财力一般比较薄弱，但具备良好的公益性运营资质；个人通常会选择以合资或联营的形式参与运营权竞夺，资金财力有大有小。鉴于不同性质运营者的资金财力以及运营资质存在差异，建议综合考虑竞夺者的资金财力情况和运营资质，分类设立不同比例的风险保障金，以此鼓励资金财力一般但运营资质优良的民间主体能够积极参与竞夺运营权，充分发挥运营能力优势、改进机构服务质量。其次，合理测算设施使用费。从运营方看，设施使用费是使用国有资产的成本；从所有权方看，它是国有资产使用过程中产生的收益。设施使用费既不可过高也不能过低，过高会给运营方造成资金压力，过低则容易导致国有资产流失。因此，必须"在社会认可度、社会主体承受度和机构可持续发展之间找到一个平衡点"[1]。建议考虑以下几个因素进行综合测算：一是国有固定资产投资额度，包括设施建设安装费、勘察设计费、大额设备购置费等。它与设施使用费成正比，国有固定资产投

---

[1]　董红亚:《养老机构公建民营：发展、问题及规制》，《中州学刊》2016 年第 5 期。

资额度越大，收取的设施使用费应当越高。二是社会运营方的前期投入，包括房屋改造装修、设备购置等。它应当与设施使用费成反比，社会运营方前期投入越大，设施使用费应当越低。这相当于将这些前期投入视同一种资产性投入，合理维护社会运营方的合法权益。三是公建民营的周期。一般情况下，设施使用费在公建民营初期可适当予以减免、发展期逐步递增、稳定期相对固定留存，以示对社会运营方的鼓励与支持。

2. 注重引入非营利性运营力量

公建民营的核心任务是引进专业、高水平的运营力量，而不是招商引资。尽管有意从事养老服务的企业、社会组织和个人都可以参与运营权的竞夺，但是由于公建民营并不改变公办养老服务机构的公益性，因此将运营权交给非营利性的社会运营方明显更为合理、妥当。为此，地方政府可在标书内容、招标方式、招标程序上进行必要的改进。首先，在标书内容上，突出对管理运营能力的要求，同时可明确基本养老床位的功能定位及数量要求，以满足高龄、失能、失智等老年人的供养需求。第二，在招标方式上，在一些特殊项目上，允许采用限制性招标办法来选择合适的运营方，比如护理型养老服务机构。第三，在招标程序上，除审阅标书外，可适当增加对应标主体的实地考察和专家问询环节，以全面了解其管理运营能力，筛选出真正有意愿从事养老服务且具备良好运营资质与能力的社会运营方。

3. 实施公建民营全过程综合监管

在实施公建民营全过程综合监管之前，应当先完善监管制度并建立起监管机构体系，既要有较强操作指导性的公建民营实施办法，也要有系统全面的监管实施细则，同时还要搭建一个自上而下监督、自下而上报告、分层分级负责的监管机构体系。在此基础上，建议从以下四个层面实施全过程综合监管。第一，资质监管。地方政府要明确设定运营资质标准，并严格按照标准选定社会运营方。这项监管既是社会力量参与公建民营改革的"入场券"，也应贯穿整个运营过程，以便及时掌握运营方的资质变化情况，及时启动暂停或退出机制，避免出现因资质发生变化所导致的运营风险。第二，招投标监管。公开招投标是选定公建民营社会运营方的主要方式。为确保公正公平性，应当严格按照法律法规组织招投标，避免出现贿标、假标、串标等违法行为。第三，运营监管。这是全过程综合监管的核心环节，也是最为复杂的环节。具体说来，运营监管包括国有资产监管、权利责任监管、合同履约监管、风险危机监管。通过全方位的监管，既能保障养老服务机构规范运营，也可推动公建民营改革出实效。第四，绩效监管。一方面，要对具体某个公办养老服务机构运营效率和服务质量进行监管。如果绩效评估达到标准及以上，那么社会运营方在合同期满后可以优先获得继续运营的权利，同时能够得到政府的正面激励；反之，则可能提前终止合同或接受一定的惩罚。另一方面，要对公建民营整体改革成效进行监管。如果公建民营改革实践的绩效评估达到计划目标及以上，上一级政府可以"以奖代补"的形式在运营补贴等方面予以激励支持，反之则用"以减代罚"的形式减少财政支持。

第六节 政府购买养老服务模式

政府购买养老服务是基本养老服务供应的一种方式。政府将直接供应基本养老服务的职能委托给专业的养老服务机构，自己则化身为基本养老服务的购买方和监管方。政府购买养老服务同时也是一种扶持民营养老服务业发展的重要手段。它借助财政性投资，从供给端"保供给"、从需求侧"保需求"，并将有效供给和有效需求紧密对接起来，从而促进民营养老服务业平稳有序发展。

一、政府购买养老服务模式的内涵要义

政府购买养老服务属于政府购买公共服务的范畴。所谓政府购买养老服务，是指政府按照一定方式和程序将原本由自身承担的部分养老服务供给职能转交给社会养老服务机构，并根据合同约定向其购买服务并支付费用。政府购买养老服务实际上是对政府和市场的养老服务供给职责进行重新配置，既发挥二者在资源配置方面的优势，又避免二者的缺陷。[①]

养老服务尤其是基本养老服务，是外部效益较强的准公共产品，不仅能够满足老年人的服务需求，而且具有推动提升经济社会效益的重要作用，如促进家庭幸福、社会和谐、产业发展和经济进步等。如图4-4

---

① 张迺英、王辰尧：《我国政府购买机构养老服务的政策分析》，《经济体制改革》2012年第2期。

所示，在完全市场化、没有政府补贴的情况下，ss 与 dd 相交于均衡点
E_1，此时养老服务量为 Q_1，会造成 AE_1E_0 范围的效率损失；而在全部由
政府提供、没有市场参与的情况下，由于个人支付价格为 0，每个人都
会寻求较大的养老服务量 Q_2，从而造成 E_0DC 范围的效率损失。因此，
为保证供给效率并避免效率损失，政府可以通过购买养老服务的形式提
供资金补贴，从而降低养老服务价格、鼓励社会合理消费。基于政府购
买养老服务的政策框架，在养老服务供给一定的情况下，社会需求会合
理增加，其曲线会变为 DD，从而使得养老服务供给与需求在 E_0 处取得
均衡，效率损失为 0。可见，政府购买养老服务是一个有效的帕累托改
进方式，有利于实现养老服务供给效益最大化。

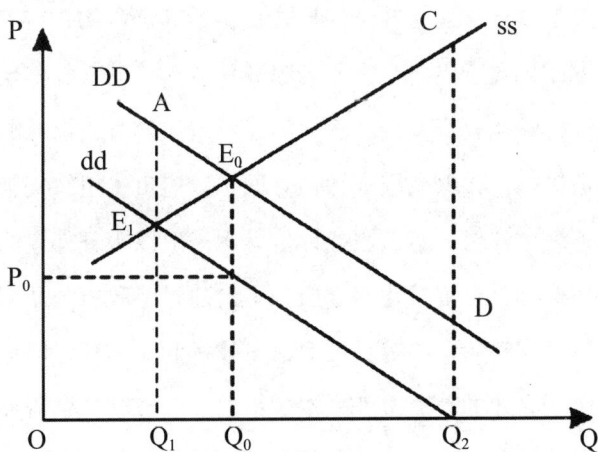

图 4-4 养老服务供需曲线 [1]

注：P 轴为养老服务的价格，Q 轴为养老服务量，ss 为养老服务供给曲线，
dd 为政府补贴前的养老服务需求曲线，DD 为政府补贴后的养老服务需求曲线，
AE_1 是养老服务的外部效益。

---

[1] 张迺英、王辰尧：《我国政府购买机构养老服务的政策分析》，《经济体制改革》
2012 年第 2 期。

　　根据财政部等部门《关于做好政府购买养老服务工作的通知》（财社〔2014〕105 号）的要求，政府应遵循量力而行、尽力而为、可持续等原则，突出所购买养老服务的公共性和公益性，以生活照料、康复护理和养老服务人员培养等为重点购买对象。具体说来，主要包括符合条件的居家养老服务、社区养老服务、机构养老服务、养老服务人才培养培训、养老服务评估、智慧化养老服务平台建设等。目前，在居家和社区养老服务方面，政府为符合条件的老人购买入户养老服务、社区日间照护服务等，一般以养老服务补贴的形式发放给符合条件的老人或将服务委托给特定的养老服务机构；在机构养老服务方面，政府主要是为"三无"老年人、低收入老人以及经济困难的失能半失能老人购买机构供养、护理服务，一般是以日常运营补贴的形式提供给养老机构；在养老服务人才培养培训方面，政府主要是为养老服务从业人员尤其是养老护理人员购买职业培训、职业教育和继续教育等，一般以教育培训补贴的形式提供给教育培训机构；在养老服务评估方面，政府负责组织实施老年人能力评估、服务需求评估、养老服务评价等，一般以服务外包的形式委托给第三方评估机构；在智慧化养老服务平台建设，政府公开招标建设养老服务智能终端、呼叫中心等，推动信息技术和实体养老服务融合，为老年人提供便捷高效的养老服务。本章第二、五节已分别研究养老服务人才培养培训、养老机构运营补贴等问题。此外，养老服务评估是老年人享受养老服务的前置条件性服务或效果评价性服务，智慧化养老服务平台建设是提升老年人养老服务体验感的工具性服务，二者均不是老年人直接享受的养老服务。因此，本节主要以政府购买居家和社区养老服务为分析重点，对政府购买养老服务模式展开研究。

二、政府购买养老服务模式的实践情况

我国政府购买养老服务实践历经了一个从"先驱性探索"到"普遍性推广"、从非竞争性委托到竞争性委托、从居家和社区养老服务到机构养老服务的不断拓展、完善、升级的过程。在这个过程中，政府购买养老服务实践持续深入，不仅推动了养老服务的供给侧改革，而且极大地促进了民营养老服务业的发展。

1. 早期多采用非竞争性委托方式购买居家养老服务

我国具有一定规模的地方政府购买养老服务的实践，肇始于2001年全国的"社区老年福利服务星光计划"。在此计划的推动下，不少地方开始探索政府购买居家养老服务的做法，实施了政府购买服务、养老服务组织提供服务、居家老人享受服务的政策，初步形成了政府购买居家养老服务的新机制，为社区困难老人、高龄老人、特殊贡献老人等提供免费养老服务或养老服务补贴。上海市普陀区、宁波海曙区、南京鼓楼区、苏州沧浪区等地区较早实践政府购买居家养老服务政策，是我国政府购买居家养老服务的探路者，为其他省市提供了宝贵的经验借鉴。

在具体实践中，这四个地区的做法总体上都属于非竞争性政府购买养老服务模式（如图4-5），均采用政府委托具有一定信誉和资质的养老服务组织提供社区居家养老服务[1]。当时之所以采用这种模式，主要是政府出于安全性和有效性的考量。首先，政府购买养老服务在当时是一种创新性探索，其效果难以预测，具有一定的风险。其次，当时能够承接

---

[1] 张国平：《地方政府购买居家养老服务的模式研究：基于三个典型案例的比较》，《西北人口》2012年第6期。

社区居家养老服务的社会组织严重不足，而政府能够投入的购买资金规模又比较小。为了降低经营风险和竞争成本，同时实现改革居家养老服务供给方式的目的，政府会倾向于采用非竞争性委托这种比较稳健、易操控的方式实施养老服务购买。

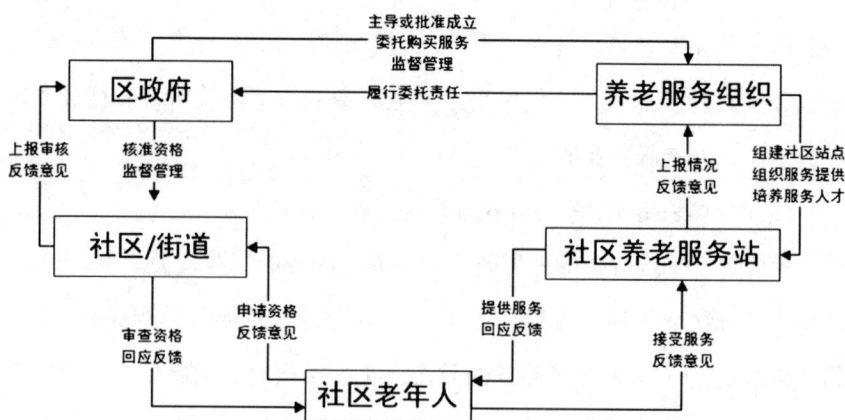

图 4-5　非竞争性政府购买养老服务模式的运作机制

上述四个地区在模式的具体设计上具有一定的区别，这主要体现在服务承接单位的孵化方式及其与政府的关系上（见表 4-9）。当时上海市普陀区、宁波海曙区的服务承接单位分别是居家养老服务管理中心和星光敬老协会，前者是民办非企业单位，后者是社会团体。它们都是政府为承接居家养老服务而主导成立的，其资金来源和人员配备等由政府决定，高度依附于政府而存在。二者虽然名义上属于社会组织的概念范畴，但是由于行政力量的高度嵌入导致其缺乏独立的组织目标和决策能力，甚至会被视为政府相关部门的执行机构或代理人。在购买方式上，政府一般采用项目经费拨付或单一来源采购等非公开的方式购买。这实际上是政府通过设立一个专门的组织来履行居家养老服务供给职能的做法，本质上是一种形式购买、形式委托，或依附性非竞争购买①。

表 4-9　非竞争性政府购买养老服务模式比较

典型城区	服务承接组织	组织性质	孵化方式	发起时间
上海普陀区	居家养老服务管理中心	民办非企业	由政府主导成立	2001 年
宁波海曙区	星光敬老协会	社会团体	由政府主导成立	2003 年
南京鼓楼区	心贴心老年服务中心	民办非企业	由养老院业务拓展形成	2003 年
苏州沧浪区	"邻里情"虚拟养老院	民办非企业	由苏州鼎盛物业管理有限公司作为主运营商	2007 年

南京鼓楼区、苏州沧浪区的做法则不同。它们的服务承接组织分别是心贴心老年服务中心和"邻里情"虚拟养老院，二者都是独立于政府的民办非企业单位。心贴心老年服务中心是一个民办非营利性养老院，于 2003 年受南京市鼓楼区民政局委托，建立"居家养老服务网"、拓展业务辐射范围，承担为独居困难老人及部分空巢老人提供生活照料和精神慰藉服务；"邻里情"虚拟养老院是由苏州市十佳物业公司之一的鼎盛物业管理有限公司作为主运营商、整合优秀的社区服务企业加盟组建而成。虽然二者的母体具有本质的属性差异，但是它们都是独立于政府机构之外的法人主体，具有专业化的服务能力、独立的决策能力和明确的组织发展目标。在购买方式上，政府一般会采用单一来源采购或竞争性谈判等非竞争性或竞争程度不高的方式进行购买。与依附性非竞争购买方式相比，这种方式的居家养老服务生产和供给职责划分比较明确，政府采用定向委托的方式将居家养老服务供给职能交付给特定、独立的养老

---

① 李双全、张航空：《政府购买社会组织居家养老服务：典型模式、适用条件及潜在风险》，《江淮论坛》2019 年第 6 期。

服务组织，二者彼此独立、共同合作，本质上是一种独立性非竞争购买。

2. 引入竞争机制、不断完善政府购买养老服务模式

上述的依附性非竞争购买和独立性非竞争购买，本质上都是一种定向委托的购买方式，都具有将养老服务组织内部化、形式化的特点，不是真正意义上的多元社会主体共同参与，在一定程度上背离了政府购买公共服务的真正内涵[①]。随着我国不断加快发展养老服务业，养老服务市场主体逐渐增多，养老服务总体供给能力不断加强。各地开始逐渐将市场竞争机制引入政府购养老服务领域，不断提高养老服务组织承接服务的竞争性程度。目前，政府购买养老服务已经成为各地提高养老服务供给效率、提升养老服务质量的重要模式。各地在学习借鉴上述探路者经验的基础上，紧密结合当地情况，积极开展制度创新与实践，逐渐形成具有地方特色的政府购买养老服务做法。以下以北京市、南京市、合肥市三个城市的政府购买居家养老服务办法为例，深入分析我国政府购买养老服务模式的发展与现状。其中，北京市在 2008 年、2009 年就已先后推出特殊老年人养老服务补贴制度、居家养老（助残）券[②]，是较早开展以向特定老年人发放养老服务补贴（券）的方式实施政府购买养老服务的城市。经过多年的调整完善，北京市于 2019 年 10 月 1 日起正式实施《北京市老年人养老服务补贴津贴管理实施办法》（见表 4-10）。该办法集结了北京十余年凭券购买养老服务实践的智慧。南京市在 2018 年、2020 年制修了两个版次的政府购买居家养老服务实施办法，采取的是典

---

① 陈静、赵新光：《从"购买"到"共治"：政府向社会组织购买居家养老服务模式创新研究——基于老龄社会治理的视角》，《佳木斯大学社会科学学报》2018 年第 1 期。

② 政策依据：《北京市特殊老年人养老服务补贴办法（试行）》（京民福发〔2008〕335 号），《北京市市民居家养老（助残）服务（"九养"）办法》（京民老龄发〔2009〕504 号）。二者已于 2019 年 10 月 1 日《北京市老年人养老服务补贴津贴管理实施办法》（京民养老发〔2019〕160 号）实施后废止。2015 年起居家养老助残（券）全面升级为北京通—养老助残卡，这有助于进一步提高居家养老助残服务质量，逐步推进民政服务管理的精准化、智能化。

型的"向供方付费购买、为需方免费或优惠提供"的政府购买养老服务模式（见表4-11）。合肥市在2013年、2017和2020年先后制修了三个版次的政府购买居家养老服务实施方案，较大程度地调整了实践模式，从公开招标确定服务机构转变为确定服务机构选择库、从向服务机构付费购买转变为向服务对象发放虚拟服务额度（见表4-12）。

表 4-10　北京市老年人养老服务补贴津贴管理实施办法

补贴类别	补贴对象	补贴标准	补贴形式	使用要求
困难老年人养老服务补贴	享受低保待遇的老年人	300元/人/月	按月存入补贴对象的银行卡金融账户，可选择"北京通—养老助残卡""北京通—民政一卡通""北京通—残疾人服务一卡通"、特殊家庭老年人扶助卡、"北京通—第三代社会保障卡"，军人保障卡等中的一个	用于购买日常照料等生活性服务
	低收入家庭中未享受低保待遇的老年人	200元/人/月		
	本市计划生育特殊家庭且不符合前述两款条件的老年人	200元/人/月		
失能老年人护理补贴	（1）经能力综合评估为重度失能的老年人（2）残疾等级为一级的视力、肢体、智力、精神残疾老年人（3）残疾等级为二级的智力、精神残疾老年人中的多重残疾老年人	600元/人/月		包括但不限于购买照料支持、照顾服务、护理服务等照护性服务以及照护性用品等；不支持提现、不定期清零、不指定在北京行政区域内限定地域消费
	（1）残疾等级为二级的视力、肢体残疾老年人（2）残疾等级为二级、三级的智力、精神残疾老年人	400元/人/月		
	残疾等级为一级、二级的听力、言语残疾老年人	200元/人/月		
高龄老年人津贴	100周岁及以上老年人	800元/人/月		用于养老服务消费特别是生活照料护理服务
	90—99周岁老年人	500元/人/月		
	80—89周岁老年人	100元/人/月		

表 4-11 南京市政府购买居家养老服务实施办法

补贴类别	补贴对象	补贴标准	补贴形式	付费要求
政府养老扶助对象照护服务	（1）特困老年人（2）最低生活保障家庭以及最低生活保障边缘家庭中的老年人（3）经济困难的失智、失能、半失能老年人（4）计划生育特殊家庭老年人（5）百岁老人	半失能：服务时间为每人每月不少于 36 小时；服务频次为每周上门服务不少于 5 天、每天不少于 1 小时 失智、失能：服务时间为每人每月不少于 48 小时；服务频次为每周上门服务不少于 5 天、每天不少于 1.5 小时 自理：服务时间为每人每月不少于 3 小时；服务频次为每周上门服务不少于 2 天、每天不少于 1 小时	（1）付费给服务承接组织（2）市级财政承担的经费采取预拨加结算方式分次下达，每季度至少拨付一次经费，每年至少结算一次（3）鼓励区级财政承担的经费按月拨付经费给承接服务的组织	（1）照护服务：2020 年照护服务每人每小时 20 元，2021 年及以后照护服务每小时费用参照江苏省一类地区非全日制用工小时最低工资标准（2）自愿购买紧急呼叫服务：政府养老扶助对象中的失智、失能或半失能老人，政府全额承担服务费；政府养老扶助对象中的自理老人，政府承担基准经费的 80%；60 岁以上独居老年人、在二级及以上医院确诊患有走失风险类疾病的老年人和 80 周岁以上老年人，政府承担基准经费的 60%。紧急呼叫服务补贴的最高基准经费为每人每月 20 元
80 周岁以上老年人照护服务	80 周岁以上老年人	服务时间为每人每月享受不少于 2 小时免费生活照料服务；服务频次为每月上门不少于 2 天，每天不少于 1 小时		
紧急呼叫服务	（1）政府养老扶助对象（2）60 岁以上独居老年人（3）在二级及以上医院确诊患有走失风险类疾病的老年人（4）80 周岁以上老年人	至少能够提供以下 6 项紧急呼叫服务：提供紧急呼叫设备，定期确认设备可靠使用，并负责免费维护；具备专业的呼叫系统平台和 24 小时接受呼叫的服务人员；为老人建立四级应急救助体系，登记其生活自理能力数据，至少每半年更新一次；响应日常生活紧急呼叫服务；对于危及生命的紧急呼叫，应立即转接至 120 急救系统，并跟踪救援情况；对于重点空巢独居老人，每周至少上门或电话联系 2 次		

表 4-12　合肥市政府购买居家养老服务实施方案

补贴对象	补贴标准	补贴形式	支付范围	其他要求
具有本市市区户籍且常住的70周岁以上（含）低保老年人、70周岁以上空巢（无子女）老年人、90周岁以上高龄老年人	600元/人/月	以虚拟服务额度形式发放至市养老服务综合平台服务对象个人账户	（1）托养、助浴、助急、助医、助购、助餐、家政、康复理疗等服务 （2）康复辅助器具、居家智慧养老服务产品的购买租赁服务 （3）入住市区合格养老机构的，可用于支付入住费用 （4）连续入住医院10日以上的，可用于支付陪护人员雇佣费用	（1）建立动态的服务机构库以及政府购买居家养老服务项目清单 （2）实行季度清零制度，不结转、不继承，过期未发生和未使用的服务额度自动清零

第一，既有有限竞争，也有完全竞争。比较三个城市政府购买居家养老服务的做法，可以看出它们采取的都是竞争性政府购头养老服务模式，不过竞争程度有所不同。合肥市明确要求要建立康复保健、助餐、家政服务 3 类市级服务机构库，每类机构原则上不少于 6 家、不超过 20 家；各区民政部门在市级服务机构库中选择相应服务机构，形成区级服务机构库。服务对象或其委托人可自行选择库中的服务机构提供服务。正是因为限定了服务机构库的类型和规模，所以合肥市的政府购买养老服务模式是一种有限竞争的模式，以竞争入库的机制倒逼养老服务机构提升服务品质。北京市、南京市则采用完全竞争的模式，只要具备所要求的服务资质、无违纪违法、无不良信用记录等的养老服务机构都可以申请承接相应的服务，成为政府购买养老服务的合作者。一般来说，选择有限竞争形式还是完全竞争形式，主要由政府综合权衡市场主体成熟程度、政府监管能力等因素确定。

第二，既有"付供方"，也有"补需方"。政府购买养老服务既可以采用付费的方式，将相应养老服务的购买费用支付给供应方；也可以采用补贴的方式，向需求方即老年人发放一定的服务补贴，用来购买规定的养老服务。南京市的做法属于"付供方"的委托式购买，政府将需要向服务对象提供的照护服务和紧急呼叫服务委托给承接服务的机构，并根据一定标准计算费用，将所需费用按约定拨付给承接服务的组织。北京市、合肥市都采取"补需方"的补贴式购买方式，将相应的补贴发放给服务对象，由其自行选择养老服务机构购买养老服务。"付供方"委托式购买是政府在衡量老年人需求的基础上，直接为老年人购买养老服务，由老年人免费或低费享受政府为其购买和安排的养老服务；"补需方"的补贴式购买则是政府以发放补贴的方式赋予老年人一定的购买自由，由老年人自行发起购买行为，从政府限定养老服务范围中选择购买自己需要和满意的养老服务。相比之下，"付供方"由政府全权负责购买，老年人无须操心和烦恼；而"补需方"则可以给予老年人较大的服务选择余地和购买自主权。

第三，既有凭单式购买，也有现金式补贴。在"补需方"的补贴式购买中，有的采取养老服务券（单）的形式发放补贴，有的则采用现金的形式发放补贴。合肥市采用发放虚拟服务额度的形式，这是养老服务券（单）的一种改进形式。北京市则采用发放现金补贴的形式，补贴资金存入服务对象的银行卡金融账户，不能提现、不定期清零，老年人可按规定在服务承接机构自主采购符合要求的生活性服务、护理服务和生活照料服务等。总的说来，凭单式购买能够较好地保障补贴资金被用于购买规定的养老服务，资金使用效益相对较高；而现金式补贴在使用形式、使用时间、可购买的服务范围等方面会有较大的选择空间，资金使用灵活度相对较高。地方政府会综合考虑养老服务机构供给能力、老年人需求情况等选择合适的补贴方式。无论采取何种补贴方式，其根本目的都是要保障老年人的基本养老服务需求能够得到较好的满足。

三、政府购买养老服务模式的问题窥探

虽然政府购买养老服务已经成为我国各地推进养老服务供给侧改革、发展民营养老服务业的一种重要模式，但是在政策设计与实践中，依然存在一些需要改进的问题。

1. 养老服务购买覆盖面较窄，总体呈"补缺性"

首先，从服务对象来看。目前，各地在购买基本养老服务时，主要是面向高龄、失能、失智等弱势老年人，经济救助性的特征十分明显。但是，从本质上看，基本养老服务和老年经济救助是不同的。老年经济救助是政府的一种再分配行为，是为低保、五保户等经济困难老年人提供兜底性的生活救助，是一种货币保障形式；而基本养老服务则是为老年群体提供基本生活照料、健康护理等服务，是一种服务保障形式。由于高龄、失能、失智等老年人的经济收入一般较低，所以面向他们的基本养老服务往往容易与老年经济救助相重叠。各地受政府财政能力所限，一般只能选择以高龄、失能、失智等老年人作为购买服务的使用对象，而大部分生活可自理等老年人则一般难以享受到政府购买养老服务的福利。其次，从服务种类来看。目前各地政府购买的养老服务主要是托养、助浴、助急、助医、助购、助餐、家政、康复理疗等生活性或护理性服务，基本没有涉及精神慰藉方面的服务，总体上对老年人心理和精神健康方面的服务保障还比较不足。

2. 不同类型照护服务购买政策不同，不利于衔接

从理论上来说，高龄、失能、失智老年人无论是选择居家养老还是机构养老，都需要社会照护服务的支持。目前，地方政府购买居家照护服务和购买机构照护服务的政策一般是不同的。在居家照护服务的购买上，一般会采用"补需方"方式补贴给高龄、失能、失智老年人，或者以"付供方"方式向养老服务机构购买服务、让老年人免费或低费享受；而在机构照护服务的购买上，则一般采用"补供方"的方式补贴给养老机构，即按照一定标准计算收住高龄、失能、失智等老年人的床位补贴。老年人如果从居家养老状态转为机构养老状态，那么其原先享受的政府购买居家照护服务一般会被中止，反之则会相应地终止支付给养老机构的照护补贴。不同的补贴政策设计，不仅容易给补贴对象造成心理落差，而且会给具体执行部门增加工作衔接的难度，容易造成补贴发放低效或错漏等不良现象。

3. 养老服务购买监管不到位，实施效果难保障

目前政府购买养老服务在我国已不是新生事物，地方政府也大多具备一定购买养老服务的实践经验。但是从总体上看，由于目前大多数地方政府对购买养老服务的前期政策设计与资金投入重视较多，但对实践过程的跟进监管及实施效果的监控等重视不足，从而使得购买监管不够到位、实施效果难有保障。首先，缺乏操作性强的监管规范。大多数地方的有关文件对养老服务购买监管的规定较为宏观，只是点明了"应该为"，而未说明"如何为"。比如，类似"对政府购买养老服务资金数额较大、服务对象较多、影响面较广的项目，应委托第三方独立审计机构进行审计，并出具审计报告"[1] 的规定，并未讲明多大的资金数额、服务

---

① 政策规定出处：《海曙区政府购买居家养老服务实施办法》（海政办发〔2017〕130号）。

对象数量规模和服务影响面的项目才需要委托独立第三方进行审计。这使得监管缺乏政策指导，难以真正落实，极易流于形式。其次，动态监管跟进不及时。大多数地方会在政策实施之初对服务对象、服务承接组织以及服务清单等方面进行比较严格的审核，但是一旦投入实施之后，具体执行部门因为思想重视不足、管理精力有限等，往往会怠于对服务对象资格、服务承接组织资质等进行动态监管，养老服务购买清单也无法及时更新，从而导致出现诸如应补贴未补贴、老年人或机构骗补、养老服务质量不高、养老服务满意度低等现象。最后，监管权责不统一。目前我国大多数地方的政府养老服务购买监管主要采用层级负责制。市负责制定政策，区负责统筹执行，街道负责签订购买合同、核对发放补贴和定期检查等，社区工作人员负责定期走访了解情况并协调解决问题纠纷，监管责任层层下放，但监管能力却在不断弱化。一旦遇到问题，一线的社区工作人员除了口头调解外，一般很难实施有力的监督或管制。

四、政府购买养老服务模式的优化建议

对于以上问题，建议从以下三个方面对政府购买养老服务模式进行优化。

1. 以适度普惠为原则，适当拓展购买范围

适度普惠是指在既有政府购买养老服务政策的基础上，持续增加养老服务购买投入、有效提升养老服务购买能力、适度拓展养老服务购买项目，逐渐扩大政府购买养老服务的受益范围和福利水平，从而不断增加全社会老年人的获得感与幸福感。

首先，增加服务购买资金投入。一方面要加大财政性资金投入，中央要加大对地方的财政专项支持，地方各级财政也要将养老服务购买资

金纳入本级预算并实施分级分层负责制，视经济发展状况逐年增加投入、确保专款专用。另一方面，要鼓励社会性、市场性资金投入，为政府购买养老服务提供支持。

其次，逐步扩大服务对象范围。在兜底保障经济困难、高龄、失能、失智等老年人的基本养老服务基础上，政府应逐步将养老服务购买的服务对象扩大至全体老年人，让老年人共享经济社会发展成果。

最后，增加对精神性服务的购买。事实上，老年人的身体疾病很可能会因为心理或精神问题而变得更加严重，有的老年人甚至会因为心理或精神问题而引发自杀或危害社会安全的行为，因此其心理或精神层面的需求应该引起政府重视。建议在政府购买养老服务范围中增加精神性服务内容，如定期心理辅导、临终关怀等服务。

2. 以满足需求为导向，着力实现精准供给

无论是有限竞争或是完全竞争、"付供方"或是"补需方"、凭单式购买或现金式购买，不同政策设计都是地方政府综合权衡各种因素而做出的选择，各有优劣之处、不宜过度褒贬。从有效满足老年人需求、实行养老服务精准供给的目标出发，建议在购买方式和使用规则上进行完善。

首先，统一服务购买方式。老年人是养老服务的直接体验者，其对养老服务质量的评价和反馈对养老服务市场具有十分重要的意义。建议以"补需方"的做法统一社区居家和机构养老服务的购买方式，不仅可以促进不同养老服务方式之间的衔接，而且能够赋予需求者更大的服务选择权，并通过"用脚投票"机制来倒逼养老服务机构提升服务质量。例如，杭州市从2021年起开始将养老机构日常运营补贴从"补供方"转为"补需方"，不仅实现了与社区居家和机构养老服务购买方式的统一，

而且有助于逐步引导和培养老年人的新消费理念。①

其次，确保资金专款专用。当前我国大多数地区的政府购买养老服务是采用凭单式购买形式，也有不少地区开始转向使用现金式购买形式，如北京市、天津市等。事实上，要充分发挥资金的效用，最为关键的不是资金的发放形式，而是对资金使用去向的规定与监管。无论是凭单式还是补贴式购买，都应当明确规定养老服务凭单或现金补贴的可使用范围，确保资金专款专用。在保证充分市场竞争的前提下，地方政府要评估确定并动态调整具备服务承接资质的养老服务机构名单，及时公开发布以供老年人选择；同时要制定并定期完善政府购买养老服务项目清单，指导养老服务机构提供符合标准的服务、引导老年人购买符合要求的服务。此外，目前我国广大农村地区的老年人以及城区部分居家老年人，不擅于或者不乐于购买社会养老服务，仍主要依靠家庭成员或亲属进行照护。因此，为了提高资金使用效益、增进对家庭照护价值的认可，建议可以探索家庭照护服务的补贴标准和条件，把家庭成员或亲属为老年人提供家庭照护服务纳入可购买的范围，将养老服务购买补贴按照一定标准支付给老年人的主要家庭照护者。

最后，适当延长补贴期限。目前大多数地方的居家养老服务补贴或券是按月支付或发放的，不少地方规定补贴资金按月清零、不提现、不结转。由于老年人可能因为身体状况的变化而出现养老服务需求大小的阶段性变化，从而使得不同月份的养老服务消费量有大有小，养老服务

---

① 杭州市人民政府办公厅 2020 年 10 月发布的《关于贯彻落实〈杭州市居家养老服务条例〉的实施意见》指出：从 2021 年起，主城区户籍的中、重度失能（失智）老年人入住主城区社会办（含公建民营）养老机构，给予每人每月 600 元补助；老年人在居家养老服务机构中进行托养服务（30 天以内），给予每人每天 20 元补助。

补贴也会因此有缺有余。建议可以将清零的时限适当延长，给予老年人在待遇享受期内一定的补贴调剂使用权，比如按季度进行清零处理，允许服务对象在一个季度内进行调剂使用。必须指出，清零周期不宜设置过长，否则容易引起积压性的养老服务消费，从而降低养老服务效用，也容易引起养老服务供需失衡等问题。

3. 以提质增效为目标，强化购买过程监管

监管是保障和提升政府购买养老服务效益的重要手段。针对目前政府购买养老服务监管领域存在的问题，建议从以下三个方面入手，强化对购买过程的监管。

首先，完善监管制度体系。一方面，要健全政府购买养老服务的实施规范。目前，政府购买养老服务领域存在一些乱象，很大程度上是操作规范不统一、不明确、不严谨所致。因此，应当从实施之初就框定政府购买养老服务的各项行为规范，充分发挥制度监管的力量，减少后期操作失范的风险。通过考察比较，安徽省"省级出指南—市/区定方案"的做法值得借鉴。2020年，安徽省在政府购买养老服务领域进行了新一轮的修订与完善，自上而下积极推动政府购买养老服务的规范运作。安徽省发布了省级的《政府购买基本养老服务指南（试行）》，从参与主体、服务对象、服务清单、服务价格、采购管理、质量管理、预算和财务管理、监督管理、绩效管理等方面为各市县提供了操作指南；各市立足市情制定了市级政府购买居家养老服务实施方案；各区县进一步遵从省市安排，发布区级实施方案。另一方面，要制定政府购买养老服务的监管规范。地方政府要建立服务机构市场退出机制，明确合同解除和市场退出的条件，并加大对失信行为的惩戒力度；加强对服务过程的监管，可以委托第三方独立机构制定监管方案并实施相应的监管；完善信息公开

和监督机制，主动公开可以公开的信息，主动接受财政、审计等部门以及社会公众的监督；完善服务咨询和投诉受理机制，畅通服务对象和社会公众的信息反馈和投诉渠道。

其次，加强监管主体建设。地方政府购买养老服务所涉及的工作主体一般也是业务监管主体。因此，一方面，要明确各级政府、政府各职能部门的工作责任及其监管职责，督促各监管主体认真履行业务范围内的监管；同时，上一级政府及其部门应当加强对下一级监管主体实行"对监管的监管"，以确保业务监管职责能够落实到位。在加强业务监管和"对监管的监管"的同时，还应当加强对监管结果的运用，将监管结果纳入政府部门及其官员的绩效考核，并加大对怠于监管、疏于监管等行为的惩处力度。另一方面，要持续改进监管方法与技术。各监管主体要多采用入户、走访等实地考察方法，减少采用审报告、查材料等静态监管方法。同时，积极采用信息技术开展智慧化监管。可以搭建一个智慧化监管平台，融汇政府购买养老服务所涉及的政府部门、服务主体、服务对象等的相关信息，并赋予它们相应的处置和管理权限。这不仅有助于各方全面、及时地了解相关信息和项目实施进展情况，而且可以通过平台进行实时的工作交流与沟通，提高监管工作效率。

最后，重视资金绩效监管。政府购买养老服务模式的核心要素是资金。正是因为政府投入了用于购买养老服务的财政性资金，才引发了后续一系列围绕资金所展开的活动。政府投入购买养老服务的资金既是为了推动养老服务供给侧改革、提高基本养老服务供给效率，也是为了提高养老服务质量、促进民营养老服务业的发展。如果政府购买养老服务资金的绩效很低，那么上述目的将难以实现。因此，加强政府购买养老服务绩效监管、不断提高资金使用效益，是政府购买养老服务一个十分重要的问题。政府应当组织构建一个完善的绩效评估体系，严格实施政府购买养老服务绩效评估：一是要建立科学的绩效评估指标体系，以老年人服务满意度为中心、重视对服务过程的日常监督，提高服务对象反馈和过程监督在评估中的权重；二是要建立包括政府官员、专家、养老服务协会、服务对象等在内的多元主体评估团队；三是要采用多元化的评估方法，可参考日本的养老服务评估方法，即对服务使用者采取个案的临床介入方法、对服务机构则采取复合式介入方法[1]。

---

① 雷若雨、王娟：《地方政府购买居家养老服务中的监管失灵及其矫正——基于南京、宁波、广州、合肥和深圳的分析》，《济南大学学报（社会科学版）》2020年第1期。

第五章　|　　　　民营养老服务业政策性融资
模式分析

如前所述，财政性投资以政府扶持为基本手段，保障民营养老服务业的土地、人才、资金等基本要素能够得到较好的满足，从而使其可以维持良性的生存状态，并具备不断提升发展的能力。政策性融资则是在财政性投资基础上的一种更高水平的筹集资金手段，以国家或财政信用为基础、以融资政策为框架，积极谋求与社会、市场的合作，广泛撬动社会资本加入养老服务业，持续推动产业向高水平高质量方向发展。民营养老服务业政策性融资模式主要包括养老服务 PPP 模式、养老产业专项债券模式、养老产业引导基金模式、养老服务开发性金融模式等。

第一节 养老服务 PPP 模式

随着我国人口老龄化速度加快、程度加深，老年人养老服务需求日益增长且多元化。在养老服务领域引入 PPP 模式，最主要的目的是为了提高养老服务尤其是医养结合服务的供给能力。它不仅可以吸引社会资本积极投资养老服务业，有效弥补公共财政的不足，而且重新审视和分配了政策制定者、监管者和服务供应者的职能，既可充分发挥社会资本的运营管理优势、不断提高养老服务机构的运行效率，又能促使政府专注做好产业规划、政策制定与过程监管等工作。

一、养老服务 PPP 模式的内涵要义

广义的养老服务 PPP 模式泛指公共部门与私人部门为发展养老服务业而建立的各种合作关系，其中包括了上一章所讨论的公建民营模式、政府购买养老服务模式。但是，在这两种模式中，社会力量主要是参与养老服务机构的运营管理，并不参与或者较少参与养老服务设施的建设，政府需要通过提供养老服务设施或者购买养老服务来缓解社会力量前期投入不足的问题。因此，这两种模式并不能解决政府对产业前期投入不足的问题，相反，还会增加公共财政的压力。

为了区分不同的公私合作机制，本节所讨论的养老服务 PPP 模式不是广义的 PPP 模式，不包括公建民营模式和政府购买养老服务模式，确

切地说，是指在政府提供融资政策或外加投入部分财政性资金的基础上，由社会资本"负责项目投资、建设、运营并承担相应风险"[①] 的公私合作模式。这种模式能够形成"利益共享、风险分担、长期合作"的共同体关系，不仅可以减轻地方政府的财政压力，而且可以充分发挥社会资本的能量，进而合力推动养老服务业快速高质量发展。

根据全国 PPP 综合信息平台项目管理库的数据，目前我国养老服务 PPP 的运作方式主要包括 BOT、BOOT、DBOT、TBOT、TOT、ROT、LOT、BOO 等。其中 BOT、BOOT、DBOT、ROT、TOT、LOT 是特许经营方式，BOO 属于私有化方式。如果进一步对特许经营方式进行划分，那么 BOT、BOOT、DBOT 属于增量建设型特许经营方式，而 TOT、ROT、LOT 则是存量改革型特许经营方式（如图 5-1）。

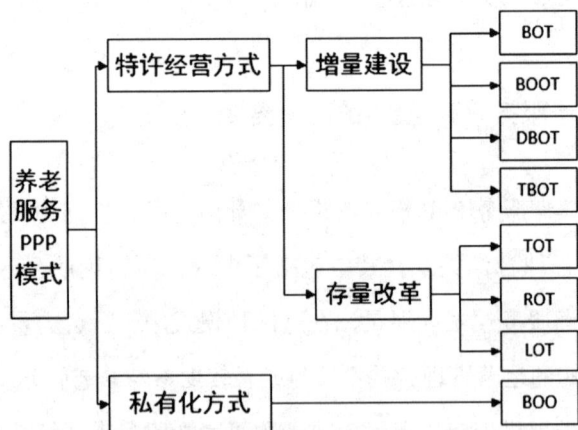

图 5-1　我国现行的养老服务 PPP 模式分类

---

① 《关于推进政府和社会资本合作规范发展的实施意见》（财金〔2019〕10 号），中华人民共和国财政部官网，http://nmg.mof.gov.cn/lanmudaohang/zhengcefagui/201903/t20190311_3187119.htm。

BOT（Build-Operate-Transfer）即"建设—运营—移交"，是指社会资本或项目公司在合同期内负责养老服务项目的建设、运营管理和维护，合同期满后，项目资产及其相关权利等无偿移交给政府的项目运作方式。BOOT、DBOT、TBOT 均为 BOT 的具体实践形式。BOOT（Build-Own-Operate-Transfer）即"建设—拥有—运营—移交"，允许社会资本或项目公司在合同期内对养老服务建设项目既拥有所有权又拥有经营权。DBOT（Design-Build-Operate-Transfer）即"设计—建设—运营—移交"，社会资本或项目公司在合同期内的职责为设计、建设与运营。TBOT（Transfer-Build-Operate-Transfer）即"转让—建设—运营—移交"，政府将已经投资的养老服务资产有偿转让给社会资本或项目公司，由其续建、运营，并在合同期满后无偿移交给政府。

TOT（Transfer-Operate-Transfer）即"转让—经营—移交"，是指政府将公办养老服务机构的存量资产所有权有偿转让给社会资本或项目公司，并由其负责运营、维护和用户服务，合同期满后项目资产及其相关权利等移交政府的项目运作方式。政府经常会将 TOT 与 BOT 进行组合式运用，主要目的是更好地推动 BOT 项目的实施。必须指出的是，TOT 看似与"公建民营"类似，但实际上却不同。"公建民营"是通过承包、委托、联合经营等方式将公办或公建养老服务机构的经营权转让给民间资本，并不转让资产所有权等其他产权。而根据国家发改委发布的《关于加快运用 PPP 模式盘活基础设施存量资产有关工作的通知》（发改投资〔2017〕1266 号），TOT 运作方式在理论上可以移交"资产所有权、股权、经营权、收费权等"①。此外，二者的合同期限长短也有不同，其中 TOT

---

① 由于《企业国有资产交易监督管理办法》（2016 年国务院国资委、财政部令第 32 号令）对国有资产转让的程序、方式等均进行了法律规定。该办法规定国有资产所有权转让需要在产权交易中心进行；而对于经营权转让，则在满足特定的条件下允许协议转让。因此，目前国内 TOT 项目绝大多数是采用经营权转让方式进行的。

的合同期限一般为 20—30 年，而"公建民营"则比较短，一般不会超过
8 年。ROT（Renovate-Operate-Transfer）即"重整—经营—移交"，是指
政府在 TOT 的基础上，增加养老服务机构改扩建内容的项目运作方式。
LOT（Lease-Operate-Transfer）即"租赁—运营—移交"，是指政府将建
好的公办养老服务设施有偿租赁给社会资本或项目公司使用，合同期满
后项目资产及其相关权利等移交还政府的项目运作方式。LOT 经常与
BOT 搭配使用，比如将一个养老服务设施建设项目分为几个子项目，其
中有的以 LOT 方式运作，有的以 BOT 方式运作。

BOO（Building-Owning-Operation）即为"建设—拥有—经营"，是
由 BOT 演变而来。与 BOT 方式不同的是，BOO 方式一般不涉及项目期
满移交，允许社会资本或项目公司的相关公益性合同条款的约束下拥有
项目所有权。

二、养老服务 PPP 模式的实践情况

养老服务 PPP 模式在我国方兴未艾。以下从数量情况、地区分布、
发起时间、投资领域、运作方式、采购方式、回报机制、实施情况、合
作期限等九个方面介绍我国养老服务 PPP 项目的总体情况。

1. 养老服务 PPP 项目的数量情况

根据全国 PPP 综合信息平台项目管理库的数据，截至 2021 年 2 月 28
日，全国共有 10023 个 PPP 项目通过物有所值评价和财政能力论证，分
布在市政工程、交通运输、生态建设与环境保护、城镇综合开发、教育、
养老、社会保障等多个领域，其中以市政工程、交通运输、生态建设和
环境保护三个领域居多，分别占比 40.76%、13.74% 和 9.48%（如图 5-2）。
而养老服务 PPP 项目只有 115 个（含并入社会保障一类中与养老福利机
构相关的项目 9 个），其数量仅约占 1.15%，总体数量规模比较小。此外，

全国 PPP 综合信息平台还设有一个项目储备清单，收集了地方政府有意向采用 PPP 模式的备选项目，其中有 72 个养老服务项目（含并入社会保障一类中与养老福利机构相关的项目 6 个），这些项目后期经过孵化和培育，在通过物有所值评价和财政能力论证后，便可进入项目管理库。

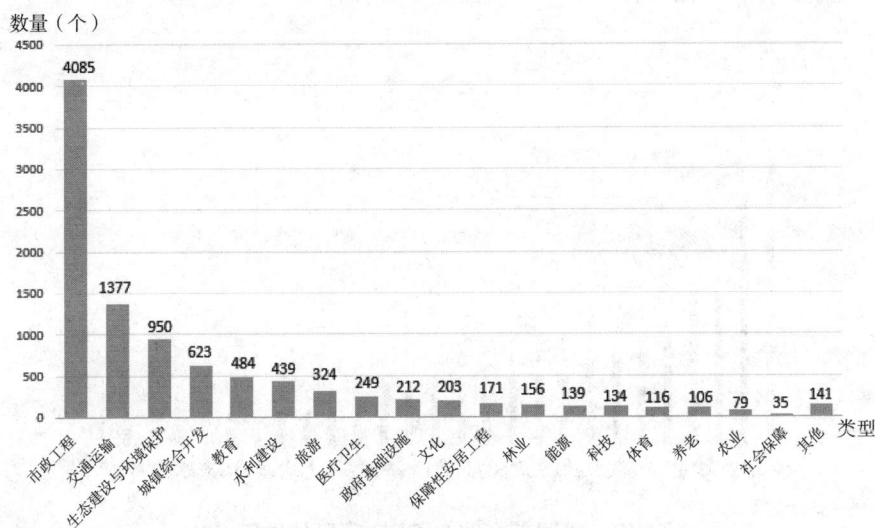

图 5-2 我国 PPP 项目的投资领域

2. 养老服务 PPP 项目的地区分布

从地域分布上看，养老服务项目分布在 27 个省、自治区、直辖市（如图 5-3）。其中，山东省、河南省的养老服务 PPP 项目数量排在前两位，分别是 19 个和 13 个；陕西省和江苏省均有 9 个，并列第三位；黑龙江省、西藏自治区、天津市、重庆市尚未有养老服务 PPP 项目。项目数居前三位的省份大多是人口老龄化速度比较快、程度比较深的省份，也是较早开展 PPP 模式探索的省份。比如，江苏省从 2012 年就已经开始探索养老服务 PPP 模式；山东省从 2014 年开始推广养老服务 PPP 模式，至今已经在全省各地运用；河南省、陕西省则是从 2015 年开始落地实践养老服务 PPP 项目。正是因为较早开展实践探索，所以这些省份具备比较丰富的 PPP 实践经验，其养老服务 PPP 项目被评为国家级示范项目的数量也比较多。在 115 个养老服务 PPP 项目中，总共有 33 个国家级示范项目，其中河南省有 7 个、山东省有 5 个、陕西省有 3 个，江苏、云南、辽宁、吉林等四省各有 2 个，江西等十省各有 1 个。

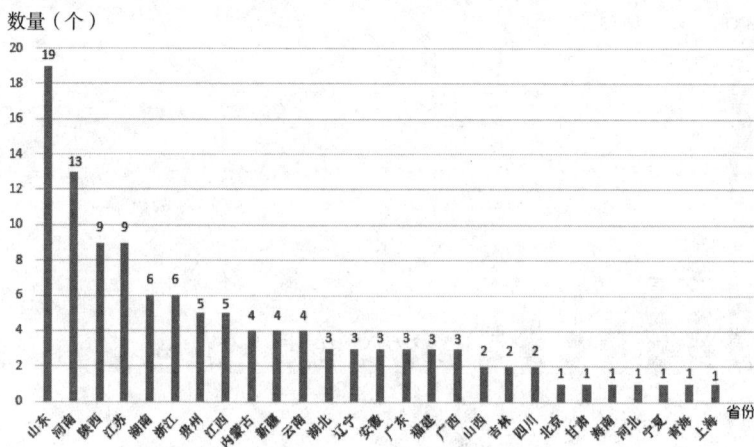

图 5-3　我国养老服务 PPP 项目的地区分布

3. 养老服务 PPP 项目的发起时间

在入库的养老服务 PPP 项目中，最早的项目是在 2012 年发起的江苏省滨海县社会福利中心；项目数居前三位的年份分别是 2016 年、2015 年和 2017 年（如图 5-4），数量分别为 38 个、31 个和 21 个。这与我国在此期间先后发布了《关于鼓励民间资本参与养老服务业发展的实施意见》（2015）、《国务院办公厅关于全面放开养老服务市场提升养老服务质量的若干意见》（2016）、《关于运用政府和社会资本合作模式支持养老服务业发展的实施意见》（2017）等鼓励性政策密不可分。在 2016 年之前，养老服务 PPP 项目数量处于增长态势；2015 至 2018 年的四年，各地实践养老服务 PPP 模式的热情高涨，期间的项目数占入库项目总数逾九成。2019 年之后，地方政府更加注重政府和社会资本合作的规范发展，养老服务 PPP 项目总体上处于理性发展状态。

数量（个）

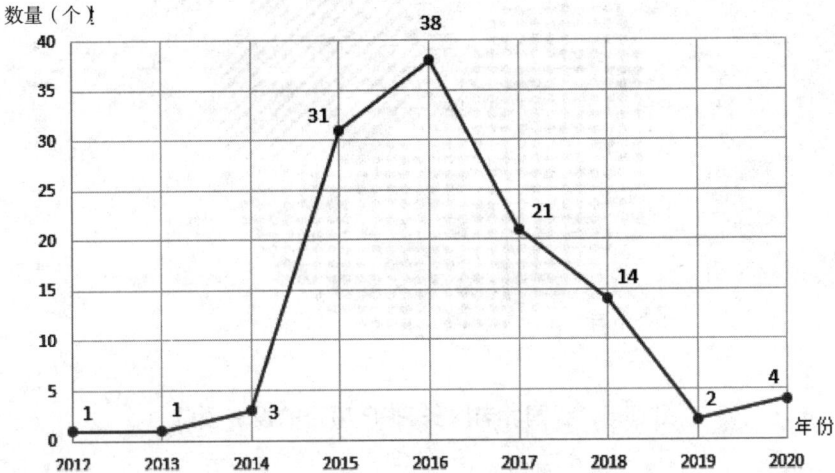

图 5-4 我国养老服务 PPP 项目的年度分布

4. 养老服务 PPP 项目的投资领域

上述 115 个养老服务 PPP 项目的投资总额约 6711295 万元。其中，投资医养结合的项目有 54 个，投资额为 4161956 万元，约占总投资额的 62%；投资养老业的项目有 45 个，投资额为 1796559 万元，占比约为 27%；投资养老福利机构的有 9 个，投资额为 546574 万元，占比约为 8%；投资养老公寓的项目仅有 7 个，投资额为 206206 万元，占比约为 3%（如图 5-5）。总的说来，我国目前的养老服务 PPP 项目以机构养老项目为主，项目投资资金主要用于项目建设及养老床位等设施的购置上。

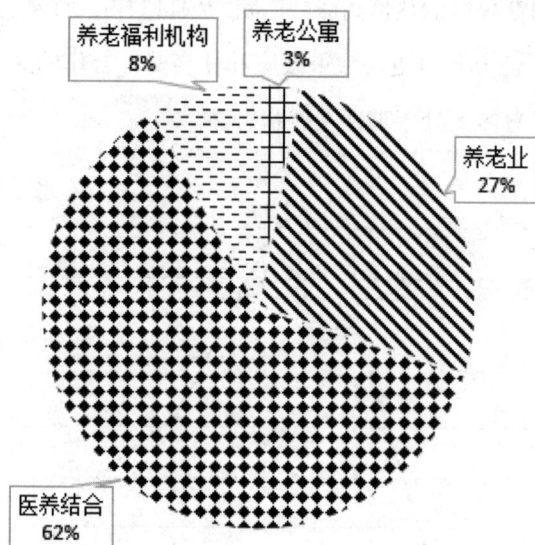

养老福利机构 8%

养老公寓 3%

养老业 27%

医养结合 62%

图 5-5 我国养老服务 PPP 项目的投资领域

5. 养老服务 PPP 项目的运作方式

在这些养老服务 PPP 项目[①]中，BOT 和 BOO 是比较常用的两种运作方式，其中 BOT 有 61 个、BOO 有 36 个，分别占比 53.43% 和 31.30%。另有 8 个项目采用某种方式与 BOO 或 BOT 组合的运作方式，或者 BOO 与 BOT 组合的运作方式，其中 "TOT+BOT" 有 4 个、"LOT+BOT" 有 1 个、"TOT+BOO" 有 1 个、"BOO+BOT" 有 2 个。此外，有 10 个项目采用除 BOT、BOO 以外的其他单一运作方式，其中 ROT 有 5 个、TOT 有 1 个、BOOT 有 2 个、DBOT 有 1 个、TBOT 有 1 个（如图 5-6）。

---

① 在全国 PPP 综合信息平台发布的 115 个养老服务项目 PPP 项目中，有 6 个项目的运作方式为 "其他"。通过阅读项目信息以及进一步收集相关资料，可以判定这 6 个项目的运作方式为 2 个 BOT、1 个 DBOT、1 个 TBOT、1 个 BOOT 和 1 个 "TOT+BOT"。这 6 个项目以上述重新判定后的具体运作方式纳入本书的统计分析中。

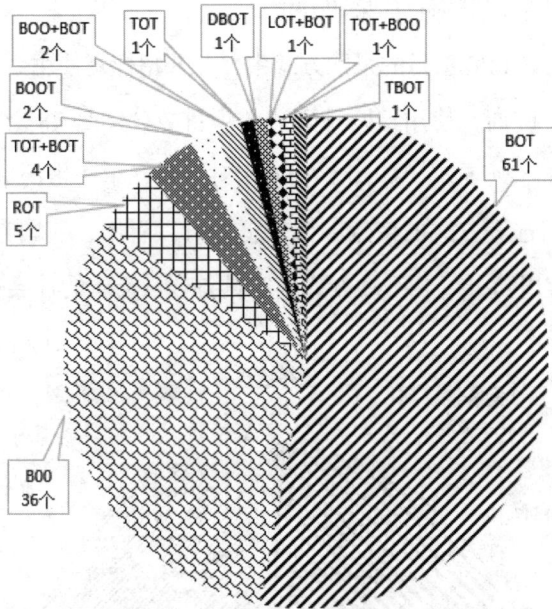

图 5-6　我国养老服务 PPP 项目的运作方式

如果从增量建设的角度看，除了 5 个 ROT 和 1 个 TOT 项目外，其余 109 个项目均有进行增量建设，占比 94.78%；如果从存量改革的角度看，共有 12 个项目涉及对存量的公办养老服务设施进行 PPP 运作，其中 5 个为 ROT、1 个为 TOT、4 个为"TOT+BOT"、1 个为"LOT+BOT"、1 个为"TOT+BOO"；如果从私有化的角度看，共有 39 个项目在合同期满后涉及全部或部分养老服务资产及相应权利的私有化处置，其中 BOO 有 36 个、"BOO+BOT"有 2 个、"TOT+BOO"有 1 个。可以看出，采用单一的运作方式进行养老服务增量建设，是目前我国养老服务 PPP 项目的主要特点。

6.养老服务 PPP 项目的采购方式

在养老服务 PPP 项目的采购方式中，公开招标是使用数最多的一种，其次是竞争性磋商，使用这两种方式的项目数分别是 78 个和 33 个，总计 111 个、占比 96.52%（如图 5-7）。相对来说，单一来源采购、竞争性谈判和公开招选等方式的使用频率较低。可以看出，我国养老服务 PPP 项目十分注重以公开、公平的方式确定具备合格资质的社会资本方。

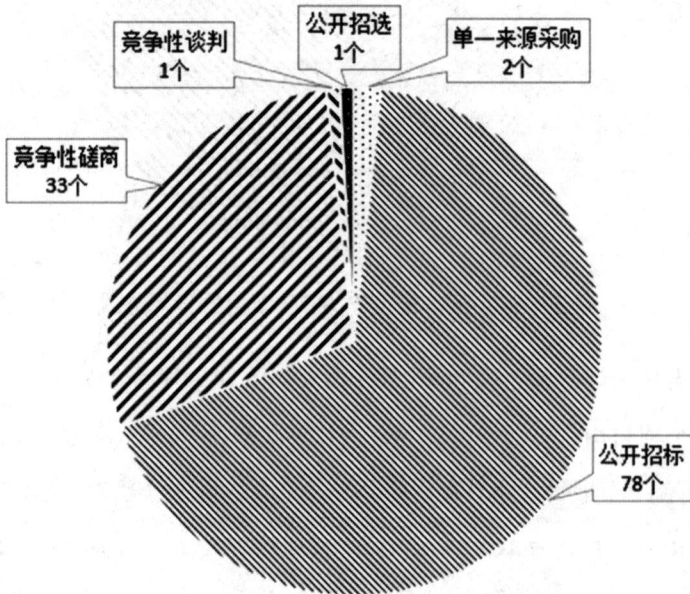

图 5-7　我国养老服务 PPP 项目的采购方式

7.养老服务 PPP 项目的回报机制

我国养老服务 PPP 项目的回报机制有可行性缺口补助、使用者付费和政府付费三种。其中，可行性缺口补助是主要的回报机制，共计 70 个项目采用这种回报机制；使用者付费的项目有 44 个；政府付费的项目仅为 1 个，即浙江杭州市建德市残疾人托养中心（如图 5-8）。从目前的回

报机制情况看，由于我国养老服务 PPP 实践还不够成熟，社会资本回收
投资成本和获得合理回报的能力还不是很强，政府尚需要以财政补贴、
股本投入、优惠贷款和其他优惠政策的形式给予社会资本或项目公司以
经济补助。

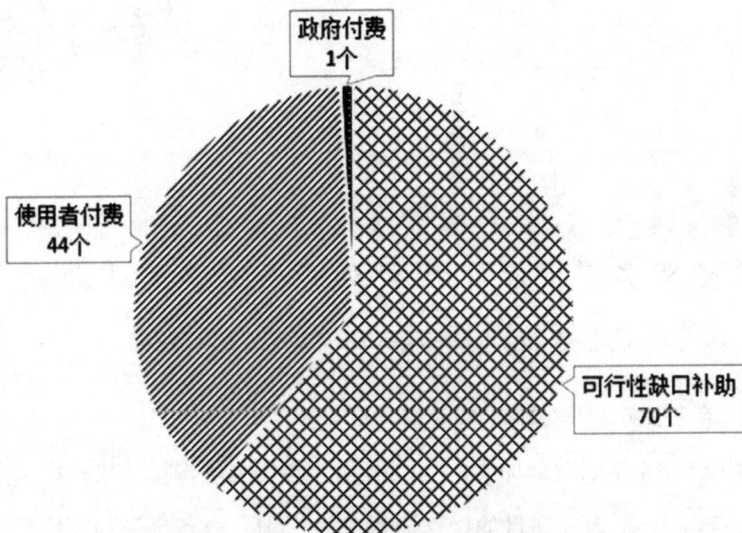

图 5-8　我国养老服务 PPP 项目的回报机制

8. 养老服务 PPP 项目的合作期限

从合作期限看，目前项目管理库中的 115 个养老服务 PPP 项目的合
作期限在 10—50 年之间，相对比较长。其中，合作期限在 10 至 20 年
（不含）以下的有 22 个，20 年至 30 年（含）的有 90 个，30 年（不含）
以上的仅有 3 个；合作期限为 30 年、20 年和 25 年的项目数居前三位，
分别有 45 个、19 个和 12 个（如图 5-9）。与其他领域的 PPP 项目相比，
养老服务 PPP 的合作期限相对比较长，大部分处于 20—30 年之间，这主
要是由养老服务业的投资回报周期长决定的。

数量（个）

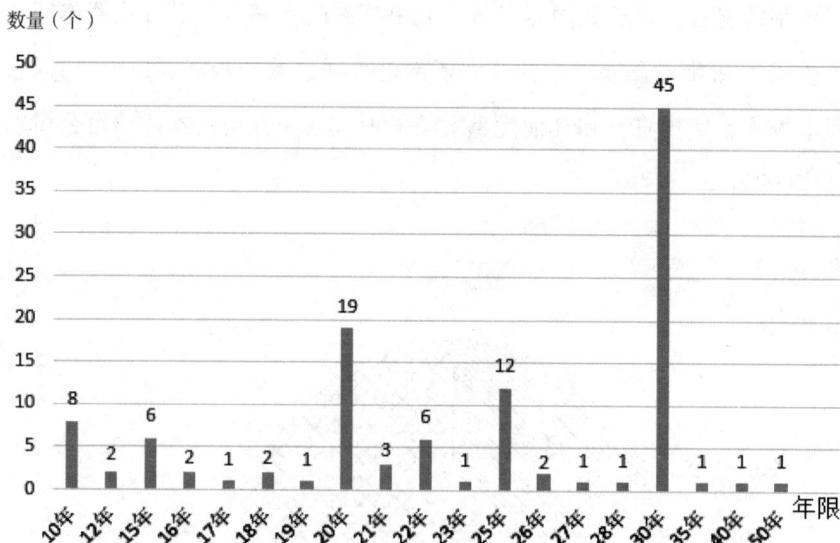

图 5-9　我国养老服务 PPP 项目的合作年限

9. 养老服务 PPP 项目的实施情况

根据 2014 年财政部印发的《政府和社会资本合作模式操作指南（试行）》，养老服务 PPP 项目的操作流程分为识别、准备、采购、执行、移交五个阶段。目前 115 个养老服务 PPP 项目中，有 12 个项目处于准备阶段、30 个项目处于采购阶段、73 个项目处于执行阶段，尚未有项目进入移交阶段（如图 5-10）。结合项目的发起时间和合作期限看，最早有养老服务 PPP 项目进入移交阶段是在 2025 年，即 2015 年发起的、合作期限为 10 年的山东省潍坊市寿光市福缘颐养中心项目和陕西省韩城市社会福利园项目；随后，在 2026 年将会有 6 个于 2016 年发起的合作期限为 10年的养老服务 PPP 项目进入移交阶段。

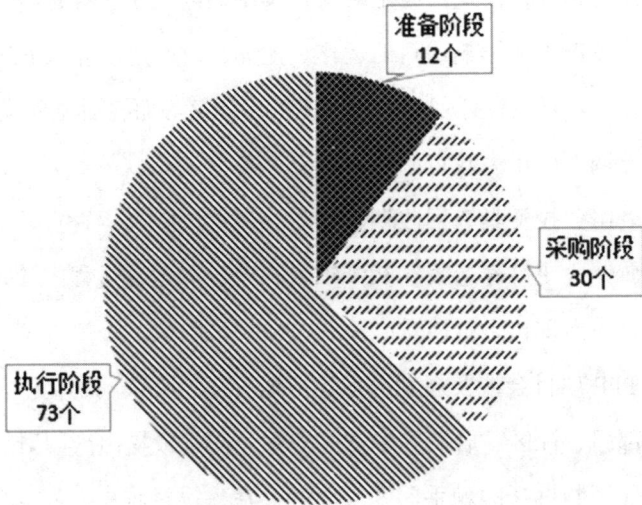

图 5-10　我国养老服务 PPP 项目的实施阶段

三、养老服务 PPP 模式的问题窥探

经过十余年的探索与实践，养老服务 PPP 模式取得了一定成效，不仅促进了养老服务供给侧改革、丰富了养老服务供给，而且持续推动民营养老服务业向更高的水平发展。但是由于养老服务 PPP 项目投资额比较大、运作持续时间比较长、涉及主体比较多、牵涉关系比较复杂等，在具体推行中尚存在一些亟待解决的问题。

1. 综合风险较大，民间资本积极性不高

目前，我国养老服务 PPP 项目的总体体量还比较小，其主要原因是社会资本的参与积极性还不是很高，而社会资本积极性不高则主要是因为养老服务 PPP 的综合风险比较大。第一，政策风险大。虽然养老服务

PPP 是一种公私合作模式，但是政府在其中始终处于主导地位，过度干预或政策变动都可能影响项目的运作。比如，政府过度介入 PPP 项目的具体运作；因基建投资计划或项目优先顺序调整等而滞后兑现优惠补贴；因党政领导调换或重大政策调整而变更 PPP 合同条款等。第二，融资风险大。养老服务投资具有回收期长、盈利慢、风险高等特点，加上福利性的本质属性，使得养老服务 PPP 项目在建设和运营过程中的再融资吸引力较弱，易出现再融资困难。第三，建设风险大。一般说来，新建的养老服务 PPP 项目会涉及规划选址、征地拆迁等复杂问题，不仅需要协调与政府部门、社区、居民等多方的关系，而且极易出现因对拆迁补偿不满而引起抵制拆迁的棘手问题。此外，在建设过程中，养老服务 PPP 项目也容易因为建设过程控制不严，而出现投资超额、工期延误、质量不达标等问题。第四，管理运营风险大。养老服务 PPP 项目的特许经营期限一般都在 10 年及以上，其中以 20—30 年居多。长期性经营项目对管理运营水平的要求更高，而目前养老服务 PPP 项目在我国尚属于新生事物，没有太多经验可以借鉴，可能会因为经验不足、专业性不够等问题而出现管理不规范、服务质量无保障、收不抵支等风险。综上，社会资本出于趋利避害的本能，在理性考量综合风险的基础上，一般不会有过高的积极性参与发展养老服务。

2. 以增量建设为主，整合存量资源力度不足

如前所述，目前 115 个养老服务 PPP 项目中，涉及增量建设的项目多达 109 个，占比高达 94.78%；而涉及整合养老服务资源的项目只有 12 个，其中还有 6 个项目是采用存量改革与增量建设组合的运作方式。增量建设项目即新建养老服务机构，需要在建设期投入较大规模的资金，如果涉及将新建项目征拆迁费纳入项目总投资时，其前期投入将会更大。

此外，养老服务 PPP 项目需要维持长期的运营，还需要有大量的资金做保障，因此对项目的再融资能力要求比较高。在此情况下，如果缺乏政府支持或合理的价值补偿机制，那么，养老服务 PPP 项目的运作难度将会增加、失败的风险也会加大。与此同时，增量建设项目对社会资本的建设能力要求也比较高，对项目的规划设计、完工周期、建设成本、施工方案、材料设备等也提出了较高要求。此外，地方政府在大规模采用增量建设的方式推进养老服务 PPP 实践时，容易忽略对存量养老服务资源的整合，从而造成政府、社区以及养老服务机构之间的资源、信息的共享度不足，进而导致资源浪费、服务盲区等问题。

3. 多走中高端路线，难以惠及低收入老年群体

经营性的基础设施 PPP 项目，如水厂、地铁，通常会有一个相对确定的价格标准和调价方式，但是养老服务 PPP 项目以提供软性服务为主，收费标准因服务类型和服务等级的不同而具有较大的弹性空间[①]，不同的服务类型和服务等级就可能意味着不同的收费标准。社会资本方为了提高投资回报率、缩短投资回报周期等，一般会热衷于提供收费标准比较高的个性化、高水平养老服务。如此一来，养老服务 PPP 领域便容易形成一种"服务排斥"的现象，即无形中对城市边缘或农村地区的低收入或普通收入的老年群体设置了优质服务的高门槛。这种中高端路线发展倾向很明显有悖于我国养老服务业福利性、公益性的发展原则，忽略了基本养老服务和改善型中端养老服务的提供。此外，大多数养老服务 PPP 项目如果争相竞逐中高端养老服务市场，而不注重与需求端进行结构性匹配，那么最终可能会出现供需的结构性失衡，从而引起项目失

---

① 徐宏、岳乾月：《养老服务业 PPP 发展模式及路径优化》，《财经科学》2018 年第 5 期。

败或产业失序。

4. 缺乏服务质量衡量指标体系，动态监管难落实

目前，我国大多数基础设施 PPP 项目可以根据行业通用的衡量标准，制定一套操作性比较强的衡量指标体系，比如污水厂的排污能力、机构设施建设的质量标准、高速公路的运输能力等。但是养老服务 PPP 项目提供的主要是面向老年人的"软性服务"，不宜过多将养老或护理床位、医疗设施、器械等硬件设施作为项目绩效考核的关键性衡量指标，而应当以不同时期养老服务的质量作为项目绩效考核的关键衡量指标。因此，我国亟须建立起一套比较完善的衡量养老服务 PPP 项目服务质量的指标体系，避免对养老服务 PPP 项目的绩效考核评价流于形式。此外，由于养老服务 PPP 项目的合作期限一般比较长，不少地方政府监管部门在此过程中可能会因为人员调换、政策调整等原因，难以实现对养老服务 PPP 项目长期有效的监管。

四、养老服务 PPP 模式的优化建议

养老服务 PPP 项目不是一场"婚礼"，而是一段"婚姻"，需要公私合作双方共同用心经营和维护。

1. 加快健全养老服务 PPP 法律法规体系

一方面，加快健全 PPP 的一般法律法规体系。2010 年至今，民政部、财政部、发改委等部门除了发布一些鼓励推广 PPP 模式的通知或意见外，在 2014 年和 2015 年先后出台了《政府和社会资本合作模式操作指南（试行）》《PPP 项目合同指南（试行）》等规范性文件。目前这两份文件尚只是试行本，有关部门应进一步结合实践经验对其进行优化完善，

以为 PPP 的立项、投标、建设、运营、管理等提供更好的指导。另一方面，加快完善养老服务 PPP 的行业规范。除了 PPP 的一般法律法规外，养老服务 PPP 的行业规范不可或缺。应当从养老服务的福利性本质属性、软性服务的产品特征以及投资回报周期长等出发，针对性地设计养老服务 PPP 的实施规范，对运用领域、运作方式、回报机制、风险分担、利益分配、项目评价等基本法律问题做出明确规定。

2. 强化养老服务 PPP 项目契约精神的培养

养老服务 PPP 项目涉及多个参与方，因此具有多重的合同契约关系（如图 5-11）。其中，政府与社会资本之间的契约关系，即双方就养老服务供给的具体项目或事项签订合同、以合作方式共同提供养老服务是最为核心的契约关系。养老服务 PPP 项目的契约精神是确保 PPP 项目合同能够顺利执行、养老服务能够高质高效供给的有力保障，是养老服务领域公私合作关系的核心纽带[1]。具体说来，强化 PPP 契约精神的培养，就应当在 PPP 实践中强化对自由、平等、互利、理性等原则的遵循[2]。自由原则一方面强调养老服务 PPP 项目既可以由政府发起，也可以由市场发起；另一份方面强调政府与社会资本要充分尊重市场，采用公平公开的自由竞争方式，确立合法的公私合作关系。平等原则强调政府与社会资本之间是一种平等合作的关系。政府不宜将 PPP 当作缓解财政压力、甩掉养老融资包袱的工具，而应以此为契机，切实转变职能，将更多精力放到加强监管、确保养老福利最大化上。互利原则是养老服务 PPP 合

---

[1]　钟玲：《契约精神是公私合作关系的核心纽带》，《中国经济导报》2015 年 2 月 5 日第 8 版。

[2]　贾康、苏京春：《PPP 长效运行需"双轮推动"》，《中国财经报》2015 年 3 月 17 日第 5 版。

同达成的重要基础，既要保障养老服务供给提质增效，也要让社会资本能够获得预期中稳定的、实实在在的回报。理性原则强调的是政府与社会资本等私人部门合理预测和评估合作过程中可能出现的风险，并在出现风险的时候，都能够做到从容应对、共担风险。这也是抵御养老服务PPP 项目风险的最佳策略选择。

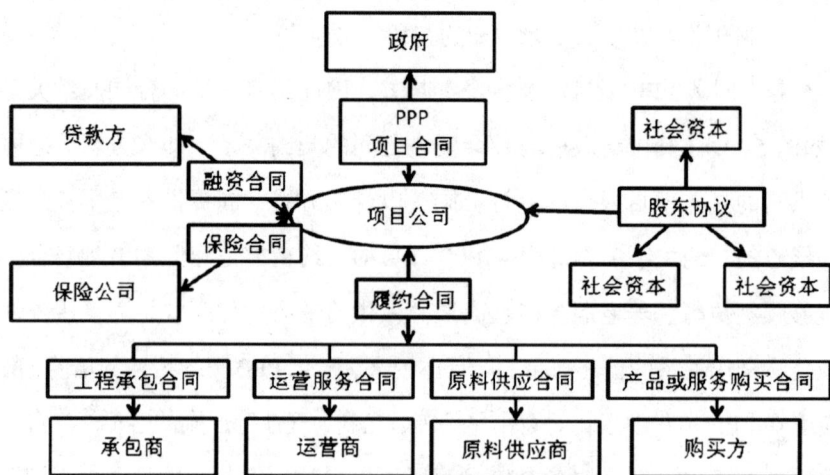

图 5-11　PPP 项目基本合同体系

3. 注重整合资源以优化养老服务 PPP 模式

首先，注重衔接养老服务设施的增量建设与存量改革。目前养老服务 PPP 项目以增量建设为主，对已有养老服务设施资源的整合度较低。为推动形成机构布局合理、资源效益较高的养老服务供给格局，建议在合适的领域采用存量改革或存量改革与增量建设相结合的运作方式，比如 ROT、TOT、LOT 及这三个方式与 BOT、BOO 等方式的结合。这既可以优化存量养老服务资源，也能够促进存量与增量养老资源之间的衔接，从而最大化养老服务资源的使用效益。其次，注重整合不同类型主体的资源与能力优势。一般而言，参与养老服务 PPP 项目的企业大多拥有较强的资金实力，擅长养老服务项目规划、建设等，但是在养老服务机构运营管理以及养老服务提供方面一般不具有突出的专业优势。为此，建议参与养老服务 PPP 项目竞逐的企业可以与专门从事养老服务的企业或社会组织开展合作，以联合体的形式参与养老服务 PPP 项目，充分发挥不同类型组织的资源和能力优势，提升养老服务 PPP 模式的运作水平。最后，注重做好不同层次养老服务的统筹。鉴于目前大多数养老服务 PPP 项目有中高端化发展的倾向，建议要进行合理引导与监管，采用不同的收费标准和方式提供不同层次的养老服务，如月费制、年费制、会员制等，从而避免养老服务 PPP 项目因过度高端化所带来的资源闲置和浪费等风险。

4. 科学设计项目利益共享和风险分担机制

搭建合理的项目利益共享和风险分担机制是养老服务 PPP 项目可持续发展的重要前提。第一，赋予合作资本方合理的投资回报。目前我国逾六成的养老服务 PPP 项目采用可行性缺口补助的回报机制。可行性缺口补助是政府付费机制与使用者付费这两种回报机制之外的一种折中选择。对于使用者付费无法使社会资本方获取合理收益、甚至无法完全覆盖项目建设和运营成本的项目，由政府配合运营用地优惠、税费减免、投资补助、运营补贴等措施，弥补使用者付费之外的资金缺口，从而使项目具备商业上的可行性。鉴于我国养老服务业发展水平还不是很高、市场还不够成熟，可行性缺口补助应当是目前养老服务 PPP 项目比较适宜的回报机制，能够较大程度地给予社会资本方适宜的盈利空间。第二，明确养老服务 PPP 项目的风险分配。在养老服务 PPP 项目中，政府不可向社会资本方"甩包袱"，社会资本方亦不可逃避责任。双方应当秉持最

适宜一方承担的原则在 PPP 合同中明确做好风险分配。总的说来,政府
应当承担由政治风险、法律风险、经济风险、征地拆迁等不可控因素造
成的后果,而项目内部的可控风险则按照具体运作方式来做出相应安排。
比如在增量建设项目中,建设成本超支、质量安全不过关、管理运营效
率低等风险一般由社会资本方承担;在存量改革项目中,政府对存量养
老服务设施的前期设计、建造等负有责任,而社会资本方则一般要承担
后期改造、管理运营等方面的风险。

5. 加快构建养老服务 PPP 项目的质量评估体系

我国已于 2017 年发布了国家标准《养老机构服务质量基本规范》、
2019 年发布了《医养结合机构服务指南(试行)》,目前也正在推进养老
服务业的标准化、规范化建设。此外,我国也有个别地区制定发布了有
关养老服务的地方标准,比如江苏泰州市于 2016 年发布了《养老机构医
养结合服务规范》、湖南省于 2019 年发布了《养老机构医养结合服务规
范》。建议从国家层面构建一个养老服务业 PPP 项目标准的质量评估体
系,参考已有的养老服务或医养结合服务质量规范,增加对 PPP 项目服
务质量监管的相关要求,比如对 PPP 合同中规定的责任方完成情况的评
估、对不同身体状况和不同层次情况老年人的不同需求分类发展的评估
等[1]。除接受政府直接监管外,还可以依托第三方评价体系,结合国际标
准对养老服务机构的服务进行评估、评级。

6. 加强对养老服务 PPP 项目的全过程监管

养老服务 PPP 项目持续时间长、风险概率比较高。为减少项目运行
期间风险出现的概率,政府应当加强对它进行全过程监管,及时化解可

---

[1]　丁伯康:《PPP 模式运用与典型案例分析》,经济日报出版社,2017,第 129—
130 页。

以化解的风险，避免造成更大的损失。首先，要强化养老服务 PPP 项目全过程监管意识。政府部门及其人员要树立全过程监管的意识，将养老服务 PPP 项目监管作为一项长期性业务来坚持，持续完善相关制度建设并稳定贯彻执行，不因人员变动、岗位调整等而有所偏废；尤其要更加重视项目中后期监管，不能因为项目进入采购或执行阶段而放松监管。其次，要采用多种方式实施动态监管。要根据养老服务 PPP 合同的期限，制定长期监管计划，并确定每个阶段的监管重点、监管方案等，根据项目进展情况持续完善监管计划和方案。同时，要与时俱进地完善监管办法、改进监管技术，充分运用现代信息技术提高监管效率、改进监管效果。最后，要加强对监管结果的运用。在养老服务 PPP 项目合同中，明确双方的履约责任，明确违约、提前终止及终止后的处理机制。一旦在监管中发现违约问题，应当严格履行合同约定、按约定严肃处置。

第二节　养老产业专项债券模式

养老产业专项债券是一种企业专项债券，是以企业为发债主体、以特定养老产业项目为募投对象的专项债券。它是我国为畅通养老服务业融资渠道、缓解产业融资困难、促进产业持续健康发展而采取的一种市场化融资举措。

一、养老产业专项债券模式的内涵要义

养老产业专项债券是 2015 年国家发改委推出的一种企业专项债券。根据《养老产业专项债券发行指引》(发改办财金〔2015〕817 号，以下简称《发行指引》)，养老产业专项债券是用来支持专门为老年人提供生活照料、康复护理等服务的营利性或非营利性养老项目，通过发行专项债券进行融资，用于建设养老服务设施设备和提供养老服务。发债企业可以使用债券资金改造其他社会机构的养老设施，或收购政府拥有的学校、医院、疗养机构等闲置公用设施并改造为养老服务设施。通过发行养老产业专项债券，可以拓宽社会资本融资渠道，支持社会力量积极参与发展养老服务。

根据《发行指引》，国家发改委在发行主体负债率、主体资产认定、发债指标与额度、资金使用、发行期限、审核程序等方面适当放宽了对养老产业专项债券的要求。在发行主体负债率上，将城投类企业和一般

生产经营性企业的资产负债率要求分别放宽至 70% 和 75%；主体评级
为 AAA 级的，资产负债率要求可进一步放宽至 75% 和 80%。在主体资
产上，明确支持发债企业以出让或租赁建设用地使用权为债券设定抵押；
以出让方式获得的养老服务设施用地，可以计入发债企业的资产；对于
政府通过 PPP、补助投资、贷款贴息、运营补贴、购买服务等方式支持
企业举办养老服务机构、开展养老服务的，可计入发债企业的主营业务
收入。在发债指标与额度上，城投类企业不受发债指标限制；募集资金
占养老产业项目总投资比例放宽至不超过 70%。在资金使用上，允许使
用不超过 50% 的募集资金用于偿还银行贷款和补充营运资金；允许将资
金用于房地产开发项目中配套建设的养老服务设施项目。在发行期限上，
支持发债企业发行 10 年期及以上的长期限企业债券或可续期债券。在审
核程序上，在相关手续齐备、偿债保障措施完善的基础上，比照"加快
和简化审核类"债券审核程序，提高审核效率。正是因为上述优待性政
策，养老产业专项债券逐渐成为养老服务业众多可用市场融资方式中优
势比较明显的一种。它不仅具有一般企业债券的优势，而且在投资养老
服务设施这种公益性强、回收期较长的项目上具有更好的经济性和灵活
性。此外，养老产业专项债券发行期限比较长，还可以用募投项目的运
营收入逐年进行还本付息，总体上偿还压力较小。

　　养老产业专项债券与用于养老领域的地方政府专项债券具有一定的
联系与区别。它们都与养老产业或项目关联，但是在发行主体、主管部
门、发债目的、发行额度、偿还资金来源等方面却有明显的不同。第一，
发行主体不同。养老产业专项债券是一种企业专项债券，其发行主体是
企业，虽然投资领域与城投类企业的主营领域高度相关，然而，它并不
是一种城投类债券，本质上是企业的市场行为；而地方政府专项债券的

发行主体是省、自治区、直辖市政府，所募集的资金用于地区专项建设，并可通过转贷的方式提供给下一级政府使用。第二，主管部门不同。前者的主管部门是国家发改委，后者的主管部门是财政部。第三，发债目的不同。前者以"稳增长"为出发点，吸引民间资本进入养老服务业等领域，深度下沉至产业并锁定资金用途，提升债券服务实体经济的能力；后者是以"防风险"为出发点，通过拓宽基础设施建设的融资渠道，防范地方政府债务风险。第四，发行额度不同。前者受养老产业项目等总投资额的限制，一般不超过项目总投资的 70%，相对比较灵活；后者则受地方政府年度专项债务额度的限制，需要纳入政府预算管理，约束性比较强。第五，偿还资金来源不同。前者未对偿还资金做出强制性规定，可以是募投项目的收益，也可以是发行主体的运营收入；后者则严格区分本金和利息的偿债来源，本金应由对应的政府性基金收入、专项收入、发行专项债券等来偿还，利息不得通过发行专项债券偿还，以实现项目收益和融资的自平衡。为了进一步提升专项债券的融资效率，地方政府应积极构建地方政府专项债券与企业专项债券"相对接、相平衡的投融资格局"[①]，充分发挥养老产业专项债券期限长、成本低的融资优势，既为养老产业建设与发展提供资金支持，也能够纾解地方政府的负债融资压力。

二、养老产业专项债券模式的实践情况

自 2015 年《发行指引》发布后，我国不少地方陆续发行养老产业专项债券，加大养老服务业融资力度、加快推动养老服务业发展。

---

① 谢琼、姚莲芳：《政府投融资模式创新：地方政府债券与企业专项债券的对接与平衡》，《地方财政研究》2017 年第 6 期。

1. 养老产业专项债券的数量与分布

根据国家发改委网站发布的信息，截至 2021 年 2 月 28 日，我国有 25 支养老产业专项债券通过国家发改委的发行审核并陆续向社会募集资金。从地区分布上，目前有湖南、贵州、广西、四川、重庆、河南、内蒙古、安徽、湖北、山东、浙江、辽宁等 12 个省市发行了养老产业专项债券，其中湖南省 10 支、贵州省 3 支、四川省和重庆市各 2 支，其余八个省份各 1 支（如图 5-12）。从获批年份上看，养老产业专项债券最早于 2015 年获批，共获批 3 支，均在湖南省；2016 年获批 11 支，其中湖南省 6 支，辽宁、贵州、浙江、山东、四川省各 1 支；2017 年获批 6 支，分别是贵州省 2 支，安徽、四川、湖北省和内蒙古各 1 支；2019 年获批 2 支，重庆市和河南省各 1 支；2020 年 3 支，其中广西壮族自治区 2 支、湖南省 1 支（如图 5-13）。从以上数据可以看出，湖南省是我国养老产业专项债券获批时间最早、数量最多的省份。

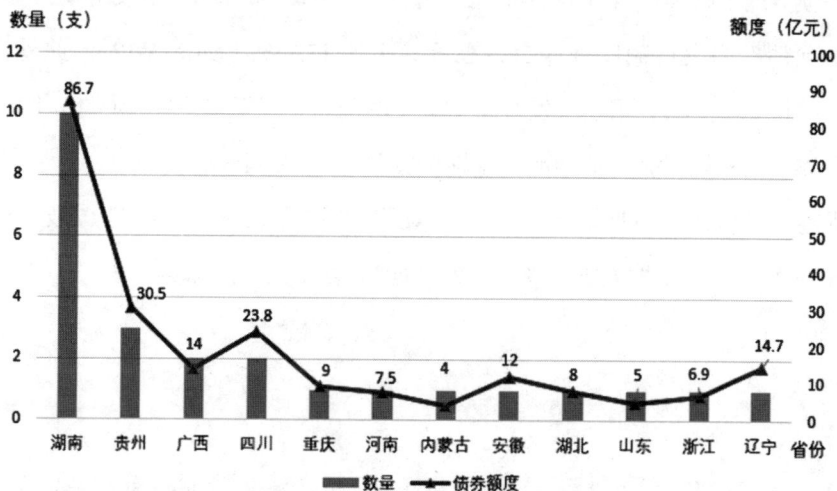

图 5-12　我国养老产业专项债券的地区分布情况

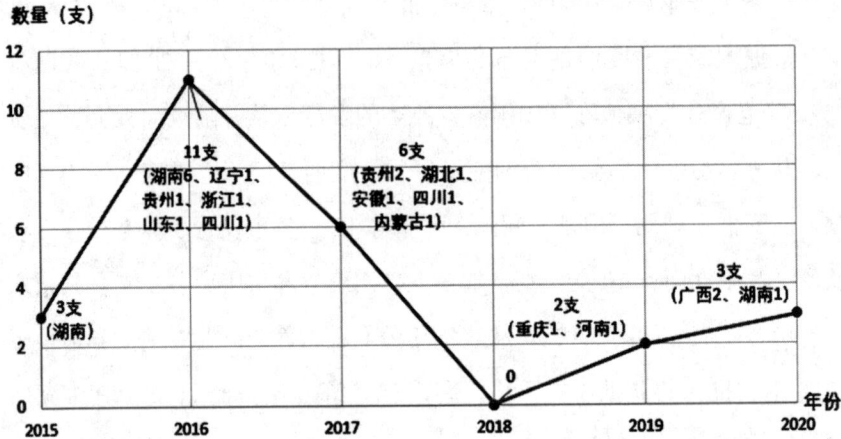

图 5-13　我国养老产业专项债券的获批年份情况

2. 养老产业专项债券的额度与期限

我国 25 支养老产业专项债券的总发行额度已达 222.1 亿元，最少的为 4 亿元，最多的为 14.9 亿（见表 5-1），其中湖南省 10 支养老产业专项债券的发行额度合计 86.7 亿元，占比 39.03%；贵州省的 3 支养老产业专项债券的发行额度合计 30.5 亿元，占比 13.73%（如图 5-12）。此外，从发行年限上看，虽然《发行指引》中明确"支持发债企业发行 10 年期及以上的长期限企业债券或可续期债券"，但是在当前的实践中，养老产业专项债券的发行期限主要是 7 年、8 年和 10 年，其中 7 年期 17 支、8 年期 2 支、10 年期 6 支，尚未有发行期为 10 年以上的债券。

表 5-1 我国养老产业专项债券的发行额度与年限
（发行额度单位：亿元；发行年限单位：年）

序号	获批年份	债券名称	发行额度	发行年限
1	2015	湖南省郴州市新天投资有限公司养老产业专项债券	8	10
2	2015	湖南省衡阳市交通建设投资有限公司养老产业专项债券	6.5	7
3	2015	湖南省娄底锑都投资发展有限公司养老产业专项债券	4.7	7
4	2016	山东省高密市城市建设投资集团有限公司养老产业专项债券	5	7
5	2016	四川省遂宁市天泰实业有限责任公司养老产业专项债券	10	7
6	2016	湖南省宜章县兴宜建设投资有限责任公司养老产业专项债券	8	8
7	2016	浙江省淳安县新安江开发总公司养老产业专项债券	6.9	7
8	2016	湖南省宁乡市城市建设投资集团有限公司养老产业专项债券	10.3	10
9	2016	贵州省黔东南州凯宏资产运营有限责任公司养老产业专项债券	14	10
10	2016	湖南省汝城县城建开发有限责任公司养老产业专项债券	10	7
11	2016	湖南省郴州市百福投资集团有限公司养老产业专项债券	14.9	10
12	2016	湖南省衡东县城市建设投资开发有限公司养老产业专项债券	10	7
13	2016	湖南省邵阳都梁投资发展有限公司养老产业专项债券	8.1	7
14	2016	辽宁省大洼县临港生态新城投资建设发展有限公司养老产业专项债券	14.7	8
15	2017	内蒙古自治区土默特右旗发展投资有限公司养老产业专项债券	4	7
16	2017	安徽省芜湖宜居投资（集团）有限公司养老产业专项债券	12	10

续表

序号	获批年份	债券名称	发行额度	发行年限
17	2017	贵州六盘水攀登开发投资贸易有限公司养老产业专项债券	8	7
18	2017	贵州省红果经济开发区开发有限责任公司养老产业专项债券	8.5	7
19	2017	湖北省秭归县投资公司养老产业专项债券	8	10
20	2017	四川省彭山发展控股有限责任公司养老产业专项债券	13.8	7
21	2019	重庆市万盛经济技术开发区开发投资集团有限公司养老产业专项债券	9	7
22	2019	河南省西峡县财和产业集聚区投资有限公司养老产业专项债券	7.5	7
23	2020	广西崇左市城市建设投资发展集团有限公司养老产业专项债券	10	7
24	2020	广西壮族自治区柳州市城市投资建设发展有限公司养老产业专项债券	4	7
25	2020	湖南省攸州投资发展集团有限公司养老产业专项债券	6.2	7
发行额度总计 （除用于养老产业项目的资金外，还包括补充营运资金）			222.1 亿元	

3. 养老产业专项债券的发行单位与投资机构

25 支养老产业专项债券的发行单位基本上是城投类企业，其中有 20 支的发行单位是国有独资公司，3 支是国有控股公司，1 支是市政府事业单位，1 支是自然人投融资或控股的法人独资公司。这充分说明了养老产业专项债券是国家和政府大力支持的养老服务融资方式，融资吸引力较高、融资成本与风险较低。此外，大多数养老产业专项债券在发行时会将投资者的身份限定为机构投资者，并要求债券上市后在相关交易场所应建立隔离制度，禁止个人投资者参与交易。目前 25 支债券中有 24 支明确要求仅限机构投资者参与投资，有 1 支债券，即河南省西峡县财和产业集聚区投资有限公司养老产业专项债券，提出机构投资者、个人投资者均可参与交易。由于债券交易需要支付一定的税收、佣金等成本，个人投资者的投资实力相对较弱，一般会被排除在养老产业专项债券投资者的范围之外；即使不被排除，也会因为养老产业投资周期长、回报率相对较低等原因而不会积极参与投资。

三、养老产业专项债券模式的问题窥探

目前，我国养老产业专项债券尚处于实践探索阶段，还有一些不够成熟的地方需要进一步完善，也需要特别注意防范可能出现的风险。

1. 养老项目经营收入不确定，导致市场认可度不够高

自 2015 年推广至今，我国只有 12 个省份发行养老产业专项债券，总的发行数量只有 25 支，其中除湖南、贵州、四川、广西外，有 8 个省份发行数量仅为 1 支。可以看出，目前养老产业专项债券的市场认可度还不是很高，发展速度相对较慢。这主要是因为养老项目经营收入具有不确定性。养老产业专项债券是以募投项目的未来经营收入作为主要偿债来源。但是，由于投资周期长、成本回收慢，养老项目费用承担界限比较模糊、项目收益不够明确，养老产业专项债券在市场融资吸引力上远不及城市停车场建设、战略性新兴产业等企业专项债券，相对来说市场表现较为温和、发展速度相对较慢。

2. 与其他专项债券组合发行，或对养老项目形成挤压效应

在当前已经获批发行的 25 支养老产业专项债券中，有 4 支债券是和城市停车场建设专项债券组合发行的，其中有 3 支债券除了安排养老产

业项目和停车场建设的额度外，还预留了一定的补充运营资金额度（见表 5-2）。虽然采取组合方式发行债券，可以增强项目的融资吸引力，但是这同时也会给募集资金的分配及其监管增加一定的难度。一方面，如何合理分配养老产业专项债券和其他一同发行的专项债券的比例，本身就具有极大的复杂性，需要经过十分严格、科学的测算。另一方面，在有预留补充运营资金的组合式专项债券中，如何在组合的专项债券中合理分配使用额度，也是一个十分重要的问题。上述 3 个有预留补充运营资金的专项债券并未明确补充运营资金的分配情况，这便给后期运行留下了比较大的调剂空间。停车场建设项目投资回报周期比较短且收益比较明确，因此在一般情况下会得到更多的融资青睐。可见，如果对补充运营资金没有进行明确的使用分配，其他合并发行的项目极可能会在后期运营中对需要长期投入的养老产业项目形成挤压效应。

表 5-2　部分与其他专项债券组合发行的养老产业专项债券（单位：亿元）

获批年份	债券名称	总额度	养老产业项目额度	停车场建设额度	补充运营资金额度
2015	湖南省衡阳市交通建设投资有限公司发行城市停车场建设与养老产业专项债券	14	6.5	7.5	0
2015	湖南省娄底锑都投资发展有限公司发行养老产业和城市停车场建设专项债券	7.7	2	3	2.7
2016	湖南省衡东县城市建设投资开发有限公司综合养老产业和城市停车场专项债券	12	7	2	3
2016	湖南省邵阳都梁投资发展有限公司养老产业和城市停车场建设专项债券	11.1	5.1	3	3

3. 存在一定的资金运行风险

养老产业专项债券和其他债券一样，也可能存在一定的金融风险。第一，功能异化风险。养老产业专项债券虽然是一种项目融资，但是如果缺乏严格的监管，发债企业有可能会将债券资金异化为企业的流动资金，从而违背专债专用的原则。第二，资金偿付风险。目前养老产业专项债券虽然尚未出现违约事件，刚性兑付还未被打破，但是这并不意味着不存在风险，尤其是在国内外形势日益复杂、新冠肺炎疫情冲击以及国内经济下行压力进一步加大的背景下，防止出现偿付风险的压力依然很大。第三，脱实向虚风险。养老产业专项债券所筹集资金的额度一般都是数亿元，有的甚至是十几亿元，发债企业一旦僭越规范、盲目逐利，脱离与养老实体经济相结合而转向虚拟经济的投资，那么不仅无法为养老产业项目提供发展资金，而且十分可能酿成严重的金融风险。

四、养老产业专项债券模式的优化建议

要有效发挥养老产业专项债券长期限、低成本的优势，就需要落实产业支持政策、持续优化债券设计、加强全过程债券监管，从而不断完善债券模式、规避各种可能出现的风险，切实提高实施效应。

1. 落实养老产业支持政策，增强债券融资吸引力

发行养老产业专项债券的目的是募集特定养老产业项目的建设与发展资金，促进产业持续健康发展。养老服务业是一个投资回收期长、利润率不高的产业，要想提升养老产业专项债券对市场资本的融资吸引力，就必须完善并落实政府支持产业发展的各项政策，切实发挥支持政策的效应，从而增强市场投资养老服务业的信心。目前，我国在用地保障、

人才保障、公建民营、民建公助、民营公补、政府购买服务、PPP 等方面已经出台了不少支持企业举办养老服务机构、开展养老服务的政策。当务之急，应当要推进上述政策真正落地落实，切实发挥并持续扩大政策效应，不仅能让参与发展养老服务的社会资本能够切实享受到政策红利，而且也能加快推动养老服务业蓬勃发展。只有养老服务业展现出较强的发展后劲与较好的发展前景，社会资本才会对养老产业专项债券产生更强的购买意愿。

2. 持续优化债券设计，完善养老产业专项债券模式

我国的养老产业专项债券尚属新生事物，大多数省份抱持观望态度，尚未推进实施。为推进养老产业专项债券在各地落地开花，并成为一种比较成熟的养老服务融资模式，建议可以从以下三个方面努力。首先，阶段性总结债券发行经验，完善发行指引及相关政策。从 2015 年至今，养老产业专项债券已落地实施五年多，也已有 25 支债券通过发行审核并陆续向社会募集资金。国家发改委有必要适时组织针对养老产业专项债券的经验总结，从发行筹备、资金筹集、项目实施、本息偿付、债券监管、风险防控等方面全面总结债券的实施情况，不仅可以为其他省份提供经验借鉴，而且可以结合实践中发现的问题与不足，及时完善债券结构、发行指引及相关政策等。其次，与其他融资方式相配合，增强债券实施效应。《发行指引》明确表示政府通过 PPP 等方式提供的支持可以计入发债企业主营业务收入；明确支持企业设立产业投资基金、支持养老产业发展、支持企业发行企业债券、扩大养老产业投资基金资本规模。这表明了养老产业专项债券与 PPP、养老产业基金等融资方式可以互相兼容、互相支持。建议地方发债企业在申请养老产业专项债券时，注重整合政策资源，积极与已有的 PPP、养老产业基金等衔接，从而增强债

券的实施效应。最后，积极开展创新实践的试点。对于具有稳定偿债资金来源的养老产业项目，可按照"融资—投资建设—回收资金"封闭运行的模式，开展项目收益债券试点；必要时，可以提供一定的内外部增信，以确保按时还本付息，降低资金偿付风险。

3. 加强债券全过程监管，防范各类资金运行风险

加强对养老产业专项债券的全过程监管，就是全面加强对债券从注册到存续期的监管。首先，强化债券信息披露要求和中介服务机构责任。2020 年 3 月 1 日，国家发改委发布了《关于企业债券发行实施注册制有关事项的通知》，正式将企业债券发行由核准制改革为注册制。养老产业专项债券作为企业债券的一种，其发行核准制自然也应改革为注册制。此次改革是为了强化债券信息披露要求和中介机构责任。一方面，确立以信息披露为中心的注册制监管理念，要求发债企业按要求披露真实、准确、完整、及时的债券相关信息，并承担相应的法律责任。另一方面，要求承销机构、资产评估机构、信用评级机构、会计师事务所、律师事务所等中介服务机构勤勉尽责、诚实守信，共同组成一个良性债券主体体系（如图 5-14），协助做好信息披露等工作，并对所出具的专业报告和专业意见负责。换句话说，中介服务机构要充分发挥"看门人"作用，着力加强债券的源头风险防控，切实维护规范有序的养老产业专项债券市场环境，促进债券市场高质量发展。其次，要落实省级发改部门的监管职责。省级发改部门应对募投项目出具符合国家宏观调控政策、固定资产投资管理法规制度和产业政策的专项意见，并承担相应责任；同时要发挥属地管理优势、强化主体责任，建立起债券违约的风险识别、预警、排查、处置的全程监管防控体系，防范化解企业债券领域的风险。最后，要加强养老产业专项债券市场的信用体系建设。通过建立债券的

信用档案，开展对发债企业及中介服务机构的第三方信用评价，形成守信激励、失信惩戒的信用约束机制，维护市场秩序。另外，可以探索实行养老产业募投项目的"正面清单＋负面清单"的管理制度，强化债券的产业引导功能，切实提高债券资金的使用效率，有效推动产业高质量发展。

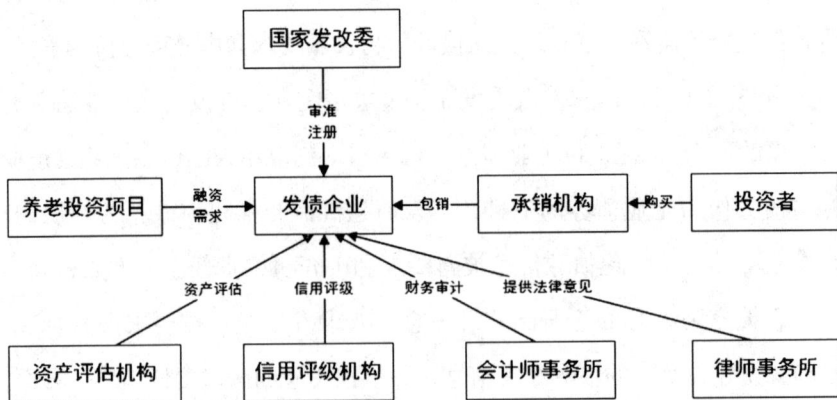

图 5-14　养老产业专项债券的主体体系

第三节　养老产业引导基金模式

养老产业引导基金本质上是一种融资媒介，是创新使用财政资金撬动社会资本参与发展养老服务的模式。它将财政支持与市场化融资结合起来，是养老服务融资中较具发展潜力的新型融资模式。

一、养老产业引导基金模式的内涵要义

根据基金发起方的不同，养老产业基金分为产业资本发起的养老产业基金、金融资本发起的养老产业基金和政府发起的养老产业基金三种类型。[①] 产业资本发起的养老产业基金一般由大型医药类企业或有涉老意愿的大型集团或上市公司发起，如 2017 年由北京同仁堂集团携手中原高速、太阳纸业等投资者成立的北京同仁堂养老产业基金。该基金规模为 10 亿元，计划用 5—7 年的时间打造北京同仁堂健康养老全国连锁运营项目。一般来说，这类基金具备强大的资源链接能力和价值塑造能力，以实现产业链条并购整合为目标，并关注在项目筛选及项目投后管理过程中的地位及话语权。金融资本发起的养老产业基金则一般由险资、银行、信托等金融机构发起，如 2021 年由中国人寿集团发起成立的总规模为 200 亿元的北京国寿养老产业投资基金。此类基金的主要目的是提高

① 陈琳翰、陈漫娜：《养老产业基金：发展现状、导入路径与趋势前瞻》，载董克用、姚余栋主编《中国养老金融发展报告 2018》，社会科学文献出版社，2018，第 177 页。

资金权益类投资比例，提升资金的整体收益率，是助力实现险资、银行或信托机构组织发展战略的重要手段。

养老产业引导基金是指由政府预算财政出资发起，吸引金融、投资机构等社会资本共同出资设立基金平台，专项投资于养老服务业的产业基金。它具有政府增信和先导优势，投资安全性较高；同时，由政府主导投资规则的制定，并负责基金运作监管，致力于实现国有资产保值增值与养老服务业加速发展的双重目标。我国从 2014 年起开始倡导建立养老产业引导基金。2014 年 8 月，财政部和商务部联合发布了《关于开展以市场化方式发展养老服务产业试点的通知》（财建〔2014〕48 号，以下简称《试点通知》），选取一些省份开展养老产业引导基金试点，探索以社会化、市场化、商业化方式支持养老服务业发展的长效机制。这不仅可以有效缓解地方财政的压力，而且能够创新财政资金使用方式、发挥财政资金引导功能，撬动社会资本参与发展养老服务，从而拓宽养老服务业的融资渠道，丰富养老服务业的发展资金。

二、养老产业引导基金模式的实践情况

在 2014 年的《试点通知》下发之后，我国选取湖南、内蒙古、吉林、江西、山东、安徽、湖北、甘肃等八个省份作为以市场化方式发展养老服务业的试点，并在 2014—2016 年三年间每年划拨 24 亿元的中央财政专项资金支持。这八个省份均遵循市场化运作等原则，由地方政府联合银行、企业等其他社会投资者共同设立了养老产业引导基金。

1. 基金规模比较大

为推动八个省份开展市场化发展养老服务产业试点，中央财政在

2014—2016 年三年间每年向每省划拨 3 亿元，计划由当地政府、城投企业、金融机构、投资机构等资本按照不低于 1 ：4 的比例出资 12 亿元以上配套资金，成立至少每年投入 15 亿元的养老产业引导基金。[①] 根据地方政府及有关部门发布的信息，八个省份养老产业引导基金的规模计划在 18—100 亿之间不等，分别是湖南省 100 亿元、山东省 60 亿元、江西省 60 亿元、甘肃省 60 亿元、安徽省 45 亿元、湖北省 30 亿元、内蒙古 30 亿元、吉林省 18 亿元（见表 5-3）。在这八个省份中，湖南省、山东省、江西省、甘肃省的基金规模比较大。湖南省首期基金的规模为 45 亿元，其中中央财政、湖南高新创投等出资 15 亿元，向社会募集 30 亿资金；山东省首期基金的规模为 20 亿元，用中央财政试点资金、省级财政配套资金以及烟台六区财政资金共计 4 亿元作为引导资金，引进社会资本 16 亿元；江西省首期基金的规模为 30 亿元，由中央财政、省旅游集团出资 7.5 亿元，吸引社会资本 22.5 亿元；甘肃省首期基金的规模为 35 亿元，用中央财政、省级财政的 7 亿元资金作为引导资金，引进社会资本 28 亿元。

---

① 曹卓君、秦婧：《养老产业金融：行业并购兴起，多元发展仍是趋势》，载董克用、姚余栋主编《中国养老金融发展报告 2017》，社会科学文献出版社，2017，第 135 页。

表 5-3　八个试点省份养老产业引导基金规模

基金名称	成立时间	基金规模（亿元）	首期规模（亿元）	引导资金（亿元）	撬动资金（亿元）	首期/计划杠杆比例
湖南健康养老产业投资基金	2015.08	100	45	15	30	1：2
山东烟台福颐养老投资中心基金	2015.09	60	20	4	16	1：4
江西养老服务产业发展基金	2015.12	60	30	7.5	22.5	1：3
甘肃省养老服务产业发展基金	2015.07	60	35	7	28	1：4
安徽省中安健康养老服务产业投资基金	2015.12	45	15	6	9	2：3
内蒙古养老服务产业基金	2016.06	30	—	6	24	1：4
湖北省养老服务业发展引导基金	2016.03	30	—	6	24	1：4
吉林省养老服务产业基金	2015.10	18	—	6	12	1：2

备注：根据各省政府及其部门官网等发布的信息整理。

2. 采用市场化运作模式

《试点通知》中明确指出养老产业引导基金要遵循市场化运作原则，即出资者尤其是政府不参与基金的管理，出资与管理互相分离（如图

5-15）。政府的主要作用是出资并搭建基金平台，吸纳社会资本参与；但是政府和社会资本都不参与基金的具体运营，而是将基金资金托付给银行保管、将管理业务委托给专业管理团队按市场化方式运作。八个省份养老产业引导基金的管理主体多为省投资集团、省投资集团投资或控股的平台公司，基金严格按市场化方式运作。大部分养老产业引导基金采取分期发行的模式，逐渐深化与社会资本的合作；有的则采用"母子基金"的运作模式，如内蒙古养老服务产业基金、湖北省养老服务业发展引导基金等，即将养老产业引导基金设为母基金，根据行业细分情况设立不同领域的子基金，由子基金负责对接相应领域的养老项目投资，母基金则根据具体情况灵活选择以跟股、参股或控股等不同形式参与到养老产业投资中。

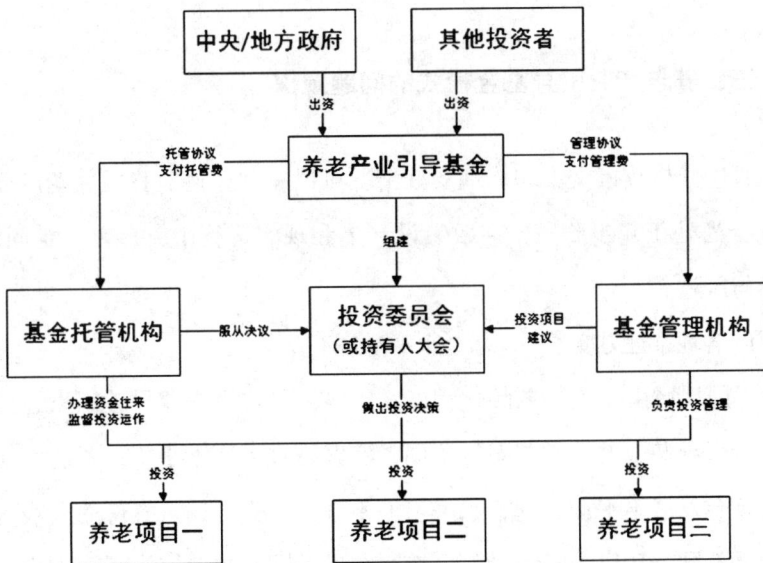

图 5-15　养老产业引导基金治理结构

3. 以面向大众的养老服务业为主要投向

根据《试点通知》，养老产业引导基金要投向养老服务产业，重点支持居家养老、社区养老服务体系建设，培育有竞争力的品牌养老服务企业，发展有活力的中小养老服务企业，研发养老服务产品，推动养老服务与家政、医疗等生活性服务产业融合发展。其中，投入居家养老、社区综合服务、大众化集中养老等面向大众的养老服务产业的比例不低于60%。八个省份均严格按照国家规定比例执行，立足本省产业特色，将养老产业引导基金投向社区养老、居家养老等公共服务领域。其中，山东烟台福颐养老投资中心基金把比例提高到80%，将首期20亿元中的16亿元用于居家、社区综合养老服务项目，充分发挥烟台市优质医药企业多的优势，鼓励健康养老全产业链发展，将基金公共服务职能作为其产业延伸发展的基础。

三、养老产业引导基金模式的问题窥探

通过分析政策文本和梳理实践情况可以发现，目前我国养老产业引导基金尚处于起步阶段，在政策设计上和现实运行中，存在一定问题、困难与风险。

1. 各地推进力度不一，基金水平参差不齐

不同地区由于人口老龄化程度、经济发展水平等差异性因素，对养老产业引导基金的认知与态度不同，实践推进力度大小不一，从而使得各地基金发展不平衡、基金水平参差不齐。首先，试点省份的实践进度与效果不同。从启动时间看，虽然八个省份同时被确定为试点省份，中央财政也一视同仁地下拨引导资金，但是在现实运作中，内蒙古、湖北省的基金启动相对较晚。从基金规模看，如果以国家计划的2014—2016年每年15亿元的基金规模标准来衡量，那么内蒙古、湖北省、吉林省的

基金规模相对比较小，尚未达到国家计划的目标基金规模。从综合效果上看，湖南、山东、山西三个省份的养老产业引导基金发展势头相对较好，不仅启动时间比较早、基金规模比较大，而且在具体执行中有较多的落地案例，其中湖南健康养老产业投资基金堪称业内典范。其次，其他省市实践热度不一。在试点省份的带动下，部分省市也设立了养老产业引导基金，如福建省、江苏省、贵州省、北京市等。但是，由于社会认知程度不高、可借鉴经验较少，养老产业引导基金在全国范围内的推广速度还比较慢，并不是所有省市都加入了养老产业引导基金的实践行列。

2. 募资存在现实困难，基金规模或难达成

根据《试点通知》，养老产业引导基金的中央及地方政府出资额不超过基金募集总额的 20%。换言之，社会资本的出资额度至少要占基金筹集总额的 80%。可见，养老产业引导基金所需社会资金的额度比较大。但是，由于基金筹资模式、经济形势变化等原因，面向社会募集资金存在现实困难。一方面，养老产业引导基金大多采用有限合伙形式，有限合伙人的资金实行认缴制。地方政府在组织成立养老产业引导基金时，中央财政、省级财政等引导性资金一般都已先行到位，但是，在养老产业投资项目尚未落地前，社会资金一般并不能完全到位，从而使得基金实际到位资金的规模与目标募集资金的规模存在较大的差距。另一方面，当前我国经济总体面临下行的压力，加上养老产业投资回收慢、回报率低，社会资本对养老产业的投资意愿总体还不是很高，这将使正在募集中或首期募集完成但尚未募资完毕的养老产业引导基金面临日益加大的募资压力。

3.养老投资期限较长，或有潜在流动性风险

从基金投资配置一端看，养老产业引导基金大多是投资规模比较大、期限比较长的养老产业项目，短时间内难以回收全部资金；从基金资金来源一端看，在可选择情况下，大多数社会资本会倾向于投资相对短期的项目。可见，基金投资配置与资金来源之间存在比较明显的期限错配[①]。随着养老产业的加速发展，养老服务市场会逐渐饱和，从而使得高质量养老投资项目变得越来越有限，从而进一步加大基金的募资难度。这最终将会导致养老产业引导基金面临越来越明显的现金流压力、存在潜在的流动性风险。

4.或有名股实债等操作，可能加重隐性债务风险

养老产业引导基金在放大财政资金杠杆作用的同时，也在一定程度上低估了地方政府的隐性债务压力。由于养老产业引导基金所投资项目本质上是一种股权投资，无须反映在项目发起人的资产负债表上，使得项目发起人的债务负担很大程度上被低估。部分地方政府为推动养老服务业融资、加快养老服务业发展而发起成立养老产业引导基金，可能会采用名股实债、设置兜底条款、以土地收入作为担保等方式，来实现撬动更大规模社会资本参与发展养老服务的目的。虽然名股实债等操作在国务院及财政部、国家发改委、银保监会等出台的相关文件中，都是被严格限制或是明确禁止的，但是由于养老产业投资项目收益的不确定性与未完全覆盖性，不少养老产业引导基金可能由政府或国企采用名股实

---

① 郑联盛、夏诗园、葛佳俐:《我国产业投资基金的特征、问题与对策》，《经济纵横》2020 年第 1 期。

债等方式来实现增信，以提高融资吸引力[①]，这无疑会加重地方政府的隐性债务风险。

5. 基金存续期限将毕，即将面临退出考验

目前我国已有的养老产业引导基金的存续期一般不超过 8 年，经基金出资人协商一致，最多可延长 2 年或 3 年。这也就意味着 2023 年前后，养老产业引导基金将陆续进入资本退出和基金解散阶段，将要面临退出的考验。目前，各地有关养老产业引导基金退出的规定基本与其他政府产业引导基金类似，主要有公开上市、兼并收购、股权转让和回购等路径[②]。但是，不同产业具有各自的特殊性、产业在不同发展阶段也具有阶段性特征，如果完全采用整齐划一的退出办法，那么很可能会出现适用尴尬、效率损失等问题。因此，当务之急应当未雨绸缪，尽快建立养老产业引导基金的相关退出管理办法。

四、养老产业引导基金模式的优化建议

对于以上可能出现的问题、困难与风险，建议从顶层设计、政府定位、市场作用、风险管控等方面入手，持续优化养老产业引导基金模式，从而更好地发挥其"四两拨千斤"的融资功能。

1. 完善顶层制度设计，强化基金投资指引

养老产业引导基金在我国还是一个新生事物，亟须加强制度设计与政策引导。首先，要立足养老产业特性，制定专门的基金管理办法和投

---

① 俞勇：《政府引导基金"名股实债"的监管和风险防范（中）》，《当代金融家》2020 年第 11 期。

② 卫志民、胡浩：《政府引导基金退出机制优化研究》，《理论学刊》2020 年第 2 期。

资指引。目前有的地方政府出台了养老产业引导基金管理办法，但仍有不少省市以股权投资基金或政府投资基金等管理办法为准。当务之急，各地应当加快制定并完善养老产业引导基金的办法或实施细则，对该基金从设立、投资、存续、退出的全过程均做出专业化、针对性的指导。此外，为提升基金投资的精准性与成效，建议各地应结合国家有关规定和地方养老产业特色，针对性地制定地方养老产业引导基金的投资指引。其次，构建基金信息披露机制，及时发布有关信息。通过查阅公开资料发现，有关八个试点省份养老产业引导基金信息披露较少，尤其是即时的实施情况更新十分滞后，有的甚至连成立的基本信息都不完备。建议应建立养老产业引导基金全程信息披露机制：前期注重对投资项目、资金分配等基本信息的披露；中期要注重对项目运营、资金收益等阶段性信息的披露；后期要注重对基金退出机制、项目总体评价等总结性信息的披露。通过全程及时的信息披露，不仅可以润滑引导基金的运作链条、实现引导基金的持续滚动，还能够为其他同类型或相近的产业引导基金提供经验借鉴。

2. 明确政府功能定位，引导基金健康发展

政府虽然出资发起并设立了养老产业引导基金，但它是基金发展的引导者而不是主导者。首先，政府是产业发展方向的引导者。养老产业引导基金的根本目的是引导养老服务业高质量发展。政府要在明确规划养老服务业发展方向、制定完善养老服务政策的基础上，有效引导基金的投向、充分发挥基金的功能，从而促进养老服务业提质增效与转型升级，实现产业政策和金融资本的有效融合。其次，政府是基金管理规则的制定者。政府应负责制定并不断完善基金管理制度、基金投资指南等，但不参与基金具体的管理与运营。最后，政府是基金健康运行的保障者。

一方面，要营造良好的产业政策环境，增强社会资本投资养老产业引导基金的积极性和主动性。另一方面，要切实履行基金监管职责，严格防范各类异化风险、严肃处理各种脱轨现象，确保养老产业引导基金平稳有序运行。

3. 发挥市场主导作用，服务养老产业发展

养老产业引导基金是以引导养老服务业健康发展为目的养老产业基金，既要坚持基金的市场化本质属性，更要服务于养老服务业的发展。首先，要坚持市场主导。养老产业引导基金应坚持市场化运作原则，将基金日常管理、投资运作等委托给专业的投资机构，充分发挥市场的主导作用，弱化行政力量对具体运营的干预，避免造成非市场化约束。其次，要强化产业属性。强化养老产业引导基金的产业属性，就是要强化其与养老服务业实体的内在关联性，严格避免脱实向虚。各地应立足实际，合理框定养老产业引导基金的主要投向，重点发挥其在产业要素集聚中的引导、放大和优化功能[①]，从而推动养老服务业实现创新和高质量发展。

4. 强化金融风险管控，保障基金稳健运行

一方面，要强化地方政府债务风险管控。由于股权投资风险相对比较高、适用范围有限，养老产业引导基金可以作为养老服务业的辅助性融资工具，但不宜作为主导性融资工具。地方政府应当理性看待该基金的融资功能，因地制宜地引导基金的设立，避免盲目扩张性的加杠杆冲动。此外，地方政府要选择适宜的融资增信方案，避免出现增加债务负担的名股实债等操作。建议可以通过选择实力较强且政府支持力度较大

---

① 郑联盛、夏诗园、葛佳俐：《我国产业投资基金的特征、问题与对策》，《经济纵横》2020年第1期。

的平台公司作为回购主体、引入养老服务业龙头企业参与项目实施、与政府设立的担保公司合作建立融资担保等方式[①]来实现养老产业引导基金的融资增信。另一方面，要强化基金运行监管与绩效评价。除了在基金存续期全程及时披露有关信息外，地方政府应当明确制定基金运行监管办法，明确监管的主体、方式、内容等，并严格落实有关监管规定，防范出现基金管理不规范、财务运作不稳健等运行风险。此外，为防止出现伪基金、基金功能异化或基金脱实向虚等问题，确保充分发挥基金的产业促进功能，可以通过考察养老服务项目、获取服务对象及其他主体评价等方式，对基金运行进行必要的绩效评价。

---

① 俞勇：《政府引导基金"名股实债"的监管和风险防范（下）》，《当代金融家》2020年第12期。

第四节　养老服务开发性金融模式

开发性金融是国家的金融,是支持发展的金融[1]。在养老服务业领域,开发性金融是国家支持养老服务业发展的一种中坚力量。它将国家信用与市场原理特别是资本市场原理有机结合起来,既增强了国家养老服务业战略实现的能力,也引领了一种积极向善的金融新风尚。

一、养老服务开发性金融模式的内涵要义

从严格意义上来说,开发性金融不是传统政策性金融,而是政策性金融的深化和发展,是介于传统政策性金融与商业性金融之间的一种金融形式。[2]它不直接向产业或项目投入财政资金,而是以市场化的方式有偿提供融资资金;不单纯以利润最大化为目标,而是以大额、长期、低利率的信用贷款及综合金融服务,支持重点市场建设和新兴产业发展。总的来说,开放性金融以服务国家发展战略为宗旨、以国家信用为依托、以资金保本微利为原则、以市场化运作为主要形式、以建设市场信用制度为核心原理、以银政合作和社会共建为主要抓手、以规划为工作切入

---

[1]　陈元:《开发性金融的理论沿革、属性与发展》,《开发性金融研究》2019年第3期。

[2]　张弛、周延虎:《开发性金融支持养老服务业发展研究》,《开发性金融研究》2015年第3期。

点、以中长期投融资为载体，是能够促进实现政府经济社会发展战略、弥补体制落后和市场失灵、维护经济金融安全和增强产业竞争力的一种金融形式。

目前我国养老服务业尚处于起步阶段，资金需求量巨大，除了财政支持与政策扶持外，亟需大量的社会资本参与投资。但是，由于我国养老服务市场机制还不够成熟，加上养老服务投资回收周期长、利润率低等原因，社会资本参与投资的积极性并不是很高。与此同时，养老服务机构或企业由于大多采用租赁、公建民营等轻资产方式运作，一般不具备商业性融资所需的固定资产和抵押担保能力，从而难以获得商业性资本的青睐与支持。基于此，我国养老服务业可以积极争取开发性金融资本的支持，以缓解融资难的困境。

二、养老服务开发性金融模式的实践情况

国家开发银行是我国最早开展也是主要开展开发性金融支持养老服务业业务的金融机构。2012 年 9 月，民政部和国家开发银行签署了《支持社会养老服务体系建设规划合作协议》，双方本着"优势互补、共促发展"的原则，共同促进社会养老服务体系建设。2015 年 4 月，双方联合发布了《关于开发性金融支持社会养老服务体系建设的实施意见》，既进一步明确了养老服务开发性金融的框架，也进一步合作加大对社区居家养老服务设施建设项目、居家养老服务网络建设项目、养老机构建设项目、养老服务人才培训基地建设项目、养老产业相关项目等五大类养老项目的支持。截至 2020 年 8 月底，国家开发银行已累计支持 396 个客户的养老项目建设，覆盖了 30 个省区（市），累计投放养老资金 386 亿元。

它在"十四五"期间还将推动实施养老业务"331"工程，即开发培育300家养老龙头企业、整体支持300座城市养老服务体系建设、累计投放1000亿元养老服务专项贷款[①]，助力国家积极应对人口老龄化。总的来说，民政部与国家开发银行近年来持续深化合作，为许多符合国家养老服务产业发展战略、属于地方重点支持范围的项目提供了中长期资金支持与综合金融服务，有效助力我国养老服务业快速高质量发展。

1. 民政部门与国家开发银行各司其职

我国养老服务开发性金融严格遵循"政府引导、金融支持、社会参与、市场运作"的原则。在养老服务产业项目的开发、审批及贷款管理上，民政部门和国家开发银行系统通力合作、各司其职。在项目开发阶段，各地民政部门负责项目的遴选和审核，并择优向国家开发银行各分行推荐；在项目审批阶段，国家开发银行依规对具备评审条件的项目进行评审，并将结果反馈给民政部门，各地民政部门提供必要的项目评审协助与支持；在贷款管理阶段，国家开发银行按照审批结果安排贷款的发放、支付及后续管理工作，民政部门则对项目进行跟踪指导和贷后管理，确保项目能够落地落实、平稳发展。这种合作方式既能发挥国家信用和政策指导的优势，也能充分发挥国家开发银行支持产业发展的实力，不仅可以缓解财政资金投入不足等问题，而且能够较好地避免金融投资的无序性或盲目性。值得一提的是，国家开发银行是我国第一家组建养老业务专门处室、出台养老行业专项评审制度以及设立养老专项贷款的金融机构。它长期以来将支持养老产业作为服务国家战略、开拓业务领域的一项重要工作，积极开展银政合作、行业研究和市场建设方面的研

---

① 《国开行："十四五"期间将累计投放养老服务专项贷款1000亿元》，新华网，http://www.xinhuanet.com/money/2020-09/23/c_1126531375.htm。

究，细分居家、社区、机构各个养老领域的融资需求，从而不断完善评审制度、丰富融资模式。

2. 信贷条件相对比较宽松

国家开发银行为养老服务业提供的信用贷款设定了比较宽松的条件。第一，适当降低资本金门槛。要求资本金占比应不低于总投资的 20%，政府补助资金、借款人自有资金和纳入项目总投资的借款人非货币资产等均可算作养老服务项目的资本金。第二，贷款期限较长。允许最长不超过 15 年的贷款期限，如果算上允许的 3 年最长宽限期，那么最长可达 18 年。第三，贷款利率因项目而定。不设定统一的贷款利率，而是根据贷款定价模型进行测算，项目具体情况不同，贷款利率也不同。以新开业的注册资本 500 万元的涉老企业为例，其贷款利率一般为 10% 左右，有实力的养老企业会更容易得到贷款。第四，拓宽还款来源。还款来源主要为项目自由现金流，包含但不限于养老床位的租赁收入、各项养老服务的收费、配套商业设施的销售或租赁收入等。第五，信用结构和担保方式多样化。允许充分利用借款人、担保人、项目自身、地方政府等相关利益方的有效资源构建信用结构，允许采用资产抵押、保证担保、股权质押、收费权质押等方式进行信用担保等。总的说来，养老服务开发性金融的框架设计与我国养老服务产业项目建设周期长、资金需求大、盈利能力弱等特征高度吻合，是一种值得推广的、符合产业特征与发展需求的融资模式。

3. 友好支持养老服务业其他融资模式

养老服务开发性金融可以通过发放贷款、支持专项建设资金、提供综合性金融服务等，友好支持政府购买养老服务、养老服务 PPP、养老产业专项债券等融资模式，从而更好地吸引社会资本参与发展养老服务。

第一，友好支持政府购买养老服务。在执行政府购买养老服务合同过程中，允许服务承接主体以向开发性金融机构融资的方式筹集资金；在完成合约约定的项目任务后，依托地方政府购买而回收投资成本并获取合理收益。2015 年 8 月发起的山东滨州社会养老服务中心项目是国家开发银行在全国发放的首例政府购买养老服务项目贷款。该项目以滨州市民政局为政府购买服务主体，经市政府批准列入年度采购预算后，通过公开招投标方式择优选定滨州养老产业投资经营有限公司作为项目承接主体。滨州养老产业投资经营有限公司分别与滨州市民政局和国家开发银行山东分行签订了《政府采购合同》和《基本建设贷款合同》，以政府采购合同中确定的应收款作为质押，向国家开发银行山东分行申请并获得了额度 7 亿元、期限 15 年的基准利率贷款。第二，友好支持养老服务 PPP 项目建设。地方政府和社会资本以 PPP 模式合作开展养老服务项目建设，双方联合成立的 SPV 公司可以通过向开发性金融机构融资的方式筹集项目建设资金。2015 年 6 月发起的赣州章贡区社区（村）居家养老服务中心项目就是一个开发性金融支持养老服务 PPP 项目的实例。该项目由章贡区政府和江西鹭溪农业发展有限公司合作建设，国家开发银行通过向 PPP 项目公司提供 1.3 亿元贷款资金和 1300 万专项建设基金，支持全区 72 个社区居家养老服务中心建设，为章贡区约 11 万名 60 岁以上老年人提供居家养老服务。第三，友好支持养老产业专项债券。开发性金融机构还可以通过发挥其债券承销的优势，协助养老产业专项债券发行人完善公司治理结构、优化资产结构、增强盈利能力和信用建设等，并作为主承销商组建承销团来发行、承销养老产业专项债券，从而增进债券的可信度、吸引力与安全性等。

三、养老服务开发性金融模式的问题窥探

养老服务开发性金融是一种积极的金融形式，已在实践中推动建成许多养老服务项目。但是由于具体实践中尚存在一些问题和潜在风险，使得养老服务开发性金融的市场尚未真正有效启动。

1. 民营养老服务企业较难具备贷款条件

虽然开发性金融的贷款条件比商业性金融宽松许多，但是由于一些客观原因，使得民营养老服务企业依然难以具备贷款条件。一方面，难以满足项目资本金的要求。大多数民营养老服务企业规模较小、财力有限，即便是有政府补助的支持，也难以做到"项目资本金占比应不低于总投资的 20% 且需与贷款资金同比例到位"的要求。另一方面，能够提供的抵质押物相对较少。虽然国家开发银行允许项目采用资产抵押、保证担保、股权质押、收费权质押等方式构建贷款信用，但是民营养老服务企业由于实力相对较弱，多数采用租赁或公建民营的轻资产方式运行，同时在股权、收费权等方面也不具优势，一般较难提供合格的抵质押物。基于上述事实，目前我国养老服务开发性金融比较倾向于支持政府或国企主导的实力比较强、盈利模式比较成熟的大企业或大项目，而民营养老服务企业则相对较难获得青睐。

2. 长期大额信贷存在较高的偿付风险

养老服务开发性金融一般提供的都是长期大额信贷，这比短期小额信贷具有更高的偿付风险。首先，因贷款期限与养老服务企业生命周期不匹配所引发的偿付风险。[1] 每个养老服务企业都有自己的生命周期，即

---

[1]　李惠彬、康庄:《开发性金融风险特征及其控制》,《重庆大学学报（社会科学版）》2007 年第 3 期。

有一个由盛转衰的过程。国家开发银行在向养老服务企业提供金融支持时，主要依托国家信用和政府推荐，更多的是考量企业现时的经营效益，而未充分考虑其处于企业生命周期的哪个阶段。一旦养老服务企业生命周期终结，而贷款尚处于存续期，那么就会出现巨大的偿付危机。其次，因宏观经济波动所引发的偿付风险。宏观经济波动是现代经济社会的一种普遍现象，对任何一个产业都会产生影响，养老服务业自然也不例外。目前我国不仅面临着经济下行的压力，而且正处于新冠肺炎疫情后的恢复时期。这必然会对养老服务企业的生存和发展带来冲击，不仅会影响其正常运营和收益，而且会因此而造成现金流减少，进而影响到贷款本息的及时、足额偿付。

3. 政府隐性担保所带来的隐性债务风险

养老服务开发性金融是服务于国家经济发展战略且依托国家信用的一种金融形式。它所支持的养老服务企业或项目一般需要经过民政部门的遴选、审核和推荐。它允许养老服务企业或项目将政府补助资金等计入资本金，认可以政府购买养老服务收费权为担保或质押的做法，也更愿意为养老服务 PPP 项目提供贷款和专项建设资金。这些实际上会令地方政府成为养老服务项目获得开发性金融支持的隐性担保，为养老服务项目的发展成效背书。但是，由于我国养老服务市场还不够成熟，大部分企业或项目的盈利模式还不够清晰，极可能会因为规划不科学、经营管理不善等原因而出现亏损甚至终止运行，从而出现偿贷资金吃紧甚至无法偿贷的问题。这些债务最终很可能会转嫁给地方政府，从而加重地方政府的隐性债务风险。由于各级政府间偿债职责不清、事权界限不明，一旦累积的债务风险超过地方财政的承受能力，势必会逐级向上转嫁，从而酿成更大的危机。

四、养老服务开发性金融模式的优化建议

针对以上问题或风险，建议从以下四个方面对养老服务开发性金融模式进行优化。

1. 规划先行，有序引导开发性金融落地

养老服务开发性金融是一种中长期的金融形式，需要制定中长期的发展规划。这不仅直接关系着开发性金融的安全与效益，而且对养老服务业发展和地方经济社会建设也十分重要。养老服务开发性金融的中长期规划需要由国家开发银行与地方政府主管部门合作制定。地方民政部门、发改委、老龄办、财政等部门掌握着地方人口老龄化趋势、养老服务需求预测、养老服务业战略等信息。国家开发银行应深入参与有关养老服务产业发展规划或专项规划的编制，加强与上述地方政府部门在养老服务业投融资方面的交流与合作，及时了解养老服务建设项目投资规模、融资需求，研究制定配套的系统性融资规划，不断增强在养老服务产业投融资政策制定中的话语权[①]。同时，及时将符合条件的项目纳入重点养老服务项目库，批量化培育策划项目，测算投融资需求，探索符合实际需求的融资模式，为后续中长期资金投入奠定基础。通过制定开发性金融支持养老服务业的中长期规划，不仅能够持续发挥其促进养老服务业发展的作用，而且能够在较大程度上避免发生贷款偿付风险及其引发的其他风险。

[①] 盖英文、孙慧妍:《开发性金融支持养老产业发展的实践分析》,《开发性金融研究》2016 年第 1 期。

2. 以"合"为贵，鼓励开发性金融模式创新

为更好地支持养老服务业发展和养老服务体系建设，建议以"合"为贵，鼓励因地制宜地创新开发性金融模式。从养老服务企业的角度来说，首先，建议以联合体形式申请贷款。养老服务企业可以积极谋求与具有较强资金实力、专业性服务资质等的优质企业合作，组建养老服务项目联合体，共同申请开发性金融支持、共同承担还款连带责任。这样，不仅可以有效提高养老服务项目主体的综合实力，而且能够增强项目融资信用与融资能力。其次，建议创新搭建混合信用结构。养老服务企业可以积极寻找项目本身拥有的抵质押资源及借款人股东拥有的抵质押资源，通过搭建"抵押＋质押＋保证"等混合信用结构，有效提高资金配置的安全性。从国家开发银行来说，一方面要积极支持政府与社会资本合作项目。政府与社会资本合作的项目一般具有较好的安全性和发展性，因此，国家开发银行应当积极予以支持，择优支持政府购买养老服务项目、养老服务 PPP 项目等，以稳定获得符合预期的合理收益。另一方面，要充分发挥综合金融服务优势。国家开发银行应当充分发挥综合金融服务优势，综合利用投资、贷款、债券、租赁、证券等多种金融手段，创新开展养老服务业融资，如探索实施股权投资模式等。

3. 风控至上，全程开展严格风险管控

为最大化降低养老服务开发性金融的风险，国家开发银行应当设计一个全程风险管控体系，辅助实施风险管控绩效考核、问责等配套制度，对开发性金融支持养老服务项目进行全程严格的风险管控。从业务流程角度看，开发性金融支持养老服务项目主要分为项目和信用评审、贷款发放和支付、贷后监管等三个阶段；从金融风险管理角度看，完整的风险管控过程应当包括风险识别、风险评估、风险处置、风险监控和风险报告五个环节。国家开发银行可以将金融风险管理诸环节嵌入整个业务

流程，构建一个矩阵式全程风险管控体系^①（如图 5-16）。

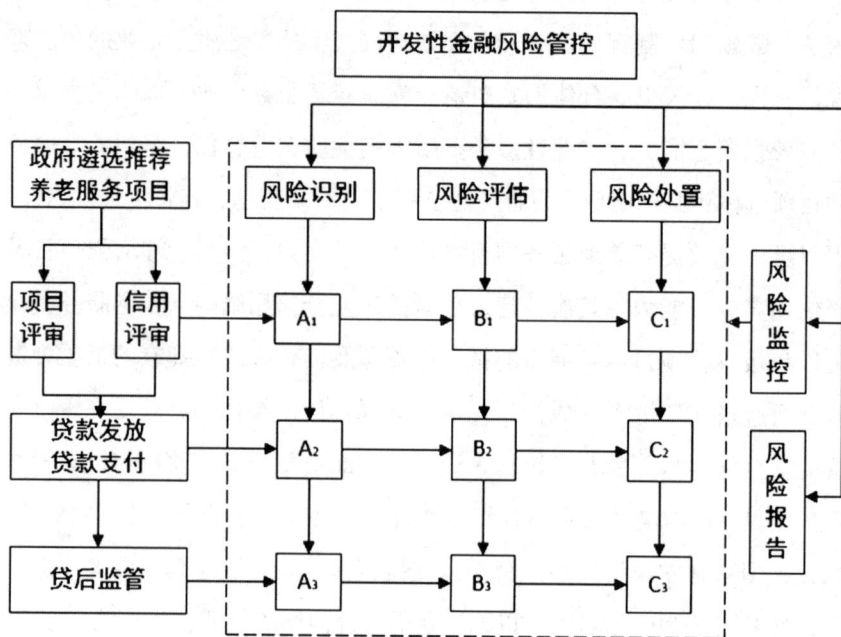

图 5-16　养老服务开发性金融矩阵式全程风险管控体系

其中，风险识别主要是通过梳理三个业务流程的法律规则、基础信息、实施背景等，识别可能存在风险 A_1、A_2、A_3；风险评估是借助信息技术工具，通过收集或筛选可能预示潜在风险问题的数据的方式，设计一套可以量化的评价指标体系，对在各个业务流程阶段所识别的风险进行等级评价和后果预测，即 B_1、B_2、B_3；风险处置是经过风险识别和评价环节的筛选后，针对三个业务流程阶段出现的特定风险，分别采取

① 欧阳衡峰：《开发性金融机构合规风险管理机制研究》，《当代经济》2009 年第19 期。

C_1、C_2、C_3 的处置策略予以化解；风险监控是对整个业务流程及风险识别、评估和处置等环节进行全面、适时、必要的监控，确保各个环节合规运作；风险报告是指定期或不定期地向银行机构的负责人或上级机构报告风险管控情况。每个风险管控环节之间相互关联，每个业务流程之间也相互影响。业务流程中某一阶段的风险如果没有得到及时地识别、判断与化解，那么将会以某种形式传递给下一个阶段，从而加重下一阶段的风险管控压力。换句话说，只有越早且尽可能地全面识别、判断和化解风险，后续发生因风险积压而爆发高级别风险的概率才会大大降低，开发性金融才会更加稳健，养老服务项目才能真正获益。

4. 未雨绸缪，平稳推进贷款偿付工作

国家开发银行支持养老服务业发展的长期贷款一旦发放，就意味着相关主体就要启动贷款偿付的推进工作。从借款的养老服务企业来说，要严格按照借款合同做好贷款偿付规划，践诺守信，按期偿付贷款的利息和本金。为确保贷款顺利偿付，养老服务企业要更加重视做好企业或项目发展规划，合理使用贷款资金，持续完善经营模式，不断提升盈利生存和健康发展的能力。从国家开发银行来说，除了做好全程严格的风险管控外，还可以发挥综合金融服务的优势，为获贷的养老服务企业或项目提供资金管理和运营的专业化指导。从地方政府及其部门来说，既要倡导支持养老服务开发性金融，又不能因此而增加政府的隐性债务风险，需要在政府信用担保和市场化运作之间寻求一个平衡。据此，建议可以探索建立开发性金融的地方政府偿债保证金制度，设计一个比较合理的有限责任偿付框架，既能够为养老服务融资增信，又可以为未来可能出现的到期债务偿付风险提供一定的缓冲。

第六章 | 模式改革创新的逻辑理路
与实践进路

保障用地供应、保障人才培养、公建民营、民建公助、民营公补、政府购买养老服务等财政性投资模式，以及养老服务PPP、养老产业专项债券、养老产业引导基金、养老服务开发性金融等政策性融资模式，已较为广泛地被运用于养老服务业投融资实践中。但是由于经济形势、产业特性、模式设计、具体执行、配套制度等诸多因素，这些模式或多或少都存在一定问题、困难或风险。因此，需要对民营养老服务业财政政策性投融资模式进行必要的改革与创新，使其能够更好地发挥夯实产业发展资金基础、撬动社会资本参与投资的作用，推动民营养老服务业更好更快地实现高质量发展。

第一节　模式改革创新的逻辑理路

民营养老服务业财政政策性投融资模式的改革创新需要遵循一定的逻辑理路。结合已有模式的实践经验、养老服务产业特性及其发展需求，建议以服务产业为逻辑起点、以安全稳健为首要原则、以政府有为为发展引导、以市场有效为根本遵循、以产业有能为终极目标，积极推进民营养老服务业财政政策性投融资模式的改革与创新。

一、以服务产业为逻辑起点

民营养老服务业伴随着我国社会福利社会化进程而产生并逐渐发展起来，是为广大老年人提供社会养老服务的、具有福利性本质属性的产业。从这个意义上来说，发展民营养老服务业不只是国家和社会追求经济利益的目标诉求，更是改善民生水平、增进社会福祉的一个重要举措。基于此，财政政策性投融资对民营养老服务业的生存和发展至关重要。

首先，坚持产业的福利性本质属性。一般来说，财政性投资主要向产业投入财政性资金等，能够较好地保障产业的福利性本质属性。需要特别注意的是，在选择运用特定的政策性融资模式引入社会资本时，务必要重视加强政府对产业发展的引导作用，允许社会资本在坚持产业福利性本质属性的基础上追求适当的盈利，但不可过度商业化，否则极易背离民营养老服务业发展的初衷。其次，立足产业特性创新投融资模式。

财政政策性投融资要立足养老服务业投资周期长且利润低的特点，引导并创新运用一些适切的投融资模式，以增强产业融资续力，为产业稳定发展提供长期可持续的资金或其他资源支持。最后，持续改革创新以服务产业发展。民营养老服务业财政政策性投融资模式需要随着产业发展政策的调整、产业发展阶段的推移、产业发展状态的改变等而不断调适、改革和创新，从而更好地服务养老服务业发展。这既是模式改革创新的逻辑起点，也是模式改革创新的目标指向。

二、以安全稳健为首要原则

任何一种投融资都会涉及资金安全问题，财政政策性投融资自然也不例外。但是，与普通的商业性投融资不同，财政政策性投融资中的很大一部分资金来自财政性资金，主要包括财政资金和福利彩票公益金等，涉及面较广、影响度较深。其中，财政资金是政府为履行其职能、实施公共政策和提供公共物品与服务需要而投入的资金；福利彩票公益金是纳入政府性基金预算管理的，专项用于社会福利、体育等社会公益事业。从这个意义来说，政府只是财政资金和福利彩票公益金的持有人，全体社会大众才是真正的所有人和受益人。因此，作为财政资金和福利彩票公益金的"大管家"，政府在使用资金进行产业投融资时，要十分注重保障资金的安全，既要有效促进产业发展，也要实现资金保值增值。这既是对财政资金和福利彩票公益金负责，也是对参与产业投资的社会资本负责，可以降低投融资失败概率并防范因此引发的一系列经济社会风险。

一方面，要科学设计财政政策性投融资模式。任何一个财政政策性投融资模式都需要经过反复严密的论证。政府虽然是财政政策性投融资行为的主导主体，但是在政策设计、专业论证等方面并不具有专业优势。因此，各级政府有必要组建一个包括养老服务产业研究学者、投融资行业专家及有关利益主体在内的、相对比较稳定的投融资模式设计论证机构，反复严密地针对某个特定模式进行设计与论证，以确保能够形成一个比较完善的模式架构。另一方面，要循序渐进推进特定财政政策性投融资模式的运用。在运用具体的财政政策性投融资模式时，务必要采用"试点—修正—推广"这种循序渐进的做法，不可冒进、急进，要确保财政政策性投融资安全稳健运行，从而稳步增进市场认可度、提升产业推动力。

三、以政府有为为发展引导

民营养老服务业所提供的养老服务具有"准公共产品"的特征，这决定了它不能完全由市场决定，而是必须在政府的规划和引导下进行合理的市场化发展。此外，虽然民营养老服务业是巨大的朝阳产业，拥有十分广阔的市场前景，但是由于发展起步较晚、基础比较薄弱、整体水平不高，加上投资复杂性、收益不确定性等因素，社会资本投资养老的积极性、主动性还不是很高。这决定了民营养老服务业的发展无法完全依靠市场，必须发挥财政性资金的支撑和推动作用。财政政策性投融资一方面可以加快夯实民营养老服务业的产业基础，促使其不断发展壮大，从而增强内源性融资对产业发展的支持力；另一方面，可以有效提振社会资本参与发展养老服务的信心，从而不断扩大涉老的社会资本规模。

习近平总书记曾说过，"我国实行的是社会主义市场经济体制，我们仍然要坚持发挥我国社会主义制度的优越性、发挥党和政府的积极作用"①。这种积极作用是在市场无法有效发挥作用的领域中积极作为、主动作为。在民营养老服务业财政政策性投融资中，积极有为政府的作用包含两个层面的含义。其一，"善作为"。政府应当在养老服务产业发展规划、投融资政策制定、投融资市场维护、投融资过程监管等方面更好地发挥"有形之手"的作用，同时灵活运用直接投资、资本金注入、投资补助、贷款贴息等手段支持养老服务业发展，以充分发挥财政性资金的引导作用和放大效应。其二，"明不为"。政府要充分尊重市场运行规律，最大限度减少"有形之手"对产业投融资和微观运营的直接干预。只有做到"善作为"和"明不为"，政府才能更好地发挥引导养老服务业发展的作用。

四、以市场有效为根本遵循

有效市场是相对于市场失灵下的无效市场而言的，是"市场经济的一般规律能够充分发挥作用的市场样态"②。党的十八届三中全会将市场在资源配置中的作用由"基础性作用"修改为"决定性作用"，将市场的地位提高到前所未有的高度。但是，"市场在资源配置中起决定性作用，并不是起全部作用"③。它只有与有为政府和弦共振，才能真正发挥出有效市

① 《关于〈中共中央关于全面深化改革若干重大问题的决定〉的说明》（2013 年 11 月 9 日），载《十八大以来重要文献选编》（上），中央文献出版社，2014，第 500 页。

② 安翔宇：《基于中国道路的宏观经济治理体制——有效市场与有为政府的有机结合》，《改革与战略》2020 年第 10 期。

③ 《关于〈中共中央关于全面深化改革若干重大问题的决定〉的说明》（2013 年 11 月 9 日），载《十八大以来重要文献选编》（上），中央文献出版社，2014，第 500 页。

场的功效。

在养老服务业财政性投资中，政府的角色定位是"产业扶持者"。无论采取何种模式对产业进行扶持，政府必须以公平为基本准则，对同类型养老服务机构或项目的政策待遇应当一视同仁。在养老服务业政策性融资中，政府是产业发展的引导者和社会资本的合作者，在把方向、谋大局、定规则、强监管上充分发挥引导和保障作用；而社会资本才是产业投融资的主角，应当在政策框架内积极适应市场规律、自主经营并自负盈亏，努力获取合理的投融资回报，不能将风险转嫁给政府，使其出于法律义务或者道义责任而成为投融资危机的买单者[①]。总之，有效市场是民营养老服务业财政政策性投融资的根本，市场的"有效"离不开政府的"有为"[②]，二者通过持续动态的有机磨合，促进财政政策性投融资模式不断完善。

五、以产业有能为终极目标

重视发挥财政政策性投融资的支撑与推动作用，主要是为了加快培育民营养老服务业的产业自生能力，促使早日实现"产业有能"，使产业能够逐渐减轻对政府财政的依赖程度，实现自立、可持续的发展。"在一个开放、竞争的市场中，只要有着正常的管理，就可以预期这个企业可以在没有政府或其他外力的扶持或保护的情况下，获得市场上可以接受

---

①　李成威、杜崇珊：《公共风险、公共债务与财政健康》，《现代经济探讨》2021年第3期。

②　黄庆华：《推动有效市场和有为政府更好结合》，《光明日报》2020年11月20日第4版。

的正常利润率"[1]，这便是对产业自生能力的形象诠释。在民营养老服务业发展初期，加强和重视政府对产业的扶持是必要且必需的；但是伴随着养老服务社会化程度日益加深，一味强化政府扶持作用而忽视产业自生能力的培育，是无法实现产业长期可持续发展的。因此，当务之急，必须寻求政府和市场、社会力量之间的平衡点，在政府引导下推动民营养老服务业融资模式改革创新。

一方面，要改革现有的财政性投资模式，具体来讲，改变财政性资金对产业的投资方式，从注重直接扶助向自立支援转变，并适当引入竞争机制，引导民营养老服务机构积极推动技术革新、服务优化与效率提升。另一方面，要完善现有的政策性融资设计，进一步减少政府干预并强化市场机制的运用，以财政性资金、融资优惠政策等助力养老服务机构或项目不断提升融资吸引力。在此基础上，鼓励金融机构开展养老服务业融资产品创新，积极培育养老服务业市场性融资工具，不断拓宽民营养老服务业的市场性融资渠道，促使其逐渐弱化对财政政策性投融资的依赖，进而真正成长为具备较强自生能力的朝阳产业。

---

[1] 林毅夫：《自生能力、经济转型与新古典经济学的反思》，《经济研究》2002年第12期。

第二节　模式改革创新的实践进路

毋庸置疑，推动民营养老服务业发展是政府、市场和社会的共同事业，因此，需要三方立足时代背景、遵循产业规划，持续调整和优化彼此之间的合作关系，从而不断完善推进产业发展的功能。在遵循改革创新逻辑理路基础上，各主体要立足产业、各司其职、通力合作，统筹推进民营养老服务业财政政策性投融资模式的改革与创新。

一、科学研制投融资规划，有序实践财政政策性投融资

投融资规划是系统工程方法在社会经济系统中的运用。[①]民营养老服务业投融资规划对于地方政府来说相当于商业计划书，对于社会资本方来说相当于投资可行性报告，而对于养老服务项目来说则相当于实施方案。民营养老服务业投融资规划之所以能够发挥作用，是因为它为产业、项目甚至地方经济社会实现预期目标提供了一条可行的路径，同时也搭建了一个规范化的合作平台，进而增强了它们的信用，最终平稳推动预期落地并实现良性循环。当前我国自上而下各部门各行业正在组织编制"十四五"时期的发展规划，民营养老服务业作为一个巨大的朝阳产业，具有潜在的巨大投资需求。因此，科学研制产业投融资规划、有序实践

---

① 彭松、杨涛主编《投融资规划理论与实务》，中国金融出版社，2018，第4页。

财政政策性投融资，对于推动产业发展、优化产业结构、增强发展后劲等具有十分重要的意义。

1. 规范财政政策性投融资边界

由于民营养老服务业的运营主体有营利性和非营利性之分，因此，政府对不同类型的产业运营主体应采取差异性的支持或合作策略。在社会力量可以通过自身独立经营收回投资的养老服务项目或领域，比如提供高端个性化养老服务的项目或企业，建议由社会资本直接投资，政府则主要履行引导与服务职能；对于公益性强、惠及面广的养老服务项目或领域，比如提供基本或普惠性养老服务的项目，由于所需资金规模较大、利润率低、回收期较长等，社会资本直接投资能力有限，建议由政府与社会资本采取一定的合作方式进行投融资，如PPP、专项债券、引导基金、开发性金融等。必须强调的是，在财政性投资上，政府应当遵循养老服务产业政策整体性、统一性的基础上，对同类型养老服务运营主体予以同等的保障、优惠或支持待遇，如保障设施用地供应、保障养老服务人才培养、提供建设补助或运营补贴、购买养老服务等。总的说来，民营养老服务业财政政策性投融资应当以必要为前提，在"有所为"的领域"善作为"，在"有所不为"的领域"善不为"。

2. 综合评估地方财政承受能力

以财政政策性投融资方式支持民营养老服务业发展，在某种程度上来说，是依靠财政或国家信用"举债"支持民营养老服务业发展。虽然在许多养老服务项目上，地方政府并未进行直接投资，但是它们通过间接投资或者融资担保等隐性方式的投入，却随着民营养老服务业的加快发展而不断增长。因此，养老服务PPP、专项债券、引导基金、开发性金融等，无不是依托财政和国家信用的举债方式。换句话说，地方政府既需要按约定支出一定的财政资金，还需要提供融资担保。一旦所需承担的债务压力超过地方财政的可承受范围，将可能引发大规模的地方融资危机，从而波及其他经济社会领域的稳定与发展。除了从总量上评估地方财政承受能力外，政府还需要审慎科学决策，从财政支出路径上规范设计每一种财政政策性投融资方式的投入及偿还资金来源，不得以促进民营养老服务业发展之名而僭越法律法规。比如，2019年的《财政部关于推进政府和社会资本合作规范发展的实施意见》明确规定，"新签约项目不得从政府性基金预算、国有资本经营预算安排PPP项目运营补贴支出"。虽然加快发展民营养老服务业刻不容缓，但是地方政府推行养老服务PPP等政策性融资之前，务必要综合评估、量力而行，切实降低投融资的盲目性与风险性。

3.明确财政政策性投融资重点

根据《中华人民共和国国民经济和社会发展第十四个五年规划和2035年远景目标纲要》，"十四五"期间我国将大力发展普惠型养老服务、完善社区居家养老服务网络、深入推进医养康养服务、积极培育智慧养老新业态等。民营养老服务业发展的重点就是产业财政政策性投融资的重点。下一阶段，地方政府在使用财政政策性投融资手段推进民营养老服务业发展时，要注重将财政性资金更多地投到上述重点发展领域，并在支持政策、效益奖励、运营补贴等方面予以适当倾斜，向社会资本释放更大的政策红利，从而鼓励和调动社会资本积极参与产业重点发展领域有关项目的投建，不断丰富普惠型养老服务供给，增进社区居家和机构养老服务的发展协同，提高医养康养服务能力，提升智慧养老服务水平等。

4. 合理安排产业项目建设时序

目前我国亟须加快发展民营养老服务业，同时需要立足长远开展必要且适度的超前建设，从而持续提升养老服务业水平。然而，受地方财力、土地指标、市场需求等诸多因素的限制，地方政府需要合理安排产业项目的建设时序，既要区分宜建和不宜建项目，也要分清宜建项目的轻重缓急，避免因为过度或无序建设而造成重复建设、效率低下或资源浪费等问题。一方面，要对养老服务投融资项目进行客观评价和量化分析。这主要是评估分析养老服务项目的市场需求度及未来效益。养老服务项目如果暂时还不具备较高的市场需求度和较好的经济社会效益，那么就不宜马上进行投建，而应等到具备合适条件并经重新评估分析后再谨慎安排。另一方面，要根据外界条件变化及时调整投融资规划。地方政府及其组织的投融资平台要具备较高的审时度势能力，密切跟进并掌握养老服务业投融资项目的运行情况，及时发现风险或危机的苗头，迅速果断地采取有效措施予以调整或止损。

二、整合已有投融资模式，城企联动开展普惠养老行动

长期以来，政府以"保基本、补短板"作为养老服务事业的工作重点，比较关注如何满足特殊群体的基本养老服务需求，而相对忽视了面向更广泛老年人群体的普惠型养老服务的提供。此外，政府虽然也采用了多种财政性投资和政策性融资模式，持续加大对民营养老服务业的政策支持力度，但是由于政策宣传不够到位、政策针对性不够强、政策执行力有限等问题，社会资本的响应度还不够高，财政政策性投融资政策的效果还不是很明显。基于以上原因，目前我国养老服务市场上依然普

遍存在着"买不到、买不起、买不好、买不安心"等问题。为进一步提升财政政策性投融资政策的效用，更好地发挥社会资本的作用，2019年以来我国启动了"普惠养老城企联动专项行动"。该行动围绕"政府支持、社会运营、合理定价"的基本思路，聚焦扩大普惠型养老服务供给，在中央预算内投资的基础上深入开展城企合作，力争推动参加专项行动的城市到2022年时能够实现"每千名老年人养老床位数达到40张、护理型床位占比超过60%"的目标。

1. 充分发挥中央预算内投资的示范带动效应

专项行动依托中央预算内投资，努力实现以投资换动能、以投资促发展的目标。根据《普惠养老城企联动专项行动实施方案（2019年修订版）》，中央预算内投资将采用差别化补助的方式，以每张养老床位2万元的标准支持居家社区型和医养结合型机构建设，以每张养老床位1万元的标准支持学习型和旅居型机构建设；项目如果同时符合多种支持类型的，则按照最高标准进行补助。专项行动优先选取积极性高、规划科学的城市，优先支持实力雄厚、项目优质、诚实守信的企业，优先选择融资成本低、服务质量好的金融机构，推动形成有效竞争局面。2019年2月，专项行动确定了宜兴、南昌、许昌、秦皇岛、郑州、武汉、成都这7个城市作为首批试点城市，它们分别与象湖老年养护中心、爱馨养老服务集团、中国健康养老集团、万瑞养老服务有限公司、燕达养老机构管理有限公司、怡康苑养老服务有限公司、九如城养老产业集团等养老企业签订合作协议，携手推进普惠型养老服务供给。在首批试点的示范带动下，越来越多省市加入专项行动行列。2019年5月，国家发改委下达普惠养老城企联动专项行动本年度中央预算内投资计划14亿元，用于支持27个省市119个普惠型养老服务项目建设（如图6-1），助力地方

建设养老服务骨干网、专业化养老服务机构、体系化养老服务等。而下
一阶段，我国应当继续深入开展普惠养老城企联动专项行动，不断扩大
参与的城市范围及建设项目规模，加快提升普惠性养老服务供给能力和
水平。

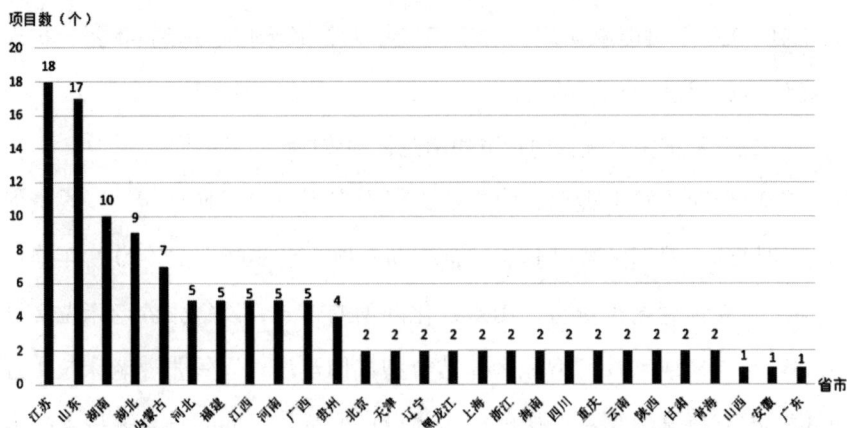

图 6-1　城企联动普惠养老专项行动 2019 年中央预算内投资项目分布

2. 以责任清单有力推进城企联动

专项行动的突出特点是以责任清单的方式推动城市政府和养老服务
企业开展合作并确保二者联动的成效。一方面，参与专项行动的城市政
府负责提供土地、人才、规划、融资、财税、医养结合等一揽子"支持
政策清单"，为养老服务企业提供全方位的政策支持。在国家发改委、民
政部等部门的推动下，2019 年 6 月底前，各省（市、区）陆续公布了本
级现行养老服务扶持政策措施清单、养老服务供需信息或投资指南等。
这不仅进一步理清并完善了地方养老服务扶持政策体系的内容及其内在
逻辑，也再次向社会资本传递了强烈的政策扶持信号。另一方面，参与
专项行动的养老服务企业或社会组织负责提供普惠性养老的"服务承诺

清单"。这些清单既要提出具体的建设运行方案，明确承担的公益性、普惠性养老服务内容，也要按约定向属地政府部门报送项目进展情况，并接受社会监督。这种以中央预算投资撬动的地方自觉自愿的养老服务行动，具有极强的资源整合力和行动执行力，能够有效推动地方政府积极履责、激发社会力量积极参与养老服务，从而不断增加普惠养老服务的有效供给（如图 6-2）。

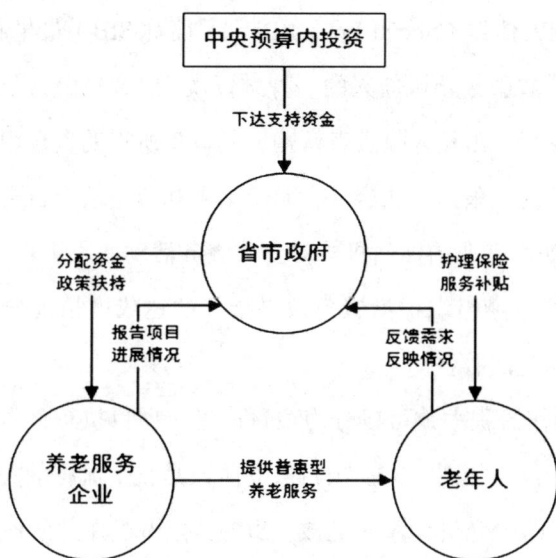

图 6-2　普惠养老城企联动专项行动框架

三、充分发挥各主体优势，积极构建多元合作融资格局

政府、市场及社会组织在养老服务供给中各具优势，但同时也都会在特定的领域出现失灵现象。目前已有的财政性投资和政策性融资模式，大多是政府一元投资结构或是政府与市场合作、政府与社会组织合作的

二元融资结构。事实上，无论是一元投资结构或二元融资结构，都不是最优的投融资结构，它们或多或少会受负担沉重、资金匮乏或是专业能力不足等问题限制，从而出现绩效不彰的情况。鉴于此，建议将政府、市场和社会组织三大主体有机组合起来，充分发挥各主体优势，积极构建多元合作的融资格局。例如，近年来兴起的社会影响力债券便是一种可选择的投融资模式。

1. 以社会影响力债券为例的多元合作融资模型

社会影响力债券（Social Impact Bond，简称 SIB）最早起源于英国，是近年来在公共服务领域新兴的一种融资模式。SIB 由为公共服务融资的金融组织发行，由私人投资者认购，其募集所得的资金用于资助非营利组织在约定的期限内"从事具有明确结果和特定政府目标的公共服务活动"[①]，到期由专业的评估机构对公共服务活动效果进行评估，由政府和发行债券的金融组织根据服务效果指标的达成度情况分别购买公共服务和支付相应的收益。

SIB 的运作流程大致可以分为项目成立、项目执行、项目评估和项目付费四个阶段（如图 6-3）。项目成立阶段是整个流程的关键环节，由 SIB 发行组织即中介机构牵头完成。SIB 发行组织在此阶段的前期工作主要包括：（1）明确政府需要改善或解决的社会问题及其面向的对象；（2）提出可行的干预模式并建立合理的效果评估体系；（3）与服务提供者、服务绩效评估者等合作机构谈判，确定合作框架；（4）运用科学方法为政府测算可节约的财政支出。上述前期工作如能得到政府及其他合作机构的认可，SIB 发行组织便可进一步与政府谈判并签订购买服务的

---

① 张序、劳承玉：《社会效应债券：创新公共服务融资》，《西南金融》2014 年第 4 期。

合同，同时与服务提供者、服务绩效评估者等合作机构签订相应的合同，

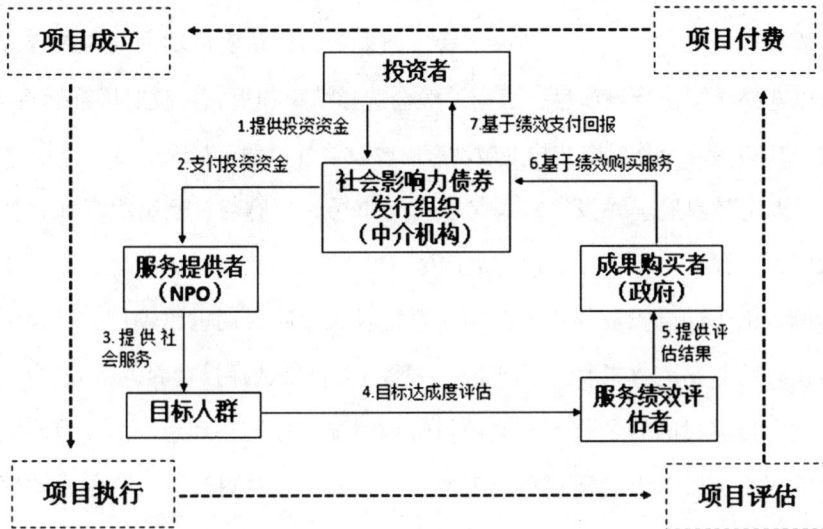

图 6-3　社会影响力债券的基本模型

明确服务的执行要求、评估指标、实施策略等。待上述工作完成后，SIB
发行组织开始向投资者募集资金并将资金支付给合作的服务提供者，从
而进入项目的执行阶段。虽然项目的具体执行主要由服务提供者来完成，
但是 SIB 发行组织作为一个中介机构，尚需履行职责。它一方面要对项
目的执行提供必要的支持并实施合理的监督，使项目能够朝既定方向运
行，以确保达到预期的社会效果；另一方面，在债券存续期内要定期向
投资者反馈项目的进展情况、财务指标及社会效果等。在合同约定的项
目执行期结束后，SIB 项目将进入评估和付费阶段。服务绩效评估者即
第三方评估机构采用科学的方法对项目执行效果进行评估，衡量其是否
达到预设目标。如果项目的执行效果经过评估被认可，则政府需要按照

约定购买相应的社会服务，并将购买费用支付给 SIB 发行组织，再由其按照合同约定支付给投资者，视为投资者的投资收益；反之，政府则无须购买亦无需付费。项目结束之后，如果项目被认定成功，则 SIB 各方可以选择继续执行该项目；否则一般会选择结束项目，由政府接管运行。

2. 以多元合作融资结构突破现有财政政策性投融资局限

无论是政府一元投资或者是政府与市场、政府与社会组织二元合作融资，都存在一定不足。以养老服务 PPP 模式和政府购买养老服务模式为例。由于涉老投资的资金数额一般比较大、回收期也比较长，社会资本在缺乏专业运营能力的情况下，一般不会轻易选择投资养老服务项目。因此，目前我国养老服务 PPP 项目落地情况总体不甚理想。而在政府购买养老服务模式上同样存在局限性。一方面，公共财政资金有限，政府购买的养老服务主要局限在生活照料服务、康复护理服务和养老服务人员培养等方面，无法覆盖所有类别、各个层次的养老服务；另一方面，社会组织的人力、物力和财力普遍较为有限，能够达到承接政府购买服务资质要求的社会组织数量不多，很难实现大规模的专业化养老服务供给。可以看出，不管是政府与市场的合作融资，还是政府与社会组织的合作供给，都会存在一定的局限性，无法稳定持续地发挥作用。而社会影响力债券则提供了一种比较稳定的三方合作融资结构，可以突破二元融资结构的局限，既能化解公共财政资金不足的困境，也可满足社会资本的逐利性需求，同时又能培育专业化的社会组织，不失为一种有效提供养老服务、推动市场和社会全面发展的新思路、新方法。总的说来，社会影响力债券具有以下三个优点：

第一，化解资金困境，节约公共财政支出。SIB 可以超越由政府单独投入资金、运营监管、承担投资风险等的传统做法，不仅能化解资金困境，而且可以节约公共财政支出。首先，它可以广泛吸纳有志于投资养老服务领域的社会资本，为养老服务问题的解决提供充盈的资金，有效化解公共财政拮据的困境。其次，它能够引入社会资本的监管力量，让投资者主动对养老服务提供者进行监管，从而减少政府的监管成本投入。最后，它通过改善养老服务供给并努力达到一定的效果，可以节约因养老服务有效性不足所引起的公共治理成本。因实施 SIB 项目而节约的公共财政资金，不仅可以用来支付项目的成本，而且可以用来支付投资者基于绩效的投资回报。

第二，协同社会组织，改善养老服务供给。实施社会影响力债券，不仅能够吸纳社会资本以缓解公共财政的支付压力，而且可以引入专业性的社会组织来改善养老服务的供给质量。养老服务社会组织具有专业性优势，但是往往会因为组织规模不大、固定资产不足等原因而难以实现有效的外源性融资，从而导致组织运营资金短缺或断供，无法持续有效地提供专业的养老服务。通过实施 SIB，养老服务社会组织可以积极申请加入 SIB 的合作框架中，在获得项目执行认可后，便可在政府政策和投资资金的双重支持下，全心全意地投入专业性力量，力争促成项目预设目标的实现。

第三，倡导义利并举，推动多元合作治理。社会影响力债券是一种政府、市场、社会组织三方合作的公共服务融资工具。它充分尊重三者的天性，充分理解它们存在的"失灵"，并充分发挥它们的能力优势（如图 6-4），通过"义利并举"的理念格局和"服务悬赏"[①] 的运作模式将三者紧密地联系在一起，形成一个致力于实现良善社会目标的合作共同体，

---

① 毛彩菊：《社会影响力债券：运作模式、优势及风险》，《天水行政学院学报：哲学社会科学版》2017 年第 3 期。

协同推进养老服务供给侧改革。

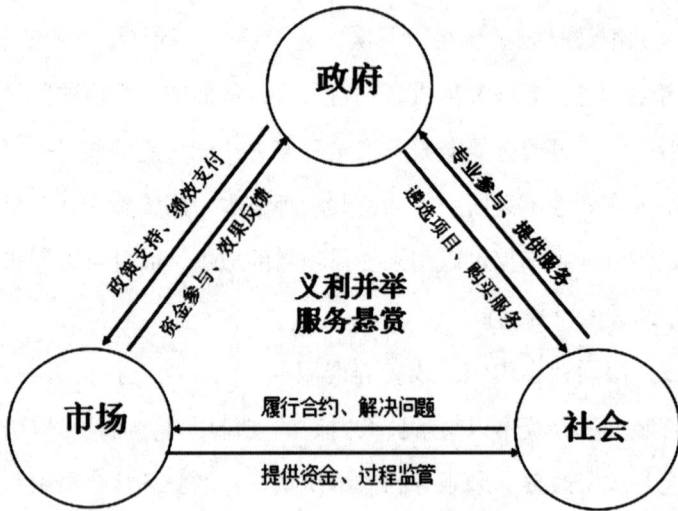

图 6-4 SIB 的多元合作治理框架

因此，SIB 不仅可以改变公共财政单一支持养老服务项目建设与运营的现状，将政策、资金与服务紧密结合起来，营造了政府、市场和社会三个部门合作提供养老服务的良序局面，而且通过基于绩效后付的制度设计，有效激发了社会资本实现项目预设绩效目标的积极性、充分发挥了社会组织解决特定社会问题的专业能力，从而提高公共服务供给效率、改善公共服务供给质量。必须指出的是，社会影响力债券仅仅只是多元合作融资的一种模式。在未来的产业发展中，政府、市场和社会还可以进一步磨合、探索，创新合作模式、改善融资绩效，切实推动民营养老服务业快速高质量发展。

四、坚持投融资效益导向，科学实施投融资绩效评价

当前，我国各级财政性资金持续加大对民营养老服务业的投入，撬动的社会资本在持续增加，累计投入产业的资金规模也在不断扩大。因逐利本性使然，社会资本必然会十分关注民营养老服务业的投融资效益，从而在制度规定的合理范围内努力追求较高的收益。但是，由于缺乏成熟的产业盈利模式以及产业整体调控能力，社会资本往往不能清晰掌握产业或项目投融资的效益情况，也难以据此做出下一阶段投融资预测与决策，使得在养老服务业投融资上存在比较明显的盲目性和无序性。各级政府虽然能够运用各种经济金融手段调控本级养老服务业的发展，但是由于它们有权处置的财政性资金终归是公共性资金而非私人资金，所以普遍对财政性资金使用效益不甚关注。总的来说，目前我国民营养老服务业各种财政政策性投融资模式对投融资效益的关注还很不够，普遍缺乏合理的投融资绩效评价机制。要推动民营养老服务业财政政策性投融资模式的改革与创新，就十分必要实施以效益为导向的科学投融资绩效评价。

1. 合理设定财政政策性投融资的效益目标

在实施财政政策性投融资之前，政府应当组织相关主体共同设定投融资的效益目标，让财政性资金和社会资本带着一定的目标使命进入养老服务业。以具体投融资模式的运作特点为依据，投融资效益目标可以设为定性目标、定量目标或定性与定量相结合的目标。此外，由于养老服务投融资时间长、回收慢，投融资主体需要即时掌握投融资情况以调控总体运行，因此，十分必要设定一定的阶段性目标和总目标。比如民

营公补模式可以将一定时期内养老服务机构的运营收益设定为效益目标，通过对比补贴前后运营收益的变化情况，来判定补贴性投资对特定机构、项目乃至整个产业的作用；政府购买养老服务模式可以将特定时期内老年人对养老服务的满意度评价情况设为效益目标，通过掌握老年人对养老服务的态度与评价情况来衡量工作成效，以此作为是否继续与特定养老服务机构订立政府购买合同的重要依据；养老服务 PPP 模式可以将特许经营期间内养老服务项目对地方养老服务业发展水平提升的阶段性贡献情况设为效益目标，用经济统计数据科学分析该模式的实践效益情况等，并据此及时做出必要的投融资战略调整。总的来说，只有以投融资效益目标为导向，财政政策性投融资才能瞄准目标、积极作为，才能更加充分地发挥促进民营养老服务业发展的作用。

2. 科学实施和运用财政政策性投融资绩效评价

科学评价和运用财政政策性投融资的绩效，是对目标达成度情况进行科学评价、分析与运用，本质上是对投融资绩效目标的坚持与回应。一方面，要针对具体的投融资模式制定必要的投融资绩效评价指标体系，组建投融资绩效评价机构，依据指标体系开展投融资绩效评价。绩效评价应当建立在全面收集投融资主体、老年人以及其他利益相关者评价信息的基础上，科学运用评价方法分析投融资模式的实施绩效。另一方面，要加强对绩效评价结果的运用。对于实现既定效益目标的财政政策性投融资，可以继续扩展或深化实践，同时对相关主体予以奖励或表彰，比如以以奖代补的形式加大财政支持力度；对于不能实现既定效益目标的财政政策性投融资，如果达成度略为不足的，地方政府可以予以暂时中止，在进行必要的调适后再重新投用，如果达成度严重不足的，地方政府应组织开展相关论证，分析失效原因，并确定是否调整后继续投用。

以效益为导向并科学实施投融资绩效评价，应当成为民营养老服务业财政政策性投融资的准则，以此激励民营养老服务业的各主体积极开展合作，努力推动产业发展。

五、深入开展投融资监管，防范化解各种投融资风险

健全财政政策性投融资监管是防范化解各种投融资风险、保障民营养老服务业稳健发展的重要举措。当前，如何实施有效的监管依然是民营养老服务业财政政策性投融资面临的一个难点。因此，推进财政政策性投融资模式的改革与创新，就必然要寻求有效方法来破解投融资监管难题。

1. 合理划定监管职责，协同推进投融资监管

民营养老服务业财政政策性投融资不仅涉及政府、社会资本、养老服务社会组织等相关主体，而且需要发改委、民政、财政等多个政府部门协同开展合作监管。其中，发改委依法负责对财政预算内投资以各种方式支持的养老服务项目建设资金实施管理，对普惠性养老服务项目实施评估；民政部门依法负责对养老服务机构服务质量、安全、运营进行监督管理，推进养老服务标准化体系建设，以及养老服务机构的登记管理和业务指导监督等工作；财政部门负责会同发改委、民政等部门依法对养老服务机构建设补贴和运营补贴资金使用情况、政府购买养老服务等进行监督管理。而参与投资和发展养老服务业的社会资本、社会组织等对特定养老服务项目负有建设和发展的责任，因此它们不仅要主动接受政府部门的综合监管，将行为规范在制度框架内，而且可以对政府部门的监管实施监督，促使投融资监管有效运行。

2. 以资金为监管重点，精准实施投融资监管

民营养老服务业财政政策性投融资监管的重点是对所涉资金及其运作过程进行监管，引导民营养老服务机构以合法合规的方式筹集和使用发展资金。首先，加强对财政性投资所涉资金的使用监管。财政性投资所涉资金来自财政性资金，主要以建设和运营补贴、购买服务等方式支付给养老服务机构。要严格审核养老服务机构的补贴资格，加大对政府购买养老服务合同执行情况的监督，定期抽查或核查相关信息的真实性、准确性，依法打击骗补、骗购等各种弄虚作假行为。其次，加强对政策性融资中财政性资金的安全监管。在养老服务 PPP 模式中，政府主要以可行性缺口补助的形式赋予社会资本合理的投资回报；在养老产业引导基金模式中，政府会投入一定的财政性资金作为种子基金，撬动社会资本积极参与投资；在普惠养老城企联动专项行动中，中央财政会安排一定的财政性资金发起投资示范；在养老产业专项债券、养老服务开发性金融等模式中，地方政府及其财政的信用发挥了重要的保障作用。无论采用哪种模式，都需要对所涉财政性资金的安全进行监管，以保证它们既能推动产业融资，又能实现保值增值，避免造成财政性资金损失、国有资产流失和加重地方政府债务负担等。最后，营造合法有序的社会资本投融资环境。做好政策宣传和风险提示，并加大对以养老服务为名非法集资的风险排查和依法打击力度；积极引导金融产品形式和金融服务方式创新，并确保投融资行为合法合规。

3. 加强主体信用监管，强化投融资信用约束

为更好地激发社会资本的投资积极性、发挥社会资本的投资能动性、确立社会资本的投资主体地位，建议在民营养老服务业投融资监管中进一步推动政府转变职能、简政放权与创新服务管理模式，从注重前期审批向注重事中和事后监管转变，同时加强对投融资主体的信用监管，强化对社会资本投融资行为的信用约束。2016年《中共中央国务院关于深化投融资体制改革的意见》指出，要"在一定领域、区域内先行试点企业投资项目承诺制，探索创新以政策性条件引导、企业信用承诺、监管有效约束为核心的管理模式"。承诺制要求社会资本在向政府主管部门申报相关投融资项目时，要以书面形式做出明确的承诺，保证在项目投资、建设和运营的全生命周期内，严格遵守城乡规划、产业政策、土地管理、环境保护、安全生产、质量标准、技术规范、劳动保障等方面的法律法规和技术标准规范，并承担违反承诺造成后果的法律责任和经济损失。它有助于打破长期以来投融资项目前置审批的惯例，可以降低制度性交易成本，有效提升社会资本参与投资的积极主动性。承诺制也适用于民营养老服务业投融资领域。建议在民营养老服务业财政政策性投融资中，全面推行承诺制管理模式，引导社会力量积极作为、社会资本规范运行，赋予社会资本更大的投融资便利性与自主性，逐渐形成"政府定标准、资本作承诺、过程强监管、失信重惩戒"[①]的新型投融资监管模式。

4.创设统一监管平台，提升投融资监管效率

除了在手段、机制等方面进行改革和创新外，还应当从技术层面对民营养老服务业财政政策性投融资模式进行完善。民营养老服务业财政政策性投融资既涉及中央和地方的事权划分，也涉及多个职能部门的职责分工。因此，打通各层级、各部门之间的信息壁垒，实现跨层级、跨部门的信息共享与协同合作，对财政政策性投融资的运作十分重要。要充分运用互联网、大数据等先进技术，搭建一个养老服务业投融资审批

---

① 徐成彬：《深化投融资体制改革的十大变革》，《中国工程咨询》2018年第3期。

监管平台，及时在政府内部共享和处理有关信息，实现政府投融资管理流程再造。同时，这也有助于向社会资本方以及公众等利益相关者披露有关投融资信息，既能及时消除他们的疑虑和担心，也可以反向推动政府广泛接受监督并吸纳有益建议。

六、培育市场性融资工具，持续优化产业投融资结构

因产业投资周期长特点与福利性本质属性叠加，目前我国民营养老服务业形成了以财政政策性融资为主、市场性融资为辅的外源性融资格局。但是长期来看，要真正提升民营养老服务业的融资续力，不能一直依靠财政政策性投融资的力量，而是要在财政政策性投融资的基础上积极培育养老服务市场性融资工具，不断增强产业市场融资的自主能力。

1. 创新适合养老服务业的信贷产品与服务

要提升金融服务养老服务业的水平，就必须立足养老服务产业投融资的特殊性，针对性创新适宜的信贷产品与服务。首先，创新信贷产品。在法律法规许可的前提下，从养老服务机构轻资产运营现状出发，创新以土地承包经营权、养老服务资产或设施、养老服务应收款等作为抵押或质押的贷款产品，并支持发放融资性担保公司担保的养老服务贷款。其次，优先安排贷款资金。在养老服务机构符合信贷要求的前提下，金融机构应优先给予信贷支持，并在国家允许的贷款利率浮动幅度内给予利率优惠，合理确定贷款期限。最后，提升服务水平。鼓励金融机构针对部分养老产业项目周期长、盈利水平低等特点，适当延长贷款期限。

2020 年 9 月，山东省农村信用社联合社与济南农商银行联合推出

"养老保障贷"①。"养老保障贷"服务于山东省内符合信贷条件、并与入住老年人签订合同的养老机构，贷款主要用于支持养老机构日常经营、购买设备等运营支出。该款产品创新推出以床位收费权质押的新型质押方式，授信额度最高可达 1000 万元；同时，根据民政部门对养老机构等级评定情况实施利率优惠，五星级养老机构可享较同类产品最高优惠 30%的利率。"养老保障贷"具有服务对象明确、担保门槛低、放款方式灵活、利率优惠等特点，有效解决了养老机构融资难、担保难问题，为养老服务业发展注入了金融新动能。山东省的做法值得其他省市借鉴。

2. 积极拓宽养老服务业的多元化融资渠道

除了在政策引导和财政支持下，积极并审慎运用养老服务 PPP、养老产业专项债券、养老产业引导基金、养老服务开发性金融、社会影响力债券等政策性融资工具外，政府应当鼓励社会资本积极拓宽除信贷和政策性融资以外的多元化融资渠道。第一，推动符合条件的养老服务企业上市融资。一方面，要支持处于成熟期、经营较为稳定的养老服务企业在合适的资本市场上市融资。另一方面，要鼓励养老服务企业主动借力上市公司，将养老服务业务并入经营稳定的上市公司，②不仅可以解决现下的资金难题，而且可以不断做大规模、做强实力，持续提升养老服务供给能力。第二，支持养老服务业通过债券市场融资。支持信用优良、经营稳健的养老服务企业根据自身情况与需求，使用债券市场直接融资，如发行企业债、公司债等债券，发行中小企业集合票据、集合债券、中

①《山东农商银行创新推出"养老保障贷""普惠小微信用贷"等 5 款信贷产品》，中国金融新闻网，https://www.financialnews.com.cn/ncjr/nsh/202009/t20200924_201893.html。

② 曹卓君、秦婧：《养老产业金融：行业并购兴起，多元发展仍是趋势》，载董克用、姚余栋主编《中国养老金融发展报告 2017》，社会科学文献出版社，2017，第 142 页。

小企业私募债等，发行项目收益票据、资产支持证券等产品，从而不断增强债券模式服务养老服务产业的能力。第三，探索实施养老房地产信托投资基金（简称 REITs 基金）。REITs 基金是伴随房地产繁荣发展而衍生出来的金融产品，是资产证券化的一种手段。它能够将流动性较低、非证券形态的房地产转化为可以在资本市场上交易的证券资产。这种方式比较适用于以出让形式获得养老服务设施用地的企业。通过发行 REITs 基金，既可以较好地弥补前期的获地成本，也能够为后续养老服务设施的建设与运营筹集所需资金。必须指出的是，养老服务市场性融资工具种类众多，但是无论采用哪种工具，都必须立足产业的发展需求，坚持"产业为本、金融为器"[①] 的根本原则，有效促进产业持续健康发展。

值得一提的是，随着投融资方式日益多元化和复杂化，地方政府的债务不仅会变得更加隐蔽，而且会与越来越多的银行、信托、资产监管、私募基金组织等金融机构发生联系，从而导致增强风险的传染效应[②]。因此，要特别注意加强对投融资实施全程监管，明确地方政府及相应主体的有限责任，注意避免加重地方政府的隐性债务负担。

---

① 曹卓君、秦婧：《养老产业金融：行业并购兴起，多元发展仍是趋势》，载董克用、姚余栋主编《中国养老金融发展报告 2017》，社会科学文献出版社，2017，第 153 页。

② 李晓鹏等编著《地方政府投融资模式研究》，机械出版社，2014，第 14 页。

结　论

　　财政政策性投融资不仅是民营养老服务业融资体系的有机组成部分，而且是政府引导和促进民营养老服务业发展的重要工具，是关系着整个产业乃至经济社会发展水平的重要经济基础设施。本书从政策文本分析到政策特征提炼、从抽象理论概括到具体模式研究、从实践现状分析到改革创新探索，系统研究了我国民营养老服务业财政政策性投融资模式，并主要得出以下四个结论：

　　第一，民营养老服务财政政策性投融资包括财政性投资和政策性融资，具有"一体两翼"的典型特征，能够实现政府之"产业扶持者"和"产业引导者"两种角色的内在协调，可以发挥产业发展引导、投资收益补偿、增进融资信用、扩张发展资金和降低投资风险等功能。

　　第二，我国民营养老服务业财政政策性投融资政策与产业发展相互协调、彼此适应，在产业的社会化改革起步、整体性体系建设、跨越式加速发展、高质量健康发展等四个阶段中，相应呈现出"政府循循善导、民力谨慎试水""政府规划主导、民力积极参与""政府强化引导、民力担纲承梁"和"政府重视规导、民力协同共进"的阶段性特征。

　　第三，目前政府主要采用保障用地供应、保障人才培养、民建公助、民营公补、公建民营、政府购买养老服务等六种财政性投资模式，以及养老服务 PPP、养老产业专项债券、养老产业引导基金、养老服务开发性金融等四种政策性融资模式，对民营养老服务业实施扶持与引导。虽然说这些模式在具体实践中推动民营养老服务业实现了较快较好的发展，但是由于经济形势、产业特性、模式设计、具体执行、配套制度等诸多因素的影响，这些模式或多或少都存在一定问题、困难或风险，政府亟须采取措施予以完善或解决。

第四，我国要加快推进民营养老服务业财政政策性投融资模式的改革与创新，使其能够更好地夯实产业发展资金基础、撬动社会资本参与投资。一方面，要坚持以服务产业为逻辑起点、以安全稳健为首要原则、以政府有为为发展引导、以市场有效为根本遵循、以产业有能为终极目标的逻辑理路，以此引领模式改革与创新。另一方面，要以产业及其投融资规划为引导，深度整合并改进已有的投融资模式，充分发挥政府、市场和社会三方协同之力，科学实施投融资绩效评价、全面加强产业投融资监管、积极培育市场性融资工具，进而推动民营养老服务业更快更好地实现高质量发展。

参考文献

中文专著

[美]詹姆斯·H.舒尔茨：《老龄化经济学（第七版）》，裴晓梅等译，社会科学文献出版社，2010。

丁伯康等：《PPP模式运用与典型案例分析》，经济日报出版社，2017。

中共中央党史和文献研究院编《习近平新时代中国特色社会主义思想学习论丛》（第1—5辑），中央文献出版社，2021。

中国开发性金融促进会：《国外养老产业投融资案例汇编》，中国金融出版社，2017。

全国老龄工作委员会办公室编《中国老龄工作年鉴（2016）》，华龄出版社，2016。

全国老龄工作委员会办公室编《中国老龄工作年鉴（2017）》，华龄出版社，2017。

全国老龄工作委员会办公室编《中国老龄工作年鉴（2018）》，华龄出版社，2019。

冯佺光、钟远平、冯欣伟：《养老产业开发与运营》，人民出版社，2013。

刘立峰：《地方政府投融资及其可持续性》，中国发展出版社，2015。

吴玉韶、党俊武主编《中国老龄产业发展报告（2014）》，社会科学文献出版社，2014。

吴玉韶、王莉莉：《中国养老机构发展研究报告》，华龄出版社，2015。

吴玉韶主编《中国老龄事业发展报告（2013）》，社会科学文献出版社，2013。

国家信息中心经济预测部、加拿大养老基金投资公司：《人口老龄化背景下的养老服务业发展研究》，社会科学文献出版社，2019。

国家发改委社会发展司等编著《走进养老服务业发展新时代》，社会科学文献出版社，2018。

姜向群、杜鹏：《中国人口老龄化和老龄事业发展报告》，中国人民大学出版社，2013。

孟艳：《政策性融资：国际经验与中国实践》，经济科学出版社，2013。

建设研究院：《投资新视野Ⅱ：养老服务》，社会科学文献出版社，2016。

彭松、杨涛编《投融资规划理论与实务》，中国金融出版社，2018。

施祖美：《老龄事业与创新社会管理》，社会科学文献出版社，2013。

李晓鹏等编著《地方政府投融资模式研究》，机械工业出版社，2014。

林立：《项目融资和PPP实务运作全程指引》，中国法制出版社，2018。

王齐彦、李慷：《老年服务业态研究》，人民出版社，2014。

董克用、姚余栋主编《中国养老金融发展报告 2017》，社会科学文献出版社，2017。

董克用、姚余栋主编《中国养老金融发展报告 2018》，社会科学文献出版社，2018。

董红亚：《中国社会养老服务体系建设研究》，中国社会科学出版社，2011。

谢进城主编《PPP 投融资模式及其在中国的发展研究》，经济科学出版社，2018。

贾康、黄益平等：《金融供给侧改革》，浙江大学出版社，2019。

贾康等：《战略机遇期金融创新的重大挑战：中国政策性金融向何处去》，中国经济出版社，2010。

中文报刊论文

安翔宇：《基于中国道路的宏观经济治理体制——有效市场与有为政府的有机结合》，《改革与战略》2020 年第 10 期。

陈芳芳、杨翠迎：《基于政府职责视角的养老机构公建民营模式研究——以上海市为例》，《社会保障研究》2019 年第 4 期。

陈华、边玉晶：《借力 PPP 解决养老服务产业融资难题》，《中国财政》2017 年第 3 期。

陈静、赵新光：《从"购买"到"共治"：政府向社会组织购买居家养老服务模式创新研究——基于老龄社会治理的视角》，《佳木斯大学社会科学学报》2018 年第 1 期。

陈嵩、韩保磊：《关于"现代学徒制"与"新型学徒制"的比较》，《职教论坛》2015 年第 28 期。

陈元:《开发性金融的理论沿革、属性与发展》,《开发性金融研究》2019 年第 3 期。

程翔宇、赵曼:《城企联动普惠养老：政策精髓与政策运用》,《社会保障研究》2019 年第 4 期。

董红亚:《养老机构公建民营：发展、问题及规制》,《中州学刊》2016 年第 5 期。

盖英文、孙慧妍:《开发性金融支持养老产业发展的实践分析》,《开发性金融研究》2016 年第 1 期。

高华俊:《中国养老服务发展的国家行动》,《社会福利》2020 年第 7 期。

韩艳:《政府购买居家养老服务政策的发展演进及其未来方向——基于改革开放 40 年中央政策文本的分析》,《学术探索》2019 年第 6 期。

韩烨:《养老服务 PPP 模式：运行机制、实现策略与对策研究》,《兰州学刊》2019 年第 3 期。

胡祖铨:《我国养老服务业财政性资金投入规模》,《中国科技投资》2016 年第 2 期。

贾康、刘薇:《服务于高质量发展的"十四五"财政政策走向》,《中国经济评论》2021 年第 1 期。

贾康、吴昺兵:《PPP 财政支出责任债务属性问题研究——基于政府主体风险合理分担视角》,《财贸经济》2020 年第 9 期。

贾康:《地方融资与政策性融资中的风险共担和风险规避机制》,《中国金融》2010 年第 7 期。

雷雨若、王娟:《地方政府购买居家养老服务中的监管失灵及其矫正——基于南京、宁波、广州、合肥和深圳的分析》,《济南大学学报（社会科学版）》2020 年第 1 期。

李成威、杜崇珊：《公共风险、公共债务与财政健康度》,《现代经济探讨》2021 年第 3 期。

李惠彬、康庄：《开发性金融风险特征及其控制》,《重庆大学学报（社会科学版）》2007 年第 3 期。

李佳楠：《资源、资本、资产联动下的产业升级——以首厚康健的养老产业布局为例》,《城市开发》2019 年第 10 期。

李双全、张航空：《政府购买社会组织居家养老服务：典型模式、适用条件及潜在风险》,《江淮论坛》2019 年第 6 期。

李学斌：《我国社区养老服务研究综述》,《宁夏社会科学》2008 年第 1 期。

毛彩菊：《社会影响力债券：运作模式、优势及风险》,《天水行政学院学报》2017 年第 3 期。

欧阳衡峰：《开发性金融机构合规风险管理机制研究》,《当代经济》2009 年第 19 期。

唐振兴：《对发展中国养老服务业的思考》,《老龄科学研究》2014 年第 4 期。

汪恭礼：《促进地方政府产业投资引导基金发展的建议》,《中国财政》2017 年第 22 期。

王国锋：《当前我国养老产业发展状况及投融资路径探讨》,《金融发展研究》2016 第 6 期。

王立军、施清宏：《地方政策性投融资体制改革若干问题研究》,《经济评论》2001 年第 3 期。

卫志民、胡浩：《政府引导基金退出机制优化研究》,《理论学刊》

2020 年第 2 期。

吴玉韶：《对老龄产业几个基本问题的认识》,《老龄科学研究》2014
年第 1 期。

谢琼、姚莲芳：《政府投融资模式创新：地方政府债券与企业专项债
券的对接与平衡》,《地方财政研究》2017 年第 6 期。

徐成彬：《深化投融资体制改革的十大变革》,《中国工程咨询》2018
年第 3 期。

徐宏、岳乾月：《养老服务业 PPP 发展模式及路径优化》,《财经科学》
2018 年第 5 期。

严宇珺、严运楼：《养老服务 PPP 风险治理机制研究》,《工程经济》
2019 年第 6 期。

阳镇、尹西明、陈劲：《共益企业——使命驱动的第四代组织管理模
式》,《清华管理评论》2019 年第 11 期。

杨根来、赵永：《谁来守护"夕阳红"？——养老护理职业化发展 20
年记》,《中国民政》2020 年第 8 期。

俞勇：《政府引导基金"名股实债"的监管和风险防范（上）》,《当
代金融家》2020 年第 10 期。

俞勇：《政府引导基金"名股实债"的监管和风险防范（下）》,《当
代金融家》2020 年第 12 期。

俞勇：《政府引导基金"名股实债"的监管和风险防范（中）》,《当
代金融家》2020 年第 11 期。

张弛、周延虎：《开发性金融支持养老服务业发展研究》,《开发性金
融研究》2015 年第 3 期。

张国平：《地方政府购买居家养老服务的模式研究：基于三个典型案

例的比较》,《西北人口》2012 年第 6 期。

张迺英、王辰尧:《我国政府购买机构养老服务的政策分析》,《经济体制改革》2012 年第 2 期。

张序、劳承玉:《社会效应债券:创新公共服务融资》,《西南金融》2013 年第 4 期。

张中亮:《财政支持养老服务体系建设调查与思考》,《财政科学》2020 年第 4 期。

赵宁:《保障非赢利性城市用地的 GI 规划理念探讨》,《规划师》2012 年第 6 期。

赵燕菁:《土地财政:历史、逻辑与抉择》,《城市发展研究》2014 年第 1 期。

郑联盛、夏诗园、葛佳俐:《我国产业投资基金的特征、问题与对策》,《经济纵横》2020 年第 1 期。

中国人口与发展研究中心课题组:《中国人口老龄化战略研究》,《经济研究参考》2011 年第 34 期。

钟仁耀、孙昕:《公建民营养老机构发展的目标定位研究——以上海市为例》,《社会工作》2020 年第 6 期。

祝建军、黄柯:《开发性金融理论视角下的养老服务业融资模式和对策研究》,《金融经济》2016 第 10 期。

总报告起草组、李志宏:《国家应对人口老龄化战略研究总报告》,《老龄科学研究》2015 年第 3 期。

黄庆华:《推动有效市场和有为政府更好结合》,《光明日报》2020 年 11 月 20 日第 4 版。

黄瑶:《在高质量平衡发展征途上呵护夕阳红——"十三五"时期养

老服务发展综述》,《中国社会报》2020 年 12 月 22 日第 1 版。

贾康、苏京春:《PPP 长效运行需 "双轮推动"》,《中国财经报》2015
年 3 月 17 日第 5 版。

贾康:《加快发展政策性金融体系》,《中国城乡金融报》2014 年 6 月
13 日第 3 版。

王羽、尚婷婷:《存量更新时代社区养老服务设施建设》,《中国建设
报》2020 年 10 月 13 日第 8 版。

徐宏、王金、岳乾月:《老龄化背景下医养结合养老服务的 PPP 模式
研究》,《中国人口报》2019 年 7 月 22 日第 3 版。

钟玲:《契约精神是公私合作关系的核心纽带》,《中国经济导报》
2015 年 2 月 5 日第 8 版。

外文期刊论文

Choi Woong Bee ed., Extending the Scope of ALM to Social Investment:
Investing in Population Growth to Enhance Sustainability of the Korean
National Pension Service, *Sustainability*, Volume 13, Issue 1, 2021.

He Jiaojiao and Wang Ping, Research on Supply-side Management of
Pension Service Industry Under Rapidly Aging, *Advances in Sciences and
Humanities*, Volume 5, Issue 5, 2019.

Jingyuan Zhu and Jiaming Zhu, Research on the Transition and
Development of Traditional Pension Industry from the Perspective of
Industrial Integration, *International Journal of Applied Mathematics and Soft
Computing*, Volume 26, Issue 2, 2018.

Xinrui Lyu, The Improvement Strategy of Pension Service Quality

Based on International Experience and Policy, *Modern Management Forum*, Volume 4, Issue 1, 2020.

Michael A. Urban, Rescaling of American public pension finance: are state and local plans running away from Wall Street? *Territory, Politics, Governance*, Volume 8, Issue 3, 2020.

Yasuoka Masaya, How should a government finance pension benefits? *Australian Economic Papers*, Volume 60, Issue 1, 2020.